先进文化传播文库

Xianjin Wenhua
Chuanbo Wenku

中国网络视频产业
发展战略研究

靳　戈｜著

光明日报出版社

图书在版编目（CIP）数据

中国网络视频产业发展战略研究 / 靳戈著．--北京：
光明日报出版社，2019.3
ISBN 978-7-5194-5134-9

Ⅰ.①中… Ⅱ.①靳… Ⅲ.①计算机网络—视频系统
—产业发展—研究—中国 Ⅳ.①G206.2

中国版本图书馆 CIP 数据核字（2019）第 040841 号

中国网络视频产业发展战略研究

ZHONGGUO WANGLUO SHIPIN CHANYE FAZHAN ZHANLVE YANJIU

著　　者：靳　戈

责任编辑：李月娥　　　　　　责任校对：赵鸣鸣
封面设计：中联学林　　　　　　责任印制：曹　净

出版发行：光明日报出版社
地　　址：北京市西城区永安路 106 号，100050
电　　话：010-63131930（邮购）
传　　真：010-67078227，67078255
网　　址：http://book.gmw.cn
E-mail：liyuee@gmw.cn
法律顾问：北京德恒律师事务所龚柳方律师

印　　刷：三河市华东印刷有限公司
装　　订：三河市华东印刷有限公司
本书如有破损、缺页、装订错误，请与本社联系调换，电话：010-67019571

开　　本：170mm×240mm
字　　数：277 千字　　　　　　印　　张：17
版　　次：2019 年 5 月第 1 版　　印　　次：2019 年 5 月第 1 次印刷
书　　号：ISBN 978-7-5194-5134-9

定　　价：89.00 元

序

　　靳戈在学术的道路上一直都很勤奋、踏实。虽然他年龄不大，但在中国电视满意度博雅榜、中国网络视频满意度博雅榜等科研和学术活动中常常独挡一面。博士在读三年，合作出版一本专著《中国网络视频史》，发表学术论文41篇，其中在核心期刊上发表20篇，在全国传播学界的年轻学者中可以说出类拔萃，并最终成为北京大学新闻与传播学院第一个提前一年毕业的博士生。

　　靳戈的博士论文以中国网络视频产业发展战略为研究主题。在这一领域，尚无类似的理论专著。因此，该书出版后将是国内第一本研究网络视频产业发展战略的学术著作。书中所收集的资料均来自官方的统计年鉴和上市公司经第三方审计的年报，数据详实、可靠。该书的主要创新点在于超越了现有的传媒经济学的分析方法，提出了"经营＋规制"的二维解释视角，同时，避免把网络视频孤立地看成一种文化消费形态，而是将其置于媒介融合和电视产业改革的大背景之下来研究和阐释其发展战略，站位高，视野宽，分析角度新。该书摒弃了博士学位论文写作中惯见的"填空式"实验报告模式，结构合理，史论结合，观点明确，行文流畅，可读性强。该书可以为电视产业、媒体融合、新媒体领域的后续研究提供充分的资料与借鉴。

　　"昨看百草抽新芽,今看百草开新花。"学生能超过老师,是老师最高兴的事。希望靳戈博士行百里者半九十,在未来的学术研究中不断探索,争取为中国新闻传播事业的发展和中国本土传播学科的创建作出新的贡献。

陆　地

戊戌年大暑于燕园

目 录
CONTENTS

第一章 引　言 ······························· **1**

　1.1　研究背景与研究意义　4

　　1.1.1　中国网络视频产业发展战略研究的背景　4

　　1.1.2　中国网络视频产业发展战略研究的意义　7

　1.2　基本概念界定　10

　　1.2.1　网络视频　10

　　1.2.2　网络视频产业　11

　　1.2.3　发展战略　12

　1.3　文献综述　14

　　1.3.1　电视产业化研究综述　14

　　1.3.2　网络视频产业经营研究综述　21

　　1.3.3　网络视频产业规制研究综述　24

　1.4　研究方法与研究框架　27

　　1.4.1　研究方法　28

　　1.4.2　研究框架　28

　1.5　研究创新点　30

第二章　中国网络视频产业发展历程 ················ **32**

　2.1　准备阶段:1996—2005 年　33

　　2.1.1　视频网站的早期形态　34

　　2.1.2　早期视频质量概况　38

　　2.1.3　早期产业生态概况　39

2.1.4 同时期海外网络视频产业情况 40

2.2 萌芽阶段:2006—2008 年 42

2.2.1 民营视频网站的代表 42

2.2.2 萌芽阶段的经营模式 46

2.2.3 同期海外网络视频产业情况 50

2.3 竞争阶段:2009—2013 年 51

2.3.1 国家网络电视台成立 51

2.3.2 《互联网视听节目服务管理规定》出台 53

2.3.3 融资与兼并 56

2.3.4 版权风波 60

2.3.5 同期海外网络视频产业情况 63

2.4 进化阶段:2014—2017 年 64

2.4.1 内容来源多样化 64

2.4.2 播出平台移动化 65

2.4.3 盈利模式多元化 66

2.4.4 一些萌芽:虚拟现实、网络直播与短视频 68

2.4.5 同期海外网络视频产业情况 71

2.5 历史的启示 73

第三章 中国网络视频产业发展战略研究的出发点 ……………………… 77

3.1 战略要素分析 77

3.1.1 战略实施的主体 78

3.1.2 战略实施的客体 81

3.2 中国网络视频产业发展战略的目标 82

3.2.1 可持续经营 83

3.2.2 具备产业链整合能力 86

3.2.3 保持网络视频的优势 89

3.3 网络视频产业发展战略的动力来源 91

3.3.1 电视产业深化改革的需求 91

3.3.2 市场空间的欲求 92

3.3.3　社会资金的诉求　94

3.3.4　互联网产业链的渴求　94

第四章　中国网络视频产业规制现状 ················· **96**

4.1　当前网络视频产业规制的形式　98

4.2　当前网络视频产业规制的渊源　101

4.2.1　法律　101

4.2.2　"党管媒体"思想　102

4.2.3　中央领导批示　103

4.2.4　行政法规　103

4.2.5　国家部委规章　104

4.2.5　行业公约　105

4.2.7　社会习惯　105

4.2.8　科研课题　105

4.3　当前网络视频产业规制的特征　106

4.3.1　以许可证制为核心的动态管理　106

4.3.2　以电视规制为标准的比照管理　107

4.3.3　重国营轻民营的非对称式管理　108

4.3.4　重事后轻事前的非平衡式管理　109

4.3.5　多规章少法律法规的行政管理　109

4.3.5　多他律少自律协商的被动管理　110

4.4　当前网络视频产业规制的影响　111

4.4.1　有高峰无高原的国营视频网站　111

4.4.2　有集中少特色的民营视频网站　112

4.5　其他产业管理方式　115

4.5.1　产业政策　115

4.5.2　行业协会与大企业　117

4.6　网络视频产业规制的调整方向　120

4.6.1　提升规制的层次　120

4.6.2　调整规制的渊源　121

4.6.3 处理好"两对关系" 121

4.6.4 推进行业自治改革 123

第五章 中国网络视频产业经营现状 ················ **124**

5.1 乐视网:大起大落 125

5.1.1 乐视网经营分析 127

5.1.2 从乐视网到"乐视系" 143

5.2 优酷网:游子归来 152

5.2.1 优酷网境外上市模式分析 153

5.2.2 优酷网经营分析 158

5.2.3 优酷网产业整合行为分析 164

5.3 央视网:电视配角 169

5.3.1 "前"视频时代 169

5.3.2 挂牌"央视国际" 170

5.3.3 更名央视网 171

5.3.4 中国网络电视台开播 172

5.3.5 重回"央视网" 176

5.4 中国网络视频产业经营的特征 179

第六章 中国网络视频产业发展战略分析 ·········· **181**

6.1 中国网络视频产业的发展环境分析 183

6.1.1 中国网络视频产业发展的机遇 183

6.1.2 中国网络视频产业发展的风险 189

6.2 中国网络视频产业的资源禀赋分析 192

6.2.1 中国网络视频产业的资源优势 193

6.2.2 中国网络视频产业的资源劣势 196

第七章 中国网络视频产业发展战略选择与实施 ······ **204**

7.1 中国网络视频产业发展战略选择 204

7.1.1 战略选择的原则 206

7.1.2　战略选择　210

7.2　中国网络视频产业发展战略实施　212

7.2.1　推动电视向网络视频转型　213

7.2.2　综合利用法律与政策两种要素　220

7.2.3　向特色经营要效益　222

7.2.4　国营与民营并存　223

7.2.5　借势推进混合所有制改造　225

7.2.6　厘清"特殊管理股"的权力边界　227

7.3　中国网络视频产业发展战略的保障　230

7.3.1　影响战略实施的因素　231

7.3.2　战略保障的措施　232

7.4　中国网络视频产业发展战略的伦理　234

7.4.1　互联网覆盖的有限性与视频服务的公益性　235

7.4.2　视觉文化时代的利润追求与文化责任　235

7.4.3　大众传媒与小众需求　237

第八章　研究展望 ·· **239**

8.1　抽象性、概括性更强的概念　239

8.2　更加多样的方法　241

8.3　更加超然的政策分析　242

参考文献 ··· **243**

第一章 引　言

目前居"统治"地位的是视觉观念。声音和图像,尤其是后者,组织了美学,统率了观众。在一个大众社会里,这几乎是不可避免的。

——丹尼尔·贝尔《资本主义文化矛盾》

The detached sorts of media in history were handled in unique and cumbersome non – electronic may now be mimicked in digital code. All sorts of communications can therefore be becarried on electronic platforms.

——Ithiel de Sola Pool,*Technologies of Freedom*

翻阅网络视频的研究文献时,经常有一盘散沙的感觉——既缺少历史的纵深感,现实的冲击力也不足。游离在令人眼花缭乱的新概念之中,很容易迷失研究方向,就像在熙熙攘攘的人群中辨别不了东西南北。但如果能站得高一些,或者说能够选择一个参照物,那么至少能把握一些方向。网络视频脱胎于电视,又超越了电视,同时电视也视网络视频为竞争对手和融合对象,既然二者的联系如此密切,那不妨以电视作为网络视频研究的参照物。

电视研究,这个曾经属于新闻传播学前沿的领域,面对日渐纷繁的传媒现象,近年来已经颇显"力不从心"。当讨论电视自身改革时,跳不出电视台的本位,处理不好电视台与有线网的关系,更遑论"网台互动""网台融合"。现有的理论解释力越来越弱,回答不了为什么"网台互动"会失败、为什么会有"网络自制剧"以及为什么会有"弹幕文化"等问题。究其原因,是因为作为复合媒介的互联网既对电视业构成了挑战,又改变了电视研究的范式——许多问题的答案一半在电视、一半在互联网,仅凭一方的理论和方法无法完全解释。电视研究需要立足当下的发展问题重新审视现有的理论体系。

电视当前最主要的发展问题是如何处理与互联网的关系,主要表现为电视台与视频网站的关系,进而可以衍生出电视网与电信网的关系等。新中国电视业诞生于1952年,这一年北京电视台、上海电视台、哈尔滨电视台相继开播。① 改革开放之后,中国电视完成了由事业向产业、事业双轨制的转变。从目前大多数电视台的运行状况来看,电视台依然是半事业、半企业性质的机构,能够享受一定的财政拨款和政策优势,但其主要的运营费用还是需要市场化的手段(如广告、版权分销、三产②)来解决。这一双轨制结构,使中国电视在所有制属性保持不变的情况下开展了市场化改革,促进了电视行业生产力的发展。但是,由于所有制领域的改革不彻底,许多电视行业的改革措施一旦碰到所有制问题就止步不前,导致在解决一些重大问题方面一直徘徊。然而,网络视频走出了一条保留电视功能但又脱离现有电视体系的道路。网络视频的内容来源有三类——用户生成(User Generated Content,UGC)、版权购买和自制,其中用户生成完全脱离电视台,版权购买和自制在电视制播分离改革的大背景下也主要依靠市场化公司而非电视台。网络视频的传输渠道是基于TCP/IP协议的互联网,而非专用网。这意味着网络视频不存在所谓"电视台与有线网"的关系,视频网站自主购买电信网络服务提供商(如中国联通、中国电信)的服务即可,而且还可以实现双向互联互通。网络视频的许多功能(如基于社会计算的推荐、实时评论等)在电视上迟迟未能实现,主要原因就是受制于在双向互联互通上处于弱势的电视网。网络视频的包装、营销和版权交易,也主要由市场来调节。可以说,电视孜孜以求的市场化改革、产业化改革,在网络视频领域就像常识一样平淡无奇。有网络视频的经验可供借鉴,电视应该感到欢喜吗?

感到欢喜的是网络视频,电视体会到的是苦涩。受制于所有制属性的限制,电视在与网络视频的角逐中可使用的竞争手段比较有限,大多数处于守势。2005年,网络视频刚刚诞生的时候,电视看不上这个褴褛中的新事物,因为它在内容、人才、覆盖、经营等各方面都比不上电视台。2008年,网络视频已然成为重要的互联网应用并开始分流电视观众时,电视还是看不上这个乳臭未干的后来者,认为它缺少足够的版权资源。2013年,经过"版权大战"洗礼后的视频网站手中积攒

---

① 郭镇之. 中国电视史[M]. 北京:文化艺术出版社,1997:3 – 4.
② 三产:本意是第三产业,这里指的是电视台除了主业之外的副业经营,如房地产、旅游等。

了一批版权内容时,电视依然看不上这个后起之秀,认为自身的人才优势是网络视频公司不可比拟的。直到 2015 年,在以《穹顶之下》为代表的一系列广受热议的节目选择在互联网首播,以及许多精品影视剧、综艺节目也把互联网作为首播平台后,电视从业者才发现,"除了政策,电视台已经一无所有"①。

既然网络视频相较于电视的优势如此之大,为什么电视台不能全盘转型为视频网站?回答这个问题,需要考虑三个方面:第一,网络视频现阶段能否完全代替电视;第二,政府能否承受电视全盘网络视频化的成本;第三,当前的行业规制是否允许电视全盘网络视频化。

对于第一个问题,虽然世人惊叹互联网在中国的发展速度之快,但是以 2017 年的情况来看,电视的覆盖率仍然接近互联网的两倍。根据中国互联网络信息中心的统计,互联网普及率较低的地区与我国经济总量较低的地区基本重叠。在电视尚且是信息传播主渠道、新闻节目主要供给方的阶段,以网络视频取代电视,显然会加剧了中国的"数字鸿沟"。而且,当前绝大多数视频网站面临盈利能力不足的问题,网络视频尽管是重要的互联网流量来源,但也是一个不能忽视的成本中心。电视转型为网络视频之后,国营视频网站向谁导入流量?流量收益能不能抵消成本支出?如果不能,亏损由谁承担?

在分析第二个问题时必须考虑当前电视体制中哪些资产可以平移到互联网上、哪些不能。品牌、人力、版权、经验等轻资产可以完全平移到视频网站,摄像设备、录音设备、非编设备、转播设备等经过改造也可以平移到视频网站,只有电视网无法平移。表面的原因是电视网与电信网协议不一致,深层次的原因是二者所归属的行政主管部门不相同。电视网的主管单位是国家新闻出版广电总局,电信网的主管单位是工业与信息化部,如果没有国家层面的顶层设计,二者的利益难以调和,平移和融合的可能性就很小。电视全盘网络视频化,必然涉及对电视网的改造——这也是三网融合中的一块"硬骨头"。

第三个问题的核心词是规制。自网络视频诞生以来,行业规制潜意识里要么把它作为电视台的附属品,要么作为电视的竞争对手。无论是"网络电视台"(国营视频网站的一种,依托电视台而建)的提法还是"媒体融合"的概念,都是以电视台为中心、为主体的。"电视不能播的,互联网也不能播"②,生动体现了这种以电

---

① 笔者 2017 年在某直辖市电视台调研总结。
② 冯遐. 电视不能播什么网络也不行. 北京晨报,2016 – 02 – 28.

视为中心的思想。目前的行业规制并没有给网络视频"后来居上"提供多少空间。

但毫无疑问的是,网络视频无论在技术路径还是经营方式上,都要领先于电视台。现阶段对网络视频的各种不信任和限制的原因,一方面来自网络视频自身的不成熟(如盈利模式和审美趣味),另一方面来自网络视频在传统的媒体管制之外——作为网络视频市场中"大多数"的民营视频网站并不是"党管媒体"。既然从生产力的角度来看网络视频是先进的,那么如何调整生产关系才能适应生产力的发展要求,并且平衡建设与管理两方面的工作?这不仅是管理者要思考的问题,也是从业者要谋划的战略。同时,本书的写作目的也正在于此。

1.1 研究背景与研究意义

1.1.1 中国网络视频产业发展战略研究的背景

第一,网络视频源于电视,强于电视。虽然如今网络视频行业的"领头羊"大多是民营视频网站,但如果追本溯源,网络视频的雏形还是在电视领域。早在1996年,中央电视台就开办了网站,提供零星的在线视频点播服务。即使是2005年之后以土豆网为代表的民营视频网站兴起,但是这些网站上最受欢迎的内容依然来自电视领域:电视剧、综艺节目、电影、新闻等。从20世纪90年代中期开始,电视为了盘活已有的节目制作能力,开始探索制播分离改革,进而形成电视行业的顶层设计,将原本束缚于电视台内部的节目制作力量推向市场,加上电视从业者主动从电视台离职开办民营影视节目制作公司,许多电视剧制作公司、综艺节目制作公司游离于电视台之外。按照电视台原本的打算,国内影视节目播出渠道只有电视,把制作力量推向社会,实际上销售市场还是掌握在电视台手中,不会导致内容制作力量脱离自己的控制。然而,网络视频的兴起使视频网站成为电视和影院之后的第三种影视节目大众传播平台。制播分离带来了丰富的影视节目社会制作力量,趁着这股"东风",视频网站借助市场化的手段吸收了许多电视资源。所以,无论从网络视频发展的历史还是视频网站内容来源的现实,电视毫无疑问是网络视频的母体。

青出于蓝而胜于蓝。脱胎于电视的网络视频,在内容编排模式、内容传播方式、资本运营方法等领域均优于电视。电视是线性媒介的典型代表,电视频道每天的总播出时间是一定的。即使是数字机顶盒提供了点播与回看功能,可点播和回看的资源也跳不出已播出节目的范围。当前电视网与电信网的互联互通程度比较低,最直观的现象是电视网播出的内容很难分享到电信网。试想,观众想要分享正在观看的电视节目给社交媒体上的好友,目前只能通过二维码扫描和图文描述的方法(一些节目还支持微信"摇一摇")。但是如果分享的是网络视频节目,"一键分享"则可以非常容易实现——事实上许多视频网站都提供了"一键分享"的功能。此外,虽然电视跨终端传输在技术上不存在问题,但由于标准和协议与电信网不统一,目前观众只能在电视机上收看电视网的信号(曾经 CMMB 移动电视技术可以实现在加装了专门模块的手机上看电视,但最终因为经营不善而停播)。网络视频则不然,移动智能设备、户外大屏设备、多媒体计算机和家用电视机都可以播放网络视频。最后,由于 2008 年之前成立的视频网站大多是民营公司,投融资限制较少,可采用的金融工具和融资手段比较多样,比如乐视网多次增发股票以支撑资金密集型业务的发展;优酷网通过 100% 换股的方式几乎零现金合并土豆网。在电视台领域,除了湖南广播电视台和上海广播电视台以外,大多数电视台所使用的金融工具和融资手段都很少。

第二,民营视频网站受惠于市场、受制于规制。民营视频网站从 2005 年起以几乎零起点起步到今天与电视分庭抗礼,受惠于十余年来互联网普及带来的"泛媒化"和"泛生产者"的红利,但是其在网络视频产业中的角色和价值并未得到应有的重视。《中国广播电视年鉴》作为影视行业信息的"集中地",只略微提及了几家民营视频网站,"网络传播"(后更名为"新媒体传播")章节则大篇幅介绍央广网(原中国广播网)、"国际在线"和央视网的发展状况。

年鉴不记载也就罢了,规制限制多多更是棘手。从第一份调整网络视频的规制开始,广电行政主管部门的管理思路就是把网络视频当作在互联网传播的电视节目。不过,最初的规制并没有对网络视频予以特别严苛的限制,直到 2007 年出台的《互联网视听节目服务管理规定》明确了从事信息网络传播视听节目服务许可证的申请主体必须是"国有独资或国有控股"单位。而彼时,国内网络视频市场 90% 以上的份额在民营视频网站手中。2007 年之后,该规定确定的管理基调一直未变,而且广电行政主管部门还不断地对民营视频网站的新业务进行调控,如境外剧和网络视频直播。作为对比的是,扶持网络电视台的政策接连出台。与电视台和网络电视台相比,民营视频网站的身份似乎"低等"一些。

第三,媒体融合研究和电视产业化研究需要关注网络视频。媒体融合经过学界的长期讨论与业界的局部探索,终于在 2014 年上升为国家的顶层设计。然而,中央深改组关于加快推进传统媒体与新兴媒体融合发展的指导意见,与学界的蓝图、业界的实践有些出入,尤其是在融合的主导方、融合的目标等方面。① 这无疑给原本就工程浩大、争议不断的媒体融合增加了更深层次的复杂性,而工作的突破口更加难以寻找。

如果以 1979 年中宣部发布的《关于报刊、广播、电视台刊播外国商品广告的通知》为中国电视产业化改革启动的标志开始,那么到本书写作完成的 2018 年,中国电视产业化改革即将步入不惑之龄。然而,虽然 40 年来不乏改革举措,但中国电视产业的改革任务依然较重。在内部不仅有如何继续推进产权制度、人事制度、激励制度改革等方面的问题和重新审视制播分离的诉求,在外部还要分身应对新兴媒体在节目市场、观众市场和广告市场上的挑战。对于大部分电视台来说,解决内部的矛盾需要有外部的动力,解决外部的问题需要先优化内部结构。但是,电视的外部动力其实就是外部问题、内部结构就是内部矛盾,电视产业化改革陷入了进退两难的境地。

媒体融合的困境与电视产业改革的难题,核心是如何处理传统媒体与新兴媒体的关系。时至今日,完全抛弃新兴媒体,或者"抱残守缺"坚持发展传统媒体的道路已经行不通,因此如何审视、评估、改造传统媒体成为必然之选。但是,传统媒体的政策庇护由来已久,若不从制度改革着手,则对传统媒体的改造就无从谈起。从制度变迁的视角考察中国电视制度,改革往往由"初级行动团体"发起制度创新,行政主管部门这一"次级行动团体"跟进支持、配合,从而完成制度创新。② 按照这一路径,破解媒体融合和电视产业改革的困境,需要找到"初级行动团体"。

网络视频横跨电视与互联网两个领域,可谓处在融合地带。而且,网络视频相较于电视距离体制稍远,改革的牵绊比较少,加上有民间资本的参与,故而在经营方面比较激进,形成了一套脱胎于电视但超越电视的运行机制。笔者认为,网络视频可以视为电视制度创新的结果,即电视可以通过制度创新转化为网络视

---

① 靳戈.谁主融合:媒体融合的话语博弈.新闻爱好者,2016 - 12.
② 易旭明.中国传媒产业制度变迁的动因与机制[J].上海大学学报(社会科学版),2014 - 09 - .

频,故而网络视频可以作为改革的"初级行动团体"加以检视。

1.1.2　中国网络视频产业发展战略研究的意义

第一,推进媒体融合与电视产业改革。 网络视频在中国诞生刚满 20 年,它脱胎于电视媒体,成型于互联网,受到电视与互联网两种产业经济形态的影响,是传统媒体与新兴媒体两种媒介文化共同作用的领域。加上国有资本、境外资本、民间资本都不同程度地参与了网络视频的投资,政策、资本、市场等多重力量在这一领域犬牙交错。可以说,网络视频是中国传媒改革的一个缩影,大部分的宏观因素都能在网络视频产业中找到微观的对应,故而网络视频成为研究媒体融合和中国电视产业改革难得的"试验田"。

以网络视频作为"试验田"的一项重要原因是,中国网络视频产业已经颇具规模,能够提供充足的研究素材。关于网络视频产业的研究数据有很多,**为保证数据来源的可靠性和统计标准的一致性,本书只采用中国互联网络信息中心**(即 **CNNIC,原先隶属于由中国科学院计算机网络信息中心,2014 年起转隶中央网信办)和《中国广播电视年鉴》等工具书的数据。** 从数据上看,网络视频已经成为主流的互联网应用。从 2008 年开始,中国互联网络信息中心把网络视频纳入《中国互联网络发展状况统计报告》的调查范围。图 1.1 显示,自 2008 年以来网络视频用户的规模一直在增长,截至 2017 年底已经达到 5.79 亿人,约占中国网民总量的75%。8 年来网络视频用户规模的增长率大体上出现了下降趋势,由最初的25.5%下降到 2017 年的 6.24%。增长率放缓并不意味着行业衰微,也可能是用户规模增加到一定水平后的正常现象:由于体量较大,在没有新动力加入的情况下,经济数据、用户规模等会停止高速增长,进入中速发展阶段。比如,在 2010 年实现 18.33%的年用户规模增长率,需要增加大约 0.44 亿人;而到了 2016 年,增加 0.44 亿人仅能够带动 8.7%的增长率。相同的绝对增长量,在不同发展阶段对增长率的贡献是不一样的。

在 2008—2010 年间,网民增长率明显高于网络视频用户的增长率。但 2010年以来这一现象出现了反转,网络视频用户增长率高于网民增长率(2014 年除外)。同期网络视频使用率①一直在稳步增长,2016 年超过了网络音乐(使用率为

---

① 网络视频使用率 = 网络视频用户数量 ÷ 网民总数 × 100%(公式来自《中国互联网发展状况调查报告》)。

68.8%)成为第一大网络娱乐应用,在所有网络应用中排名第四(前三名分别是即时通讯、搜索引擎和网络新闻)。这两类数据的变化说明,网络视频与网民的生活越来越密切,已经成为互联网的基础性应用之一。与行业规模不断扩大并行的是,行业内部的丰富性也持续提升,从制作、发行、传播、营销、评估等各个方面均伴随着行业规模的扩大而出现新的问题、举措与经验,为该领域的研究提供了比较充足的支撑材料。

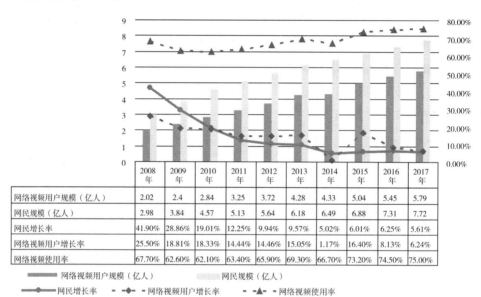

	2008年	2009年	2010年	2011年	2012年	2013年	2014年	2015年	2016年	2017年
网络视频用户规模(亿人)	2.02	2.4	2.84	3.25	3.72	4.28	4.33	5.04	5.45	5.79
网民规模(亿人)	2.98	3.84	4.57	5.13	5.64	6.18	6.49	6.88	7.31	7.72
网民增长率	41.90%	28.86%	19.01%	12.25%	9.94%	9.57%	5.02%	6.01%	6.25%	5.61%
网络视频用户增长率	25.50%	18.81%	18.33%	14.44%	14.46%	15.05%	1.17%	16.40%	8.13%	6.24%
网络视频使用率	67.70%	62.60%	62.10%	63.40%	65.90%	69.30%	66.70%	73.20%	74.50%	75.00%

网络视频用户规模(亿人)　　　网民规模(亿人)

网民增长率　　网络视频用户增长率　　网络视频使用率

图 1.1　2008—2017 年网络视频发展相关数据变化图①

第二,丰富媒体经营与管理研究的学术体系。除了作为推进媒体融合和深化电视产业改革的切入口,网络视频产业研究还有助于丰富媒体经营与管理的学术研究体系。目前的媒体经营与管理研究,在传统媒体的发展战略、经营方式、政策规制、产业链、激励与考核、从业者工作状态等领域颇有建树,既有期刊论文、会议论文、教学课程和培训课程,又有学术著作、科普读物、教材、案例库。但是,媒体经营与管理缺少对新兴媒体的关注,有少部分的研究关注新媒体从业者的工作状态,产业链研究偶有涉及,但缺少宏观的整体性研究,尚未形成体系。尤其是在媒体融合研究的领域,媒体经营与管理似乎有为难情绪,只在周围徘徊,没有触碰

① 综合第23次至第41次中国互联网络发展状况调查报告的数据。

"舍与得"的核心问题。网络视频产业,恰巧处于传统媒体与新兴媒体之间、市场与政策之间,且发展时间较短、材料较为凝练,故以该领域的研究对于补充媒体经营与管理在新媒体研究和媒体融合研究领域的空缺是比较合适的,难度和成果的可预期性都比较理想。

　　第三,推进新闻传播学与产业经济学的交叉研究。 当前的媒体经营与管理研究,大多以某个企业为研究对象,即使是针对产业的研究(如电视产业),使用的分析工具大多来自迈克尔·波特的竞争战略理论体系,如 SWOT 模型、波特五力模式、波士顿矩阵等。① 这些分析工具诞生于管理学领域,适用对象为作为市场个体的企业,属于微观经济学的范畴。如果把这一套理论用在产业研究,容易忽视产业的两项重要因素:产业管理(如政策、法规和行业协会)和产业发展(如产业生命周期)。对于企业来说,产业管理和产业发展都是外部要素,是不可控的。但是对于产业发展战略的实施主体——国家——来说,产业管理和产业发展又是非常重要的考量因素。因此,媒体经营与管理研究,有必要跳出微观经济学的竞争战略理论框架,进入中观的产业经济学研究。产业经济学是研究具有某些相同特征的经济组织集团的发展规律及其相互作用规律的学科,目的是回答在生产过程中各产业之间、中间产品的复杂交换关系等问题,包括产业组织、产业结构、产业关联、产业布局、产业发展、产业管理等领域。② 其中,产业结构、产业关联、产业布局研究的是不同产业之间的关系,不在本书讨论的范围。本书所要研究的是中国网络视频产业的产业组织、产业管理和产业发展的问题。已经有产业经济学领域的研究者使用产业组织的理论框架分析自媒体产业,如使用双边市场理论分析 PGC 模式下用户、平台和广告主的博弈,使用市场集中度等指标分析网络视频产业的市场结构等。③ 尽管这些研究回应了产业发展方面的一些问题,但并没有涉及新闻传播学所关心的议题,如媒体融合、盈利模式、传媒文化、行业治理等。

　　第四,为网络视频企业的经营决策提供参考。 中国网络视频发展战略研究还有助于企业找准发展定位、及早实现盈利。目前,中国网络视频市场存在两个阵营:国营视频网站和民营视频网站。这两类网站的资本来源、经营目标、内容生产

---

① 戴维. 战略管理[M]. 徐飞,译. 北京:中国人民大学出版社,2012:231.
② 苏东水. 产业经济学[M]. 北京:高等教育出版社,2010:17.
③ 张洁,凌超. 传媒产业新模式:"自媒体"的经济学分析[J]. 产业经济评论,2015(5):56 – 65.

模式、内部管理方式均不一样,不能以同样的标准体系进行评估和分析。比如,比较中国网络电视台与优酷网的盈利能力是没有意义的,一方面是因为体量不同,另一方面对资本的利用能力也不一样。优酷网为了实现盈利,可以使用资本的杠杆不计短期成本购买版权内容。也正因为这一原因,民营视频网站可以做社交媒体,可以尝试 VR、AR 等资金需求量大的新业务,但同时也会因为在产业链上处于下游而担忧。但是网络电视台的情形就大不一样,网络电视台作为母台的附属品,难以超越母台的节目购销能力引进内容,也没有足够的资本力量支持,但母台的制作能力就是网络电视台的独特竞争优势,如芒果 TV 利用湖南卫视的娱乐节目资源,大幅度提升了网站访问量和市场估值。此外,民营视频网站内部也面临盈利模式匮乏的现实。新闻传播学领域的研究认为,民营视频网站的盈利模式需要多元化、需要不断壮大用户规模。但是盈利模式朝哪个方向多元化、用户规模增长与实现盈利的临界点在哪里,这两个问题需要在产业经济学中寻找答案:盈利模式需要结合企业定位在产业链中寻找合适的角色,而明确了自身在产业链中的分工,就能测量出盈利所需的观众规模。因此,网络视频产业发展战略研究,尤其是结合了产业经济学理论框架的分析,除了能够回答产业管理、产业发展等中观层面的问题,在微观层面也有助于视频网站调整企业的经营策略。

1.2　基本概念界定

1.2.1　网络视频

学术文献中最早关于网络视频的记载,是远程电话会议的相关研究,彼时网络视频的意思就是网络视频会议。为了避免与网络视频会议混为一谈,政府文件中一般用"网络视听节目服务"代替"网络视频"。从中国知网上学术论文的写作习惯上来看,国内的研究文献则习惯于使用"网络视频"代替"网络视听节目服务"。在当前学术研究的语境中,网络视频即在网络(专指互联网)上播放的视频节目。视频网站是网络视频的配套概念,指的是传播网络视频的平台。但是,由于"播放视频节目"本身就带有媒介的意味,故而网络视频概念的范围要大于视频网站,前者既可以指制作业务,又可以指播出服务。故本书在分析播出平台时使用"视频网站"的提法,在把制作和播出作为一个整体分析时使用"网络视频"的名称。

"网络视频"还包括"国营视频网站"和"民营视频网站"两个概念子集。"国营视频网站"是指由国有资本独资或控股的视频网站,如央视网、芒果 TV、新蓝网、人民电视(人民网)、视讯中国(中国网)等。在2008—2014 年期间,"国营视频网站"还有个称呼——网络广播电视台,如中国网络电视台(CNTV)。"民营视频网站"是指非国有资本独资或控股的视频网站,如优酷网、土豆网、乐视网、爱奇艺、腾讯视频、搜狐视频等。需要指出的是,虽然国营视频网站最早试水网络视频业务,但是网络视频的基本形态和用户基础是民营视频网站确立的。只不过2007年《互联网视听节目服务管理规定》关于申领"互联网视听节目服务许可证"需要"申请主体须为国有独资或国有控股"的规定和之后的解释说明(详见4.1.1),宣告了2007 年之后不会再有新的民营视频网站出现。民营视频网站总数目前处于只减少不增加的状态。

这里也有一个概念争议,即网络视频的外延是否包含那些在互联网上播出的电视节目。反对的一方认为,网络视频产生于互联网,电视节目产生于电视台,前者是数字媒介的产物,后者则属于前一个媒介时代。支持的一方认为,虽然产生于不同的媒介,但是网络视频与电视节目的区隔越来越小,二者之间所谓的差别更多是人为导致的。笔者对此观点表示支持,并补充一项来自实践的论据:2015年以来,视听节目网台同步播出的情况越来越普遍。如果网络视频的外延不包括电视节目,那么网台同步播出的视听节目该如何归类呢?

1.2.2　网络视频产业

本书重在研究网络视频产业,而非产业经济学本身,故而在界定"网络视频产业"的概念时尽量使用产业经济学领域普遍接受的理论体系。一般认为,产业是社会分工的产物。① 三次社会大分工之后,农业、畜牧业、手工业和商业等逐渐分化,分别成为独立的产业部门。从产业部门内部来看,产业是具有某种同类属性的企业经济活动的集合。

从中国网络视听节目服务的发展实践来看,这一互联网业务先天具有产业属

---

① 苏东水. 产业经济学[M]. 北京:高等教育出版社,2010:20.

性:它是一项经济活动,同时企业之间的经济往来十分密切。因此,无须像界定电视产业那般将"产业"与"事业"做一番比较。既然是"经济活动的集合",那么网络视频产业究竟包括了哪些经济活动呢? 从理论上看,网络视频产业纵跨第二产业和第三产业两个部门,其中互联网设备制造、影像设备制造等属于第二产业,节目制作、包装、传输等服务属于第三产业。从实践上看,设备制造更多地扮演"常量"的角色,对网络视频产业影响较小,而节目制作、包装、传输等业务是网络视频产业的"变量",决定了网络视频产业的发展水平和发展特征。同时,网络视频产业还与电信产业、电视产业具有紧密的联系,前者提供了传输渠道,后者提供了节目来源和市场启蒙。故而界定网络视频产业的概念需要从内和外两方面入手,所谓"内"是指节目生产业务,所谓"外"是指节目传输业务。因而网络视频产业的概念可以界定为围绕视听节目生产和在互联网上传播以及经营等相关活动的企业群之间经济关系的集合。

1.2.3 发展战略

既然在产业的语境中提"发展",就得先从产业经济学中找源头。从产业所处的经济结构来看,它既不属于宏观的国民经济范畴,又不属于微观的企业经营或者居民消费行为,而是中观层面具有某些共同特征的企业经济活动的总和,包括产业组织、产业结构、产业管理、产业发展等子领域。其中,产业发展是指产业从相对低级向相对高级演进的历史过程,包括产业生命周期、产业发展模式、产业可持续发展等内容。本书所讨论的产业发展,并非像产业经济学所研究的那样丰富。简单地说,本书所说的产业发展,是指中国网络视频产业作为两类属性迥异的企业(国营视频网站和民营视频网站)构成的一个整体,如何实现产业的整体发展,包括产业在规制层面的合法性、产业内部结构优化、产业经济效益提升等。此外,还需注意的是,产业经济学所研究的产业,不仅是产业内部的关系(如产业组织、产业管理),还包括产业外部的关系,如产业结构等。但是对于本书的研究目的来说,产业结构的视角考察的是网络视频产业与其他近邻产业的关系,视角过于宏观,无法聚焦到中国网络视频产业本身的问题上。虽然在研究产业自身的问题时,也会考察中国网络视频产业与紧邻产业的关系,但这部分属于支撑内容,并不占主流。故而本书所研究的产业发展,仅包括产业组织(包括企业、经营、竞争等)和产业管理两方面。

战略,按照《辞海》的解释,是指人们为达到一定的目的,对未来时期的活动所做的部署与安排。这一解释过于宽泛,只说明了"战略"的未来属性和行动属性,没有突出战略在决策中的重要地位。从战略的词源军事领域来看,战略本身就是指军事战略,是对军事斗争全局的筹划与指导……战略是在军事斗争的实践中产生的,也是在军事斗争实践不断发展、深化的过程中丰富和完善的……战略对于军事斗争的全局化指导,一般是通过对全局具有决定影响的关键问题的筹划和解决来实现的。① 以上论述指出了战略的三大特征:着眼全局,动态调整,从关键着手。但如果仅以此来指导中国网络视频产业发展,则显得线条过粗。不妨把分析的实现从战略的词源军事学领域转移到战略的外延领域,如企业战略、国家战略、战略管理等,寻找更加细致的分析框架。这其中,战略管理的理论系统化程度较高。本书就以战略管理作为分析"什么是战略"的切入口。

战略管理(Strategic Management)是个舶来词,根据其英语原意,战略管理应理解为"有战略性的管理"。那么,什么是"战略性"的核心呢?工商管理学通用教材《战略管理:概念与案例》一书的作者戴维认为是"获得并保持竞争优势",具体的实现方式包括制定战略、实施战略和评价战略三方面。② 战略制定环节包括确定愿景与使命、外部环境分析、内部要素分析、战略分析与选择;战略实施环境包括管理与运营、营销、财务、研发等环节;战略评价包括评价与控制两个部分。概括地说,战略管理就是通过一系列的部署和安排获得并保持竞争优势,且战略在公司运营中优先级较高,经营活动必须符合公司战略。

与战略相对应的概念是战术。《辞海》中对战术的解释是解决局部问题的方法,相对于解决全局问题的战略,战术关心的是实现战略过程中的一个个小问题。比如电视产业化是一项战略,但是如何实现电视台事业编制人员与劳动合同制人员同工同酬就是战术问题。战术选择得不恰当,小问题就解决不好,会影响整个战略目标的实现。战略选择不恰当,战术运用得再恰当、效果再好,也很可能南辕北辙、事倍功半,同样难以达到预期的目的。

此外,还有"计划""规划"等与战略语义近似的词汇。从语义上看,计划、规划、战略都表示为实现目标所采取的措施,但是战略可以表达多个计划分梯次执

---

① 王文荣主编. 战略学[M]. 北京:国防大学出版社,2008:17 - 25.
② 弗雷德·R·戴维. 战略管理:第13版·全球版[M]. 徐飞,译. 北京:中国人民大学出版社,2012:5.

行、实现规划所需要的步骤等过程性含义。媒体上常见的"十三五规划""教学计划"等均是关于目标的描述与措施的列举,而这些规划和计划都只是更宏大战略的一部分。

在"网络视频产业"的语境中将"发展"与"战略"的概念相结合,所谓"发展战略"是指促进产业从相对低级向相对高级演进,以获得并保持优势的部署与安排。它是一种全局性、分层次的谋划与方案。

1.3 文献综述

目前市面上尚无一本研究网络视频理论的著作。笔者曾在陆地教授指导下参与了《中国网络视频史》的编写工作,做了一些基础性的史料整理与解读,并未做深入的理论研究。部分新媒体研究、媒体融合研究等领域的著作中对网络视频有所提及,但介绍得不系统、不全面。电视产业研究中常常提到网络视频,大多从电视的视角对网络视频施于电视的影响进行分析,在客观上是对网络视频所处的竞争环境的描述。

在笔者能力所及的范围内尚未找到研究网络视频(Online Video)的英文著作,但是有一些介绍知名视频网站的通俗读物,如《网飞传奇:从电影租赁店到在线视频新巨头的历程揭秘》(*Netflixed:The Epic Battle for America's eyeballs*)。此外还有一些关于社会与技术的关系、对技术的政治经济学批判的英文著作中对网络视频有所涉及,但由于此类著作较多,且主题大多与网络视频无关,故而不纳入本研究的文献综述。

1.3.1 电视产业化研究综述

正如研究背景与研究意义部分所言,中国网络视频产业发展战略研究不局限于网络视频这一个领域,而是与电视产业化、传媒制度改革、媒体融合、传媒产业链、传媒规制等领域联系密切。《中国传媒改革启示录》梳理了制播分离、传媒产业化、传媒集团化、媒体融合等传媒改革的线索,提出解决诸如政策、规制等外部性问题是提升中国电视整体竞争力的关键。中国电视业具有很强的外部性特征,单靠电视内部的改革是走不远、走不实的。面对网络视频在节目市场、观众市场、广告市场给电视业带来的挑战,应加快传媒制度改革,解决电视与网络视频之间的政策与规制不对等问题,进而激发电视业改革的活力。①

这一观点曾经是电视产业化改革的主流意见,许多具有电视台研发部、办公室工作背景的学者也支持这一观点。在他们看来,中国电视在资源积累方面并不输于网络视频,只是由于机制体制的落后导致在产业经营中束手束脚。尤其是缺乏明确市场主体地位使电视夹在政策与市场之间,曾经引以为豪的"事业身份、企业管理"的二元治理结构如今变成了桎梏与枷锁,也存在相当大的国有资产流失的风险。这一缺陷也导致中国广电在与中国电信争夺三网融合话语权时处处处于下风——中国广电在网络覆盖方面的优势并不弱于中国电信,但由于中国电信领域市场化程度较高,市场反应迅速,故而形成了相对中国广电的竞争优势。②而媒体融合的首要问题是破解电视发展所遇到的制度瓶颈,只有这样才能激活中国电视的生产力,媒体融合自然顺理成章。③④《南方电视学刊》《视听界》等电视台主办的带有学术性质的行业杂志上也常见到此类改良性文章。

一些学者对新兴传媒技术带来的变革要更乐观一些。《媒介革命——互联网逻辑下传媒业发展的关键与进路》一书中认为互联网给传媒业带来了颠覆性的改造,将传统媒体所依赖的社会基础"打碎重塑"。该书作者认为,互联网改变了外部世界的图景在人们心目中的认知比例,塑造了部落化、圈子化的人际关系,使人们在社会判断和社会决策中更加感性化。这一系列的变化,要求传媒业从内容为王转向产品为王,从追求规模经济转向追求范围经济,从注重核心产品的打造转向注重形式产品和延伸产品的开发,从"高举高打"到"向下挖掘"。⑤ 该书作者的另一篇文章《互联网是一种高维媒介》讲得更加激进。作者用二维空间和三维空间的差异来形容传统媒体和新兴媒体之间的不同,提出传统媒体的经营方式无法有效地管理和运作新兴媒体,继而认为真正应该成为媒体转型融合发展主流模式

① 朱剑飞. 中国传媒改革启示录[M]. 广州:世界图书出版有限公司,2013:42.
② 朱剑飞. 树立科学改革观 正视广电传媒发展瓶颈[J] 现代传播(中国传媒大学学报),2009(5).
③ 朱剑飞,胡玮. 主流风范:融合发展 浴火重生——加快我国新型媒体集团建设的若干思考[J]. 现代传播(中国传媒大学学报),2014(11):12-19.
④ 朱剑飞,胡玮. 唯改革创新者胜——再论媒体融合的发展瓶颈与路径依赖[J]. 现代传播(中国传媒大学学报),2016(9).
⑤ 喻国明. 媒介革命:互联网逻辑性艾传媒业发展的关键与进路[M]. 北京:人民日报出版社,2015:17.

的应该是与互联网逻辑吻合的平台型媒体(Platisher)。①

把平台型媒体作为传媒发展的未来图景,不仅是一个人的观点。《互联网思想十讲》《新物种起源》等书多次阐发了关于媒介未来图景的判断。在这两本书的作者看来,互联网诞生于美国的军事工业联合体,本身带有去中心化的设计思想。后来,互联网进入科研和商用领域,分别受到科学家分享文化和嬉皮士后现代思想的影响,才有互联网如今的生态与结构。依托于互联网的新兴媒体,也自然带有去中心化、分享和反权威的痕迹。作者认为,带有后现代性质的互联网,解构了工业革命以来物我二元的生产结构——人类有必要尊重自己的创造物。当这种物我平等的观念遇到了去中心化的思想,就出现了"产消合一"的概念。"产消合一"的思想源自美国未来学家托夫勒,其中心思想是信息技术的发展使信息的流动日渐突破了以往的藩篱,那种基于对市场趋势猜测和基于资本所有权的生产垄断在信息社会都趋于消湮——这是一个消费者即生产者、生产者即消费者的时代。在"产消合一"的语境下,平台型媒体就成为"产"与"消"沟通的必要平台。②

这种思想的渊源在大洋彼岸。以《连线》杂志为代表的一批互联网的"游侠"认为技术是改变社会的根本力量,这其中又以尼葛洛庞帝的《数字化生存》和凯文·凯利的《失控》为代表。《数字化生存》的核心观点是未来是比特代替原子的社会,信息传播取代物质传播成为人类传播活动的主要形态,过去依托于物质传播构成的思想与结构将面临被革命。虽然尼葛洛庞帝的说法带有乌托邦的色彩,但之后的 20 年的确是信息生产极大发展的一个时期。这也是未来学著作的一个特点——绝对的乌托邦中有相对的正确。该书于 20 世纪 90 年代被引入中国,掀起了中国互联网的一场启蒙运动。然而,《互联网思想十讲》的作者段永朝认为此书的"革命"是不彻底的,尼葛洛庞帝依然陷入了线性史观的窠臼。他更推崇凯文·凯利的《失控》,尤其是他关于"人的机器化和机器的生命化"的表述。"从波多莱尔反思现代性开始,不停有思想家对咆哮的工业怪兽提出批评。但凯文·凯利是为数不多秉持乐观主义精神的思想家之一。他的乐观主义的可贵之处还在于,他敢于将人造的机器摆在与人同等尊贵的位置,但又不让这种机器过于占据优位。"③基于"人的机器化和机器的生命化"这一判断,凯文·凯利提出了"人机共

---

① 喻国明. 互联网是一种高维媒介[J]. 南方电视学刊,2015(1).
② 段永朝. 传受合一:媒介融合的思想基石[J]. 新闻爱好者,2015(7).
③ 段永朝. 互联网思想十讲[M]. 北京:商务印书馆,2014:76.

同体"的概念。"人机共同体"由蜂群思维与复杂性、活系统与共同进化、人与机器共生三部分组成,描述了一个人类思维与机器逻辑相伴生、相依存、相进化的社会。这里的"人机共同体"与上文提到的"产消合一",具有相似的内在逻辑。

凯文·凯利在《科技想要什么》《技术元素》《新经济·新规则》《必然》等后续著作中将《失控》中的抽象概念具体化,为美国社会的互联网新现象背书。凯文·凯利在《技术渴望免费》一文中指出,免费是互联网的生存状态——少部分的收费换来的大部分人的免费。凯文·凯利的思维还顺着免费经济的思路继续发散,提出了"所有的东西都免费了,人类怎么选择"的问题。在凯文·凯利看来,当免费时代来临的时候,选择就变得稀缺起来,这个时候满足感将代替技术,成为需要付费的"商品"。在这个方面,他举了亚马逊网站的例子:在亚马逊上,你想要读的书免费了,但你需要为亚马逊的推荐服务付费。同时,凯文·凯利提供了这样一个案例:美国娱乐明星罗伯特·里奇(Robert Rich)依靠粉丝自愿付费获得报酬,这一报酬足够其演艺事业和个人生活的发展。这一案例,与2015年、2016年中国互联网年度现象——"网红"异曲同工。凯文·凯利本人十分推崇他自己构建的规律。"这些力量并非命运,而是轨迹。它们提供的并不是我们要去往何方的预测,只是告诉我们,在不远的将来,我们会向哪些方向前行,必然而然。"①

凯文·凯利的思想更多地来自他的观察,缺少充分的逻辑推演,其思想可能带有一定的乌托邦性质。凯文·凯利一方面反对任何的假设,但是当他论述未来的经济时,又人为地加上了自己的假设。这显示出凯文·凯利方法论上的矛盾性。此外,凯文·凯利思想的局限性还在于他缺乏来自政治经济学的考量。他的论述充满了关于网络经济丰腴的遐想,仿佛虚体经济可以主宰一切。不知是有意还是无意,凯文·凯利忽略了他所预想的社会中的劳动者权利保障、政治权利分配等问题,导致其理论在经济层面看似美好,但在政治领域变成了空想。

对技术乐观主义者的批判,一直是传播政治经济学领域的议题之一。传播政治经济学领域的学者认为,在资本主义社会里技术被资本所利用变成了压迫工人阶级的工具。再先进的技术,一旦陷入了资本的网络中,就变成了压迫的工具。因而在研究传播政治经济学的学者看来,对技术的乐观,要么是一种盲目的假想——因为技术没有更好地改变生活,要么就是资本进一步积累的同谋。前者的

---

① 凯文·凯利必然[M]. 周锋,译. 北京:电子工业出版社,2016:4.

乐观陷入了逻辑的困境,后一种乐观陷入了道德的困境,虽然有研究者对批判学派只批判不建构的做法颇有微词,认为批判的目的不是为了消除某种弊病,也不是为了纠正传播结构,而是怀疑现有秩序下人们所理解的所有有价值的东西,全然不相信社会得以建立起来并提供给每个社会成员的行为准则;他们也无视大众传播在技术上和形态上发生的重大变化,较少对传播的新环境做出新的有力论证,在如何看待传播技术上忽略甚至有意忽略技术的发展与人之间存在着一种张力。① 但同时,该研究者也承认这一研究视野广阔、具有很强的理论思辨色彩。

在国内学者中,也有不少批判"乐观派"的文章。有的关注点主要在技术对于底层务工人员的压迫,如以新闻从业者为研究对象提出了新媒体技术对新闻业底层从业人员权利的剥夺,使他们沦为新闻民工。相比较以上对实践的批判,另一些研究者的批判则在思想层面:在这种生产关系(新自由主义)和企业管理方式变革(扁平化、分散化、外包化)的过程中,"数字化巫师们"(尼葛洛庞帝、凯文·凯利等)的鼓吹起到了鸣锣开道的重要作用;他们相关阐述的狡猾之处在于把越来越缺乏稳定性的劳动关系叙述成充满创新潜力和个人成功机遇,没有等级制和威权管理的网络化自由经济。② 在传播政治经济学看来,资本与技术形成了强力勾连,故而他们对技术的批判也会延伸到对传媒产业化政策的批判。"中国社会和美国社会在大众文化上面临一个相似问题,商业媒体似乎构筑了一个铜墙铁壁,让正当性政治很难重返社会,而商业媒体所创造出来的政治又完全无法被纳入公共治理的轨道,反而成为利益集团绑架政治的工具。30 年消极治理带来的社会文化弊端,正让这种状况变得十分棘手。由此,解决基层公共生活民主问题和有效治理问题的第一步也许就是对商业传播体制进行整体性反思。在此基础上,把有限的国家资源多用在培育基层组织传播上,而不是盲目推进市场化大众传播的内容供给。只有搞好了基层组织建设,让群众在文化生活上有充分的自主性和自治性,不轻易地被虚幻的消费梦想牵引,才能实现基层的善治,才能实现城乡之间的协调发展,才能构筑一个安居乐业的和谐社会。"③

相较于这类比较激烈的言论,一些学者在承认技术带来的强有力变革的同

---

① 陈力丹. 传播学是什么[M]. 北京:北京大学出版社,2007:47.
② 王维佳."点新自由主义"——赛博迷思的历史与政治:guancha. cn/WangWeiJia/2014_12_10_302936_s. shtml.
③ 王维佳. 传播治理的市场化困境——从媒体融合政策谈起[J]. 新闻记者,2015(1).

时,也指出了技术实现社会变革受制于政治、文化等条件。"在中国这样的公共领域并不发达的国家,互联网可能成为普通公民抵制信息垄断并发出声音的唯一出口;在大多数时候,这并不会导致突破性的变化,但是它显示了公民通过共有媒体影响政治的一些重要方式。"①《互联网的误读》一书列举了当前互联网研究的片面性,如片面强调互联网带来的改革力度。该书列举了所谓"民主国家"和"威权主义"国家不同的互联网政策和互联网普及的实际效果,认为尽管互联网带来了变革的可能,但受制于政治和文化环境,尤其是不同国家不同的互联网政策,使互联网普及的实际效果产生了较大的差异。如互联网在马来西亚成为民众监督政府和社会抗争的工具,但在其邻国新加坡则被政府牢牢管控。②

这类较为温和的言论也存在于媒体融合的研究领域。有研究者认为电视终将消亡,但消亡的仅仅是电视机这一媒介形式和电视台这一组织形态,电视内容将会以视频的形式在互联网上继续生存。③ 电视消亡的原因,乃是自身机制与技术的双重保守与落后,在面临互联网企业的渗透时除了政策以外毫无还手之力。④ 有一些期刊文献通过研究中国网络电视台的成立背景和发展历程,指出电视台应积极开办网络电视台,以网络化实现媒体融合。⑤ 但另有文章以"一颗豆子只能生一株豆芽"为比喻,解释了为什么传统媒体办新兴媒体总以失败告终:一粒豆子就是一个单元,就是一个基因系统、一个生命组织,而这一切都是为一次"创业"而积累的,为了一次价值的最终实现;如果一粒豆子出了两颗豆芽,那一定有一颗豆芽营养不良,或者两颗豆芽同时面黄肌瘦;世界上最成功的媒体基本上都是最专业、最专一的媒体,低水平的重复、同质的竞争既不利于企业发展,也不利于市场结构的优化。⑥

除了资源有限的原因以外,传统媒体创办新兴媒体还面临新旧两种媒介文化的冲突。詹金斯在《融合文化:新媒体和旧媒体的冲突地带》一书中通过对"幸存者""美国偶像"等案例的分析指出组织文化的差异性使新旧媒体在融合发展中面

① 胡泳. 众声喧哗[M]. 桂林:广西师范大学出版社,2013:281.
② 詹姆斯·柯兰等. 互联网的误读[M]. 何道宽,译. 北京:中国人民大学出版社,2014:24.
③ 王明轩. 即将消亡的电视:网络化与互动视频时代的到来[M]. 北京:中国传媒大学出版社,2009:19.
④ 王明轩. 假如腾讯也做电视[J]南方电视学刊,2013(1):4-8.
⑤ 胡玮. 网络电视台的战略定位与市场化运营研究[M]广州:华南理工大学,2015.
⑥ 陆地. 中国电视产业启示录[M]. 上海:上海交通大学出版社,2007:175.

对较多的不确定性因素,成为 1 + 1 > 2 的阻碍。① 《南方电视学刊》编辑部曾以山东网络电视台为例研究传统媒体创办新兴媒体所面临的困境:"山东广播电视台从事传统媒体生产的工作人员多达 3000 多人,而从事新媒体生产与传播的不足 100 人。工作人员因为身份、待遇和年龄等问题不敢涉足、不愿涉足新媒体领域。"②

然而,这并非完全意味着新兴媒体对传媒人才吸引力不足。《新闻记者》杂志曾刊登了对 52 位从传统媒体离职人员"离职告白"的内容分析。③ 以网络视频为例,罗振宇、刘建宏等知名从业者原先均在电视台工作,原搜狐视频总裁刘春也有中央电视台和凤凰卫视两家电视台的工作经历。该文章认为,促成传统媒体从业者离职的原因主要是原工作单位的运作机制与个人的追求不相一致,进入市场化的媒体更有利于获得较高的收益。有研究者认为,电视作为曾经国内整体实力最强的媒体,沦为了网络媒体"人才培训班"的尴尬角色;在人才吸引力上,传统媒体至少在两方面相比新兴媒体处于弱势:功勋人员的利润分红机制,提高资深成员的工作自由程度。④

如今传统媒体人才外流的机制渊源,要追溯到 20 世纪 90 年代的制播分离。由于制播分离客观上使电视台的人事体制趋于松动,才给了从业人员跳槽的市场空间。这些从传统媒体离职的媒体从业人员大都具有丰富的工作经验、较强的工作能力和广泛的行业人脉,转身投入了网络媒体尤其是网络视频的怀抱,壮大了网络视频的自制力量,使网络视频产业向上延伸至节目制作领域,产业链得以趋于完善。有研究者在一系列研究网络视频的文章中对该领域的产业生态进行了分析。《网络自制节目的发展特点与空间》一文中指出网络视频自制节目相较于传统电视节目的三大优势:题材丰富,互动深入,观看便利。⑤ 《视听作品评估的新思路》指出视听节目的网络化播出产生了许多有价值的用户行为数据,新的评估体系可以对这些用户行为数据进行深入挖掘,构建以满意度为核心的视听节目

① 詹金斯. 融合文化:新媒体和旧媒体的冲突地带[M]. 杜永明,译. 北京:商务印书馆,2012.

② 谢江林. 资源重塑:电视媒体"空心化"的治本之策——基于战略管理视角[J]南方电视学刊,2016(6).

③ 陈敏,张晓纯. 告别"黄金时代"——对 52 位传统媒体人离职告白的内容分析[J]. 新闻记者,2016(2).

④ 陆地,靳戈. 2015,中国电视产业的"四则运算"[J]. 新闻战线,2016(3).

⑤ 陆地. 网络自制视频节目发展的特点和空间[J]. 新闻与写作,2014(3).

传播效果评估方法。① 《网络视频与信息共产主义》认为网络视频极大地丰富了整个社会的信息供给——这是新兴媒体社会责任的重要组成部分。②

以上三篇文章均发表于 2014 年,此后出现了一批研究网络视频产业的期刊文章和学位论文。其中,又以网络自制节目的研究较多。这些文献的普遍观点是,以《万万没想到》和《晓说》为代表的网络自制节目,是视频网站解决版权争端、缩减购剧支出、丰富节目类别的尝试,使网络视频产业链向上游延伸。不过,网络自制节目面临质量较差、品位低下、盈利不足等问题,尚未形成与电视节目抗衡的气候。有研究者分析了网络自制剧《匆匆那年》的生产方式、传播方式、编排方式和营销方式,认为《匆匆那年》的出现标志着网络自制剧的质量提升了一个明显的档次。③

1.3.2 网络视频产业经营研究综述

现有研究文献的聚焦点主要在网络视频盈利模式、网络视频产业链、网络视频资本运作等方面。关于网络视频盈利模式的研究从 2008 年延续至今,不断有新观点出现,但是由于这些观点普遍缺少理论根基和现实基础,因而过不了多久就会被推翻。简而言之,虽然关于盈利模式研究的文献非常多,但在关键性问题和实质性问题上依然止步不前。比较前沿的观点是网络视频的盈利模式应从网络视频产业链中寻找。北京大学一篇博士学位论文《中国网络视频产业链研究》中提出了付费机制打造链式路径、IP 改编基础上的树状路径、大数据下的网状路径和 O2O 为代表的多面体路径。④ 中南大学一篇标题相似的硕士学位论文《我国网络视频产业链研究》一文中使用波特五力模型分析了视频网站向上游产业和下游产业延伸的可能性,从政府监督、行业引导、企业自我提升三方面提供了可参考的路径。⑤

关于网络视频资本运作的研究主要集中在金融学和会计学领域,案例主要以优酷土豆和乐视网居多,原因是前者是纽交所上市公司(2015 年以私有化的形式退市),后者是 A 股创业板上市公司,都有充足的公开资料可供研究。金融学领域

① 陆地. 视听作品评估的新思路[J]. 新闻与写作,2014(7).
② 陆地. 网络视频与信息"共产主义"[J]. 新闻与写作,2014(1).
③ 陆地,靳戈. 中国网络视频发展的四大趋势[J]. 新闻爱好者,2015(3).
④ 陈思. 中国网络视频产业链研究. 北京大学,2017.
⑤ 刘超. 我国网络视频产业链研究. 中南大学,2013.

的研究关注的是 2012 年优酷网和土豆网的合并是否产生了足够的协同效应,并考察了优酷网与土豆网合并时所选择的财务手段,普遍认为当时 100% 换股的方式是双赢的选择。① 该领域研究的基本观点是,通过财务报表分析可以发现合并后优酷网和土豆网在财务、管理、投资等方面的协同性有所体现,但通过 EVA 分析法则发现合并后的优酷土豆并没有实现资产的明显增值。会计学领域的研究相比较而言更关注乐视网,原因是乐视网"中国第一家实现盈利的视频网站"的标签争议颇多,而盈利与否又是个非常典型的会计问题。目前该领域研究的基本观点是,乐视网通过高杠杆、高负债的运作方式换来了财务报表上的利润,由此得出乐视网是一家资本风险较高的企业。② 这两部分研究的观点与新闻传播学许多阐述性论文的结论相一致,但提供了更多的定量证据。

关于网络视频产业发展的整体战略研究较少。有一些关于某一家视频网站发展战略的研究,但由于这些研究的出发点是提升企业的竞争力,战略的实施主体是企业,所采用的理论框架是管理学领域的竞争战略,所以不适合用于产业发展战略分析。根据产业经济学的观点,产业发展战略研究分为国家的整体产业发展战略研究和某一产业发展战略研究,前者相较于后者增加了产业结构、产业空间和产业关联的内容。③ 产业经济学考察的是企业、产业、政府三者之间的关系,适合作为网络视频产业发展战略研究的理论框架。

如中国的情形一样,英文文献中关于网络视频的研究较多见于学术论文,较少有学术专著。需要说明的是,由于中外(主要是中美)传媒生态的差异,一些国内媒体经营与管理的热点问题在国外难以找到对应的领域,比如电视产业化、台网融合、网络视频产业等。在美国的传媒生态中,网络视频产业作为一门普通的产业部门而存在,学术界并没有多少特别的涉及。这可能是因为媒体经营与管理在传媒市场化程度较高的国家是一个管理学问题,大多放入商学院,而中国的媒体经营与管理研究和传媒政策与法规、传媒伦理、传媒业改革等问题紧密联系,因而新闻传播学领域对此研究颇多。有研究者分别在主要英文学术文献数据库检索了若干与中文"网络视频"相关联的英文词组,发现与中文语义相对应的是"online video",而非"network video"(该词主要使用语境为"network video games",即

① 闫石. 优酷并购土豆协同效应研究. 北京交通大学,2016.
② 胡琳曼. 乐视网全产业链运作模式研究. 湖南师范大学,2015.
③ 苏东水. 产业经济学[M]. 北京:高等教育出版社,2015:18.

网络游戏)。① 此外,根据笔者对主流英文学术文献数据库 JSTOR 中相关文献的考察,以"online video"为关键词的文献中偶有提及"Internet video"。通过上下文语境的辨析,笔者认为"Internet video"包括了视频下载(如 ftp 和 p2p),概念外延比"online video"要大。"online video"更接近本书"网络视频"的本意。

笔者以"online video"为关键词在 JSTOR 数据库中检索资源,并将学科领域限定在社会学、公共政策与管理、政治科学、市场营销与广告、电影研究和传播研究。从获得的文献来看,英文文献对于"online video"的关注集中于网络视频中的女性角色、网络视频领域中的法律法规问题、网络视频在教育领域的应用、网络视频与第三世界国家的数字化进程、网络视频基础设施建设背后的政治经济现象、网络视频与恐怖主义等。总体来看,关于网络视频的英文研究文献具有"外部性"的特征,即把网络视频作为一个"透镜"去审视另一个问题,如通过网络视频的接触(使用)情况研究 LGBTQ 群体②、通过网络视频的普及情况研究一国的女性主义、通过网络视频中的某种现象(如粉丝视频③)研究某一法律问题(以知识产权保护为主)。虽然笔者未找到研究网络视频产业的专门论文,但以上文献提供了了解美国、加拿大等国网络视频产业发展的线索。

线索一:网络视频作为一种替代性媒体(Alternative Media)**存在。**替代性媒体是指用"另一种声音"的"反主流媒体"。④ 在实践中主要是指同性恋人群、女性主义者等小众群体中使用的媒体。性别研究一直是西方学术界所关注的领域,其中就包括了同性恋问题和女性主义问题。如 Anita Gurumurthy 等人考察了印度的网络视频消费情况,从女性主义的视角对数字时代印度的政治议题设置予以分析,认为印度的政治议题不仅显现了其去除女性主义政治学精华的现象,而且也建构了新的女性主义政治学,进而提出生产替代性的全球女性社会、政治和经济话语。⑤ Moore 研究了 LGBTQ 群体的媒介使用情况,其中关注到了网络视频这种新

① 陈思. 中国网络视频产业链研究. 北京大学,2017.

② LGBT 是女同性恋者(Lesbians)、男同性恋者(Gays)、双性恋者(Bisexuals)、跨性别者(Transgender)和性别疑惑者(Questioning)的英文首字母缩略字。

③ Russo,Julie Levin. "User‐Penetrated Content:Fan Video in the Age of Convergence." Cinema Journal, vol. 48, no. 4, 2009, pp. 125‐130.

④ 杨忠川,李兴国. 网际网络时代下的小众媒介发展:虚拟社群的观点[J]. 新闻与传播评论.

⑤ Gurumurthy, Anita, et al. "Unpacking Digital India:A Feminist Commentary on Policy Agendas in the Digital Moment." Journal of Information Policy, vol. 6, 2016, pp. 371‐402.

型媒介形式,认为对于这一群体来说能够占有足够的媒介资源是提高他们政治地位的重要手段。① 关于这些人群选择网络视频的原因,Tripp 等研究了高价值电视(TVTV,Top Value Television)和以 YouTube 为代表的网络视频的关系,认为便利性依然是影响媒介选择首要的因素。②

线索二:美国网络视频产业受到资本和规制的双重影响。Russo 等在检视优兔(YouTube)上粉丝视频(Fan Video)的内容生产与传播模式后认为:美国网络视频产业的社会关注度较高、对资金的需求量也较高,资本市场对该行业予以较高关注;也正因为此,一些创意劳动者出于逐利的目的开始参与网络视频生产;但同时另一些诸如法律因素也对网络视频的内容生产产生影响。③

1.3.3 网络视频产业规制研究综述

版权问题曾经是网络视频领域的一大难题,其中争议的关键是:用户在视频网站上传了盗版内容,用户和平台分别要承担什么样的侵权责任。一种观点认为,互联网侵权问题在国际上普遍采用避风港原则进行认定,即如果网络服务提供商不知且不应知用户上传的作品侵权,在接到作者的权利声明后及时删除相关作品或断开链接,可以不承担侵权责任。但是在中国网络视频的发展实践中,视频网站究竟是网络服务提供商还是网络内容提供商这一身份较难认定。由于大多数的视频网站既提供正版内容的播放服务,又提供用户上传内容的存储服务,因此兼有网络内容提供商和网络服务提供商两种角色。④ 根据我国地方法院审理涉及网络视频侵权行为的判例,视频网站属于何种身份应由网站首页下部所标出的信息决定。如果该视频网站申请的是网络内容提供许可证,则应判定为内容提供商;如果申请的是网络服务提供许可证,则应判定为服务提供商。⑤ 不过近两年由于各大视频网站加大了版权保护的力度、积极引进正版内容,加之用户上传业务式微和视频内容过滤技术的进步,网络视频的版权纠纷逐渐减少。英文文

① Moore,Candace. "Distribution Is Queen:LGBTQ Media on Demand. " Cinema Journal,vol. 53,no. 1,2013,pp. 137 – 144.

② Tripp,Stephanie. "From TVTV to YouTube:A Genealogy of Participatory Practices in Video. " Journal of Film and Video,vol. 64,no. 1 – 2,2012,pp. 5 – 16.

③ Russo,Julie Levin. "User – Penetrated Content:Fan Video in the Age of Convergence. " Cinema Journal,vol. 48,no. 4,2009,pp. 125 – 130.

④ 王光文. 论我国视频网站版权侵权案件频发的原因与应对. 华东师范大学,2012.

⑤ 郭瑞涛. 我国网络视频网站发展的版权问题研究[J]. 编辑之友,2015(10).

献中关于网络视频规制的研究也集中在版权保护方面,如"粉丝视频"中的版权保护问题①。同时,英文文献中关于网络视频版权保护的研究中也注意到了版权过度保护的消极影响,提出了以保护多样性为目标的立法思想。②

在行业管理方面,网络视频产业要面临版权等法律规制,行业政策也对该行业的发展产生了较大的影响。有研究者检视了上海地区网络视听监管体系,总结了上海市网络视听产业治理主体的五项治理职能:审查"申证企业"资格,整治网络视听节目内容,保护网络视听产品及服务版权,扶持网络视听企业发展,优化网络视听产业发展环境。③ 另有研究者指出,我国传媒产业政策面临以下问题:正式制度供给不足,潜规则泛滥;寻租现象存在,侵蚀传媒产业的整体利益;地区壁垒、媒体壁垒和行业壁垒严重阻碍传媒产业个体和总量的扩张。④ 由于网络视频产业依托于互联网,故而互联网政策研究同样值得关注。有海外研究者检视了中国工业与信息化部成立的背景,认为中国的互联网政策是国家与政府双向互动的结果:一方面国家希望通过发展互联网增加自身的能力,另一方面则希望通过限制互联网抵消社会抗争的力量;而社会对于互联网的期待也是如此矛盾,一方面期待互联网通过赋予个体更多的表达机会进而提出自己的利益诉求,另一方面则不希望互联网对个人生活的过多窥视与干预。⑤ 笔者曾在一篇论文中指出中央领导批示也是我国网络视频规制的重要渊源。⑥ 有政治学领域的论文研究了由中央文献出版社出版的多位国家领导人的系列年谱,分析了中国政治运行中批示的定义、性质和制度约束,进而提出批示是中国政治活动正常运行的关键环节,是中国政治制度赋予领导者的决策权行使工具。批示的数量受到制度因素的显著影响,包括不同职务背后的自由裁量权差异和国家事务治理模式等因素对职务属

---

① Russo, Julie Levin. "User – Penetrated Content: Fan Video in the Age of Convergence. " Cinema Journal, vol. 48, no. 4, 2009, pp. 125 – 130.

② Lesley Hitchens. "Media Regulatory Frameworks in the Age of Broadband: Securing Diversity. " Journal of Information Policy, vol. 1, 2011, pp. 217 – 240.

③ 江凌. 网络视听产业的多元主体治理功能及治理结构优化探析——以上海市网络视频产业为例[J]. 江南大学学报(人文社会科学版),2015(4).

④ 朱春阳. 传媒产业规制:背景演变、国际经验与中国现实[J]. 西南民族大学学报(社会科学版),2008(3).

⑤ 郑永年. 技术赋权——中国的互联网、国家与社会[M]. 邱道隆,译. 北京:东方出版社,2013:83.

⑥ 靳戈. 中国网络视频规制的起源、特点与趋势[J]. 当代传播,2017 – 12.

性本身的影响。① 基于这样的研究发现,笔者研究了十六届、十七届中央政治局委员、常委李长春关于文化体制改革的文集——《文化强国之路:文化体制改革的探索与实践》。李长春在2002—2012年担任中央政治局常委期间主管意识形态工作,我国自上而下的单一制国家结构形式决定了这十年间国内文化领域的重要发展与变化基本都可以在该文集中找到渊源。关于电视领域的改革,李长春支持社会资金进入影视节目制作领域。该文集还显示,李长春专门改变了行程安排参加了中国网络电视台的开播仪式,并在开播仪式上提出了对中国网络电视台发展的希望:提升国际传播能力、利用互联网提升舆论引导力、坚持"三贴近"、坚持体制机制创新、开发行业新技术、重视人才培养。② 结合《中国广播电视年鉴》中关于中国网络电视台成立背景和发展情况的记载,李长春关于文化体制改革的许多论述都体现在中国网络电视台的发展过程中。

除此之外,网络视频产业管理还涉及大企业与行业协会的因素。目前关于该产业中大企业作用的研究仅局限于微观的企业发展,在笔者能力所及的范围内未发现有论文研究大型网络视频企业的行业管理作用。有研究者分析了当前传媒产业规制体系变革的因素与中国的问题,认为传媒产业规制应采用走向效率优先与多元对话的路径,在治理方法上应注重行业自律与政府规制的结合。③

除了关注网络视频产业规制的相关文献,笔者尝试把视野扩大一些,关注网络视频产业规制的上层概念,如中国国家治理的制度逻辑。组织社会学和发展社会学对此议题均予以较大的关注。"当代中国政府在实际运行过程中常态采用的是逐级代理制,即中央及各级政府将属地管理的事权一揽子交付下一级政府,而且将下级政府官员的任命、考核和管理委托给其直接(或间隔)上级部门。"④这一模式被称为行政发包制。⑤ 而有研究者通过考察"大跃进"运动时,毛泽东通过更换省级领导人的做法来迫使地方政府追随其动员号令,进而认为官员升迁并非仅

① 孟庆国,陈思丞. 中国政治运行中的批示:定义、性质与制度约束[J]. 政治学研究,2016(5).
② 李长春. 文化强国之路:文化体制改革的探索与实践[M]. 北京:人民出版社,2013:737 - 740.
③ 张亮宇,朱春阳. 当前传媒产业规制体系变革与中国面向的问题反思[J]. 新闻大学,2010(3).
④ 周雪光. 中国国家治理的制度逻辑[M]. 北京:三联书店,2017:30.
⑤ 周黎安. 行政发包制[J]. 社会,2014(6).

仅是一个标准问题,而是与整个政治体制的观念相关。① 这种矛盾不仅存在于当代中国,根据一些学者的考察,中国古代国家治理中的君权与官僚权力之间也存在这种矛盾,即帝王控制与常规控制。② 中国国家治理制度逻辑对网络视频产业规制的启示在于,网络视频产业规制作为一种特定国家治理模式下的"统治术",也存在所谓官僚体制和运动型治理机制的关系,如 2018 年初广播电视行政主管部门对于一批互联网短视频应用的关停举措,就是一种从严从重的运动型治理。这种运动型治理产生于怎样的机缘? 这是在分析网络视频产业规制对产业发展战略影响时不容忽视的因素。

1.4　研究方法与研究框架

无论从学术研究的东方起源还是西方起点来看,并无研究方法的提法。彼时所谓的学术,主要采用思辨的方法,按照西方的学术观念应称为哲学。西方近代以来,尤其是工业革命之后,物我两分的二元对立观念逐渐从自然科学领域扩散到社会科学领域,进而使西方哲学研究出现了科学化的转向。比如政治学在近代就分为政治哲学和政治科学两部分,并且政治科学的势头压过了政治哲学。③ 随着西学东渐的风潮,科学思想也进入中国,并影响了中国社会科学研究的范式。不过,从西方学术体系的演进过程来看,近 50 年来,尤其是第二次世界大战之后,科学化的思想又逐渐式微,哲学思想兴起——至少在政治学领域是这样的。④ 媒体经营与管理并非西方主流新闻传播学的研究领域,这是中国传媒业由事业向产业转型过程中产生的一个颇具中国特色的研究方向。传播学在 20 世纪 80 年代引入中国时,采用的是美国的科学主义范式,虽然后来欧洲的批判主义范式也被引进,但无法改变"研究方法"背后的科学主义思想对中国传播学研究的影响。科学主义在传播学领域生根发芽,进而影响到相近的二级学科新闻学(如精确新闻学)。在社会科学领域,社会学又与研究方法关系最为密切,故而有人将"研究方

---

① 周飞舟. 锦标赛体制[J]. 社会学研究,2009(3).
② 孔飞力. 叫魂:1768 年中国妖术大恐慌[M]. 陈兼,等译. 上海:上海三联书店,1999:246.
③ 燕继荣. 政治学十五讲[M]. 北京:北京大学出版社,2012:87.
④ 同上.

法"向社会科学各个领域渗透的现象称为"社会学霸权主义"（Sociological Imperialism）①。实际上，隐藏在"研究方法"一词背后的科学主义思想，并非学术研究的全部。正如美国政治学界所反思的那样，对社会学的青睐，使政治学忽视了那些原本应该关注的问题。笔者在此花费一段文字的篇幅作此解释，意在表达不是所有的研究都需要研究方法，不是所有的研究方法都来自艾尔·芭比的教材。笔者认为，研究方法包括资料收集方法和资料分析方法两部分，因此本书主要从这两方面阐述所采用的"研究方法"。

1.4.1 研究方法

第一，文献研究法。目前新闻传播学领域网络视频研究的资料来源主要是新闻报道和其他二手学术文献，金融学、会计学领域的文献还包括 IPO 招股书和企业财务年报。本书的资料来源以统计年鉴、蓝皮书、官方研究机构的调查报告、企业招股书、企业财务年报为主，尽量不采用新闻报道的数据和商业研究机构的报告。

第二，个案研究法。行业发展现实头绪多、线索繁，行业数据整理的难度较大（一些小型网络视频企业的公开数据比较有限）。若简单概括，恐有以偏概全、管中窥豹之忧。本书借鉴了管理学研究中常用的案例分析法，通过分析行业中代表性企业的信息，以点带面反映行业发展情况。笔者选择优酷网和乐视网作为民营视频网站阵营的代表，理由是这两家公司规模较大，且均是上市公司，有充足的公开数据可供分析。在国营视频网站阵营，笔者选择央视网作为代表，理由是《中国广播电视年鉴》和《中国中央电视台年鉴》有关于该网站近 20 年业务情况的记载，是该阵营中公开数据最多的企业。

1.4.2 研究框架

研究是思考与行文"化合"的产物，故本书从分析框架和行文框架两个层面解释研究框架。从整体上看，本书采用了产业经济学的分析框架，也借鉴了部分产业经济学的研究思路。在方法论层面，本书借鉴了产业经济学的系统分析法——既分析作为产业组成个体的企业的情况，又研究企业之间相互作用的关系以及这

---

① 杜卫. 美学，还是社会学——从〈美学与艺术社会学〉谈起[J]. 外国文学评论,1995(3)：15-24.

种关系是怎样通过各个层次的整合最后达到一个总体的结果,尤其重视个体组成整体过程中如何实现整体效果最优的问题。本书第七章最后一小节"战略伦理"引入传播政治经济学的视角对产业发展这一带有"进步主义"意味的思想进行反思,避免"进步主义"思想伤害社会公平。

本书的行文框架有三条线索:从历史到理论,从微观到宏观,从现实到决策。本书第二章通过收集年鉴、蓝皮书、领导人年谱、统计报告、招股书、上市公司财务年报等信息,大略描述了1996—2017年中国网络视频产业的发展历史。在梳理史料时,笔者主要沿着技术、市场、政策三条逻辑线索展开,并对比了中外(主要是美国)同时代网络视频产业的发展情况。

本书的第四章和第五章分别对应产业经济学理论框架中的产业管理与产业组织。在针对产业管理现状的分析中,本书收集了1996年以来关于网络视频的法律、国务院法规、国家部委规章和行业协会公约,并从渊源、特征、趋势三方面加以分析。分析的过程中注重以上文本的互文性,尝试寻找中国网络视频产业管理的源头与逻辑主线。在针对行业组织的分析中,本书以三家具有代表性的视频网站为分析对象(分别是乐视网、优酷网和央视网),通过分析以上三家网站的公开数据,概括网络视频企业的经营特点和网络视频市场的竞争特点。需要说明的是,虽然以上三家网站"命途多舛",有的深陷资金链断裂的漩涡,有的已经委身他人,有的几易其名,但历史上它们有起有落,反映了特定时代网络视频所处的市场环境与自身的经营思路,如今的成败这并不影响他们在中国网络视频产业发展历史上的样本价值。

第三章、第六章是本书两处转折——前者是从文献资料到现状分析,后者是从现状分析到决策分析。在第一处转折,本书根据已有研究文献分析了中国网络视频产业发展战略的实施主体与客体、发展目标和动力来源,从逻辑上将文献分析与第四章、第五章的现状分析对接起来。在第二处转折,本书根据第四章和第五章的分析,概括中国网络视频产业发展的外部环境与资源禀赋,是全文从分析转向结论的章节。

第七章是本书的结论部分。该章节将第六章的分析细化为具体的战略选择,并依据文献、历史、规制、经营四方面的分析将战略选择进一步细化为战略实施方案,并依据文献和产业现实提出战略实施的保障与伦理。

第一章不仅承担了序言的功能,还包括相当篇幅的文献综述。结语与结论章

第七章的区别是结语提供一个反思与展望的视角,相对于第七章更加超然——没有结语,全文的结构也是完整的;有了结语,在推理论述的结尾加上一个"反思"的姿态,思维脉络上更加周全。

1.5 研究创新点

第一,将网络视频产业研究置于媒体融合和深化电视产业改革的框架内。目前网络视频产业的相关研究独立性较强,视野较为狭窄,仅把网络视频作为一种新的文化消费形态来研究。笔者认为,网络视频是电视在互联网时代的生存状态,理解网络视频在中国的市场环境、竞争格局、供销模式、盈利模式、产业政策等问题,不能脱离媒体融合和电视产业化改革这两个背景。否则,把网络视频孤立地看待,难以找到许多问题的症结和本质,发展战略的可持续性也面临诸多风险。

第二,通过发掘新史料,将中国网络视频产业史的时间起点向前拓展了 10年。中国网络视频史的相关研究文献较少,仅有传媒大学王晓红等学者的一两篇期刊文章中有提及,部分新闻传播学领域的学位论文也有简单的概括。关于中国网络视频史的起点,有 2004 年、2005 年、2006 年三种说法。虽然也有研究者在文章中提到了中央电视台在 1996 年就开展了网络视频业务,但未提供具体的史料支撑。根据笔者新近发现的材料,补充了 1996 年前后中央电视台网络视频业务的相关情况,相较于目前普遍接受的观点把中国网络视频产业的时间起点提前了10 年。

第三,引入产业经济学的理论框架,分析中国网络视频产业的现状。目前关于中国某一传媒领域发展战略的研究,大多采用竞争战略的框架。竞争战略理论框架的起源是企业竞争,解决的是微观经济学中的经营与管理问题。如果把某一门产业视为一个企业,套用竞争战略理论框架,那么就忽视了企业战略与产业战略的主体差异性——企业竞争战略是企业决定自己的行为,产业发展战略是政府对某一产业门类发展的引导。比较直接的差异是,竞争战略基本不考虑对当前政策、规制等行业管理因素的改变,而把这些因素作为常量;但是产业发展战略中的政策、规制是自变量。而且,竞争战略做内部要素分析时,考量的是企业文化、管理、营销、财务、运营、研发、管理信息系统和价值链,而产业发展考虑的是大企业、竞争、市场结构、产业链、产业规制、产业政策、行业协会、产业生命周期等问题。目前有部分研究网络视频产业的文献使用了产业经济学中的产业链概念,但按照产业经济学的理论框架分析网络视频产业的发展战略,尚无代表性成果。

第四,引入财务指标分析方法,研究中国网络视频企业的经营思路和盈利能力。目前新闻传播学领域对网络视频经营思路和盈利能力的研究,主要来自新闻报道等二手文献和访谈。随着行业资料日渐丰富,这两种研究方法收集资料的效率越来越低,目前已经难以通过二手文献法和访谈法收集到更有价值的资料。而且,这两种方法本身存在一定的缺陷:二手文献主要来自新闻报道,本身受记者和编辑报道框架的影响,不一定能够反映行业原貌;网络视频产业发展时间较短、人员流动较快,访谈对象不一定了解行业的历史与全貌,且出于保护商业利益的需要可能会有选择地回答访谈者的提问。本书绕开二手文献和从业者访谈这两种方法,采用会计学研究中常用的财务指标分析法,通过精读部分上市公司披露的IPO 招股书和企业季度年报,分析代表性企业的经营思路;通过分析现金流、资产负债率等指标,研究代表性企业的盈利能力和资本运作能力。目前会计学和金融学领域有少数文献具有部分视频网站的上述数据,但并没有用数据回应新闻传播学的关切。本书从这些文献中借鉴研究方法,通过财务指标分析回答新闻传播学所关注的问题,如盈利模式和政策影响等。

第五,改造 SWOT 模型,使之更加适用于产业发展战略研究。在中国网络视频产业发展研究的战略实施部分,本书以产业经济学的理论框架对竞争战略中常用的 SWOT 模型进行改造,提出了"资源优势、资源劣势、发展机会、发展风险"四个指标。同时,考虑到中国网络视频产业不同发展阶段受政策和技术的影响有差异,因此本书在平面直角坐标系中加入了时间轴(z轴),构成了三维立体直角坐标系。虽然这一模型在方法论上并非无懈可击,但用于分析中国网络视频产业发展战略并无妨碍。

需要在引言部分最后说明的是,由于网络视频产业的相关数据一直在更新,而且与产业相关的一些机构名称(如国家新闻出版广电总局于 2018 年更名为国家广播电视总局)也在变化,所以有必要声明,除非特别说明,本书所提到的数据和机构名称,更新至 2018 年 2 月份。

第二章　中国网络视频产业发展历程

　　然而追寻愈远,其回向人生,亦将愈感疏阔,愈成隔阂……中国有成语曰:穷途思返。

——钱穆《人生十论》

　　互联网产品讲究的是快速迭代、快速响应用户需求,技术先进性反而在其次。随着用户规模的扩大,(产品)需要不停地重构。

——吴晓波《腾讯传》

　　互联网各类应用的更新迭代速度之快,使历史的纵深感荡然无存。可能正是因为纵深感的缺失,容易使人忽视某一类互联网应用史的价值。的确,电视已历百年,电视史的学术地位才得到承认。中国网络视频史刚刚超过20年,更难免被人忽视。然而,历史短并不等于没有历史的价值。本章题记所说"穷途思返",一样适用于中国网络视频史。

　　2014—2016年国内学术期刊上出现了一系列回顾中国网络视频产业发展历史的论文。有研究者认为中国视频网站起源于2004年,以乐视网信息技术(北京)股份有限公司的成立为标志。① 也有研究者虽然并没有明确说明中国网络视频产业的时间起点,但是指出中央电视台所属央视网是最早的视频网站(1996年),土豆网是第一家视频分享网站(2005年)。② 如第一章所言,本书所研究的网络视频产业,既包括国营视频网站,也包括民营视频网站。因此,笔者认为以1996

---

① 张逸,贾金玺.中国视频网站十年进化史[J].编辑之友,2015(4).
② 王晓红,谢妍.中国网络视频产业:历史、现状及挑战.2016(6).

年作为中国视频网站的时间起点是合适的,但是若论网络视频何时出现产业的萌芽,则应以2005—2006年一系列民营视频网站的成立为标志。尽管如此,1996—2005年这十年间的历史同样重要,它为网络视频产业提供了基本的观念启蒙和市场准备。

本章将1996—2017年这22年的历史分为4个阶段,以技术、市场和政策三条线索分析不同历史阶段中国网络视频产业发展的情况,并对比同时期国外(主要是美国)网络视频产业发展的情况。

2.1 准备阶段:1996—2005年

中国互联网的视频下载业务存在已久,早期的FTP①平台就承担了互联网视频共享网站的角色,一些广播电台和电视台的网站也提供音视频下载功能。但是互联网在中国普及的第一个十年间,用互联网观看视频一直没有形成规模——一方面互联网上可供观看的视频资源比较少,另一方面由于带宽实在有限,在互联网上观看视频的体验非常差,经常出现卡顿、丢帧和文件错误等问题。同时,由于当时家用手持拍摄设备价格较高,普及率较低,因此互联网上很少有网民自己上传的内容,为数不多的视频大多是盗版的影视节目。

2006年以前,中央电视台网站、上海文广集团"东方宽频"网等电视台自办网站提供了简单的视频点播和下载功能。② 此外,还有一些电信服务提供商利用套餐捆绑,推出影视内容增值服务业务。如2002年5月,中国电信"互联星空"在广东试点,提供视频点播服务,次年9月在南方16省市开通。"互联星空"本身并不是视频网站,但是中国电信作为网络服务提供商,为开展音视频内容服务的网站提供网络带宽资源和用户认证、费用结算的服务,为音视频内容在网站上的传播提供了"一揽子"的技术方案和管理模式,网络内容供应商可以专注于音视频内容

---

① FTP:FTP是File Transfer Protocol(文件传输协议)的英文简称,而中文简称为"文传协议"。用于Internet上的控制文件的双向传输。同时,它也是一个应用程序(Application)。基于不同的操作系统有不同的FTP应用程序,而所有这些应用程序都遵守同一种协议以传输文件。在FTP的使用当中,用户可通过客户机程序向(从)远程主机上传(下载)文件。

② 中国广播电视年鉴编辑委员会. 中国广播电视年鉴(2005)[M]. 北京:中国广播电视年鉴社,2006:221.

的制作与发布。有少数网站开始尝试运用数字压缩技术使用户通过特定软件下载音视频内容,但宽带等互联网基础设施尚不完善,还不能实现在线流畅播放。当时互联网普及率也很低,用户尚未形成规模。因此,此时视频服务还称不上是真正的网络视频,仅仅是网络视频的雏形,视频网站还处于萌芽阶段。网络视频在发展的早期,由于技术不成熟和带宽不富裕,并不是当时主流网站的主要业务,不论是在用户数量还是在影响力上都十分有限。BBS(网络论坛,又名电子公告板)是当时最有影响力和用户渗透力的互联网应用。2000年,博客进入中国,并在此后很长一段时间成为国内互联网用户规模较大的应用之一。随着博客的繁荣,一些用户开始在个人博客中插入一些自制的音频或视频内容。久而久之,其中一些形式新颖、受观众欢迎的音视频代替了文字,成为网民浏览的主要内容。早期的网络视频散布在电视台网站、商业门户网站和博客等平台上,尚未形成统一的模式。

2.1.1　视频网站的早期形态

1. 电视节目网上点播

电视台是国内视听节目的主要供给方,掌握了大量的节目资源。电视台具有得天独厚的内容资源来创办视频网站,只待平台和传输技术的成熟。中央电视台于1996年在国际互联网上申请了域名、建立了网站,但内容基本以图文为主。之后,各省市级电视台紧跟其后,建立了自己的网站,其中一些网站提供了视频点播功能。但受制于有限的带宽,视频点播功能的体验并不友好,没有广泛普及。到2005年底,除了青海省之外,国内34个省(包括台湾地区)、直辖市、自治区、特别行政区的省级电视台都建立了网站;大部分的地市级电视台也建立了自己的网站。由于带宽条件有所改善,提供视频点播业务的电视台网站越来越多。

2000年12月20日,中央电视台挂牌成立"央视国际网"。该网站在2001年划入中央电视台总编室序列,明确为中央电视台的节目宣传部门。中央电视台将这一网站的职能定位于"依托央视资源、实现自身发展",包括"做好重点宣传""传播先进文化""创办名牌栏目"等。① "'央视国际网'服务于电视宣传……电

---

① 中国广播电视年鉴编辑委员会. 中国广播电视年鉴(2001)[M]. 北京:中国广播电视年鉴社,2002:324.

视栏目上网步伐加快。"①同时,"央视国际网"也开办了一些自办栏目,但没有超越"服务央视"的框架,如《线上故事》(口号:讲述央视故事,聆听网友倾诉)、《在线主持》(口号:真情互动、沟通你我)、《"网评天下"论坛》(口号:关注人、关注新闻)等。

在地方电视台中,北京电视台和上海电视台"触网"较早,北京电视台每天提供2—3小时的网上新闻直播,节目内容保留30天,在此期间节目可以点播。上海文广新闻传媒集团旗下的"东方宽频"网(www. smgbb. cn)在2003年9月9日上线。2004年1月,由文广集团设立的"上海东方宽频传播有限公司"正式运营。在传输渠道建设上,东方宽频在国内的扩张选择与电信运营商结盟,尤其是与中国电信和中国网通建立了战略合作伙伴关系,通过电信运营商的门户网站向用户提供视频点播服务。在海外市场拓展上,东方宽频选择了依靠微软这颗"大树",建设了基于windows media DRM10技术的全球数字版权管理系统,并借微软的内容渠道(windowsmedia. com)走向海外。

2. 播客:博客的副产品

博客是一种向用户提供上传、编辑、存储、推广服务的互联网应用,又名网络日志。提供博客服务的网站会为每一个用户生成一个"小网站",能实现基本编辑功能和留言、评论等互动功能。对于评论量、阅读量较大的博客文章,网站还会提供推广服务。世界上最早的博客诞生于1997年,美国人Jorn Barger以"weblog"命名"Robot wisdom weblog"网站。博客刚刚出现时,没有引起人们太多注意。直到2001年的"9·11"事件发生,博客成为有关"9·11"新闻报道的重要素材来源。因为在各主流媒体记者尚未到达现场之前,网民就已经把现场的所见所闻写成文字、拍成图片上传到自己的博客。在记者还没有来得及确认遇难者家属和幸存人员时,这些人已经"自觉地"在博客上"诉说"自己的经历。从此,博客走入人们的视线,引起社会各界的关注。博客文章最开始主要由文字和图片组成。后来,文字与图片不再能满足人们对信息形态多样性的需要。2001年,美国人Dave Winer将声音元素置入博客文章,由此诞生了世界上最早的播客。2004年2月12日,英国《卫报》一篇《听觉革命:在线广播遍地开花》的文章中最早提到"Podcasting"一词。博客音视频逐渐从博客中独立出来,形成另一种表现形式更加丰富的"网络日志"——播客。

---

① 中国广播电视年鉴编辑委员会. 中国广播电视年鉴(2003)[M]. 北京:中国广播电视年鉴社,2004:331.

在中国大陆地区，最早的播客可以追溯到 2002 年，以署名为"黑冰制作、小宝传播联合制作"的《大史记》系列视频为标志。《大史记 1》的素材来自《鬼子来了》《茶馆》《有话好好说》和《智取威虎山》等电影，制作者将电影重新剪辑、配音。作品没有完整的故事情节，多为针砭时弊兼具喜剧效果的片段，长约 19 分钟。《大史记 2》(又名《分家在十月》)，取自两部苏联革命影片《列宁在十月》和《列宁在 1918》部分片段，经重新剪辑、配音后形成新的作品，讲的是某电视台节目组闹分家的故事，时长 30 分钟。《大史记 3》使用的母本是 1959 年出品的抗战题材的故事片《粮食》，讲述的仍然是电视台内部的故事，将鬼子抢粮的情节改变为记者争夺新闻素材的故事，长约 14 分钟。

2003 年，昵称为"胖大海"的网民开始在网上陆续发表作品，主持《有一说二》播客节目。《有一说二》的内容以时事评论为主，语言诙谐幽默、通俗易懂。2004年 12 月，广州天艺音像为"胖大海"录制了第一张个人专辑《网络痞侠胖大海》。

个人播客在互联网上掀起了一阵旋风，受到年轻网民的青睐和追捧，并逐渐进入人们的视线。一些网络用户开始尝试涉足播客这种形式，并希望以此作为成名的手段。播客按传播内容可分为音频播客和视频播客，就数量来说，音频播客所占比重较大(这可能与制作难度较低有关)。除了网络上散布在博客中的音频播客外，也有较为著名的专门的音频播客网站，如 2005 年 5 月开播的反波网(www. antiwave. net)、2005 年 8 月开播的派派网(www. piekee. com)等。有一些网民不甘于音频播客比较单一的表现形式，尝试制作视频博客，把日常所见所闻经过简单的剪辑编排后上传到自己的博客上。

3. 诞生于大型局域网的视频点播服务

在商业网站领域，播客扮演了网络视频"播火者"的角色。商业网站处于广域网之中，传播面较广，网站的经营受版权保护法规的影响较大。但是，在中国这片较大的广域网内，还存在着一些大型的教育科研局域网。这些大型局域网的接入者大多并非以盈利为目的，且网络管理员可以通过简单的访问地址限制，将教学科研所用网络资源的访问权限设定在高校和科研院所范围内，为这些大型局域网内的用户发展内容业务构建起得天独厚的版权"避风港"①。教育网(中国教育和科研计算机网的简称)外是播客在探索,教育网内也有一些"先行者"在尝试相似的业务。

在教育网孕育的一系列视频网站中,PPLive 是最知名的代表。它的雏形是华中科技大学学生姚欣于 2004 年末休学期间创办的视频点播平台。最初负责这一平台运行的是姚欣的几位同学。根据媒体的公开报道,姚欣的团队很快获得了软银中国的投资。2005 年 5 月,以 PPLive 为基础的上海聚力传媒技术有限公司成立。2005年 8 月,曾有 50 万人通过 PPLive 在线收看当年知名的电视选秀节目"超级女声"的总决赛。2006 年之后,PPLive 开始给上海文广、光线传媒、凤凰卫视等提供网络在线视频的技术支持,并在 2008 年获得了北京奥林匹克运动会的网络直播权。

PPLive 的模式很快受到关注,一些与 PPLive 业务相似的应用纷纷出现,如PPS、风行、UUSee 网络电视、皮皮高清影视等。这些网站普遍以点播业务和直播业务为主,内容资源大多来自互联网。为了追求更好的观看体验,它们在点播技术的改进上投入了大量的精力,但相对来说内容建设较为薄弱。如果说播客传播了网络视频内容形态的火种,那么这些重技术、轻内容的点播和直播网站,就是视频播放技术商业化的最早实践者和改良者。

4. 门户网站的视频点播业务

互联网在中国的普及,各省电信网络运营商扮演了重要的推广角色。推广互联网业务,必须得先有内容才能吸引用户。在 2000—2005 年期间,多省市的电信网络服务商开办了当地的互联网"信息港",如河南省郑州市的商都信息港。这些"信息港"与新浪、搜狐等商业门户网站,共同组成了当时中国网民的互联网世界。这些门户网站的特点是内容多、版块全、流量大,大部分新出现的网络应用都能在门户网站上找到,包括网络视频。

不过,受制于较小带宽和落后的流媒体算法,2005 年前后门户网站的视频点播业务使用体验并不理想,用户数量也比较有限。彼时,网络视频也缺少内容资源,尽管视频在表现力上强于文字和图片,但是资源少、体验差,当时几乎没有门户网站决心以网络视频作为未来重要的发展方向。在门户网站浩瀚的内容海洋

---

① "避风港"原则:指在发生著作权侵权案件时,当网络服务提供商(ISP)只提供空间服务,并不制作网页内容,如果 ISP 被告知侵权,则有删除的义务,否则就被视为侵权。如果侵权内容既不在 ISP 的服务器上存储,又没有被告知哪些内容应该删除,则 ISP 不承担侵权责任。

里,网络视频充其量只是一个"小配角"。

5. IPTV:网络视频的近亲

IPTV 是指利用宽带网、采用流媒体技术、通过互联网协议来提供包括在线视频节目在内的多媒体交互业务,其终端可以是"机顶盒 + 电视机"模式,也可以是计算机,还可以是手机。从定义和实现方法上看,IPTV 与网络视频难分彼此,完全找不出显著的区分。但在实际操作中,IPTV 的发展特点是电视网络化播出(即可点播),网络视频的发展特点是社交化(即用户上传内容)。故而 IPTV 虽然与网络视频有千万种相似之处,但在中国广电的发展实践中二者走上了不同的道路,只能算是近亲。

从事 IPTV 业务,必须有广电总局颁发的网络视听内容集成运营商牌照。上海文广新闻传媒集团于 2005 年 5 月最早获得了该牌照,批准开办的业务包括自办播放和节目集成运营两项。这就意味着,上海电视台既可以在互联网电视平台上播放自己开办的广播电视频道并提供视频点播服务,又可以将其他机构所制作的节目集成到自己的播出平台上。然而,电视台在网络建设维护和用户管理方面并不具有技术优势,需要外部力量的支持。上海文广新闻传媒集团在获得牌照的同一年,就与中国网通哈尔滨分公司合作共同开展 IPTV 的联合运营。其中,中国网通哈尔滨分公司负责建设和维护运营 IPTV 所需的网络硬件设备,负责开发收费平台和用户管理;上海文广新闻传媒集团作为内容运营商负责牌照、内容、集成运营平台、机顶盒设备和政府关系协调。与上海文广集团的合作,使哈尔滨成为国内第一个 IPTV 商用城市和当时国内用户量最大的 IPTV 商用城市。①

2.1.2 早期视频质量概况

2006 年之前,我国的视频网站大多处于探索阶段,对于视频的质量要求很低。大部分原创视频的制作者缺乏专业的训练和专业的设备,拍摄目的也并非为了获得利益,因而他们上传的节目清晰度低、内容混乱,甚至有些完全是破碎的毫无逻辑的视频片段。

此外,还有一些用户打法律的"擦边球",上传受版权保护的视频资源。但是受制于当时的网络带宽,视频网站无法满足高清标准视频上传的要求,而是要求

---

① 中国广播电视年鉴编辑委员会. 中国广播电视年鉴(2005)[M]. 北京:中国广播电视年鉴社,2006:222.

用户将视频压缩到一定大小后才能上传。在这个压缩的过程中,由于标准和协议的缺失,许多视频丢失了大量的帧和画面细节,效果远远不如在电视平台上观看。

2.1.3 早期产业生态概况

彼时的视频网站,是一个相当弱小的行业,既没有内容提供商的支持,也没有专门的营销策划公司。视频网站内容的上传来源有两种:用户自行上传、视频网站组织上传。用户自制上传,并不存在版权争议。但视频网站组织上传的许多节目,大多是受版权保护的。虽然全国人大常委会于 2001 年修改了 1990 年版的《中华人民共和国著作权法》,将信息网络传播权纳入著作权所包括的人身权和财产权之内,但关于如何在司法实践层面细化对信息网络传播权的认识、明确侵权行为的内涵与外延,直到 2006 年 5 月国务院常务会议通过的《信息网络传播权保护条例》才予以明确。在 2006 年之前,如何界定在网络上复制与传播视频节目行为中的权利与义务问题,彼时的法律法规缺少细化的准则,互联网上的版权侵权行为面临认定难、判决难的问题。

除了版权保护,网络视频行业另一个比较受关注的政策法规议题是行业准入规则。2003 年 1 月 7 日,广电总局颁布 15 号令《互联网等信息网络传播视听节目管理办法》。一年后(2004 年 7 月 6 日)又对该办法进行了更新(广电总局第 39 号令),名称不变,但内容作了较大的调整,同时宣布废止 15 号令。对比 15 号令和 39 号令,广电总局关于网络视听节目服务的管理体现了更细、更严的特点。首先,39 号令对何为"信息网络"的规定更加明确——"以互联网协议作为主要技术形态……",同时将许可证名称由《网上传播视听节目许可证》改为《信息网络传播视听节目许可证》。其次,明确了外商独资、中外合资、中外合作机构不得从事信息网络传播视听节目的业务。最后,要求申请许可证的机构必须要有可行的节目监控方案。此外,39 号令删去了 15 号令中"中央、国家部、委、局只能有一家下属事业单位从事网络视听节目服务"的规定,调整了网络视听节目传输服务的内涵(15 号令允许持有许可证的机构传播和编辑电台、电视台的节目,39 号令允许持证机构传播电台、电视台的节目,未明确是否允许编辑后再次传播)。值得注意的是,广电总局于 2004 年 7 月 6 日还颁布了《广播电视视频点播业务管理办法》(35 号令)。虽然网络视频也具有点播功能,但 35 号令中点播功能的前提是"通过广播电视技术系统",而非互联网传输协议系统——这是电视点播功能与网络视频点播功能的显著区别。

　　作为一个新兴的行业,网络视频在 2006 年之前缺少清晰的盈利模式。一些成规模的视频网站,大多以广告招商作为主要的收入来源——这很显然是从传统电视行业取的"经"。然而,传统电视行业的广告收入有一套完整的体系,包括收视率评估、制片人制、广告分成等。新兴的视频网站却没有这一套机制,广告主通过什么指标来计算广告成本、视频网站的广告收入应如何分配、如何以广告收入激励内部团队工作的积极性,这些对于视频网站来说几乎接近于空白。

　　视频网站同样面临人才短缺的问题。在 21 世纪之初,以互联网为职业的大多是工程师,少部分商业门户网站会招聘内容编辑。然而,视频网站作为一个内容主导的行业,工程师并不能把网站带向繁荣,许多文字编辑对于视频处理无能为力。视频网站处于创业伊始,在资金方面捉襟见肘,难以觅到优秀的视频制作和策划人才,更不用说从电视媒体"挖"人了。

　　总体而言,2006 年之前的视频网站,在法律、政策、内容资源、营销策划、人才培养等多个方面尚处于探索阶段。但技术、市场已经准备得当,一些先行者的探索提供了关于网络视频这一业务的基本理念和运营经验。这一行业等待一家有规划、有实力的公司进入,确定网络视频的基本形态,并探索盈利模式,以吸引更多的企业加入。

2.1.4　同时期海外网络视频产业情况

　　美国电视产业和互联网产业均比中国起步得早,美国的电视台开办网站的时间也比较早。但是由于美国较为严格的版权保护制度,在合同限定的渠道以外播出电视节目是被禁止的。如果美国的电视公司希望在互联网上播出已购电视节目,那么就需要更新当初的版权购买协议——这影响了电视公司开展网络视频业务的积极性,因为更新购买协议意味着一笔新的支出,何况该业务的发展前景并不明朗。美国著名的录像带租赁公司百视达(Blockbuster)早在 2001 年就开始测试直接在网上播放录像,但是在当时的带宽和流媒体技术条件下,"技术跟不上灵感",这个模式因为观看体验较差而终止。除了百视达之外,美国录像带(后来还加入了 DVD)租赁企业还包括影库(Movie Gallery)和好莱坞视频连锁店(Hollywood Video Chains)。成立于 1997 年的 Netflix 彼时规模还不足以与以上三者相提并论。

不过,作为后来者的 Netflix,在商业模式上更接近之后的网络视频。百视达、影库和好莱坞视频连锁店采用实体店的经营模式,即用户租影片和归还影片均在实体店中发生。这种模式对实体店的规模和选址均有要求,属于重资产的经营模式。Netflix 的创始人有计算机行业创业的背景,他认为可以使用户通过互联网选择需要的影片,网站再通过邮寄的方式将 DVD 影碟送到用户手中。与影碟一同送达的还有已经填好地址、付过邮资的信封,用户看过影片之后只需将光盘放入信封并投入邮筒即可。这种模式一方面省去了实体店的房租和人工等费用,变重资产为轻资产;另一方面 Netflix 意识到互联网可以带来丰富的用户行为数据,从而通过社会计算实现按兴趣推荐。它鼓励用户在网站上建立观影清单,每当用户寄回一套观影清单上的 DVD 影碟,区域分公司就会自动寄出观众观影清单上的下一部影片。Netflix 很早就开始建立用户社区(如电影主题社区),用户可以在社区内发表影评、查找影评、与其他用户即时互动。这是百视达等实体店模式难以实现的(尽管百视达实体店收录的录像带是根据所在街区的人口学特征确定的)。从今天的视角来看,Netflix 这种“线上付费 + 实体租赁”的模式,一条腿已经迈入网络视频服务的领域。

2006 年是美国互联网史上关键的一年。这一年美国的宽带互联网普及率相比 2005 年提升了 40%,实现了质的变化——接近 80% 的美国家庭都接入了宽带互联网。同年,Netflix 意识到流媒体的价值,开始从事网络视频业务。同年,谷歌公司也意识到网络视频的价值,收购了刚刚成立一年的视频分享网站 YouTube。

关于 YouTube 的成立时间,由于标准不同,至少存在四种说法:按照域名注册时间,YouTube 成立于 2005 年 2 月 15 日,由三位 PayPal 的前雇员乍得·贺利(Chad Hurley)、陈士骏(Steve Chen)和贾德·卡林姆(Jawde Karim)注册;按照上传第一条内容的时间,YouTube 成立于 2005 年 4 月 23 日,贾德·卡林姆以“Jawde”为用户名在 YouTube 上传了第一段视频①;按照公开测试的时间,YouTube 成立于 2005 年 5 月;按照向用户开放的时间,YouTube 成立于 2005 年 12 月。关于 YouTube 的创立目的有两种说法:一种是它旨在让用户观看、下载及分享影片或短片;另一种说法是 YouTube 想要模仿 Facebook 做社交网站,最终升级为视

---

① 这段视频名叫《我在动物园》(Meat the Zoo),只有 19 秒的长度,作者站在动物园的大象面前说大象有很长很长的鼻子非常酷。

频版的 Hot or Not(美国一家相亲网站,特点是通过照片互相评分进行"牵线搭桥")。①

2.2　萌芽阶段:2006—2008 年

中国互联网产业在 2006 年之前的发展经验和探索历程,为网络视频这一新内容形态的出现提供了技术基础和市场基础。多媒体技术、流媒体技术的引入,和国内居民上网带宽的提升,三种要素使网络视频这种内容形态在中国出现几近成为必然。互联网进入中国之后,很快就开始了商业化的步伐,快速积累了市场人气——从 1997 年到 2005 年中国网民的增长率和结构变化情况提供了最直接的证据。中国人口的基数大,10% 的互联网普及率就意味着中国网民的数量已经超过了许多国家的总人口。20 世纪最后一个 10 年和 21 世纪第一个 10 年,也是中国经济依托人口红利和改革红利飞速增长的阶段。庞大的人口基数、可观的网民增长率和持续高速发展的经济,互联网在中国商业化、大众化的步伐飞快,互联网经济的市场规模同步扩大。

经过了 2005 年的经验积累,中国网络视频在 2006 年迎来了飞速发展,进入产业化阶段。有人将 2006 年称作中国网络视频产业发展的元年。② 网络视频这一互联网服务与新闻、论坛等不同,它对网络传输条件的要求较高。普通的 56k 电话拨号线路难以提供流畅地观看体验,必须使用 ADSL 宽带或者光纤。中国网络视频能够在 2006 年走上快速发展的道路,与当年中国家用宽带的飞跃式普及有很大的关系。2005 年,中国的宽带用户为 5300 万。到 2006 年,这一数据达到了7700 万,增长率为 45%。乘着家用宽带快速普及的风潮,中国出现了第一批民营视频网站。

2.2.1　民营视频网站的代表

1. 土豆网

2005 年 4 月 15 日,土豆网在国内上线,并上传了第一条视频内容,几乎与

---

① 陈思. 中国网络视频产业链研究[M]. 北京:北京大学,2017:15.
② 元年:指某个事物开始发生的时间。

YouTube 同步。土豆网在创立之初,内容生产与传播的模式与之前的播客非常相似——基于社交分享的内容生产。这与创始人王微受 Podcast 的启发而创建土豆网有一定的关系。而彼时,网站自制节目尚未形成规模,土豆网采用的"用户产生内容"是当时视频网站的主流模式,也是一直以来人们产生对网络视频门槛低、平民化等印象的来源。土豆网强调"用户自制内容"的思维也体现在"每个人都是生活的导演"这一口号中。

有了先发优势,土豆网以"用户产生内容"的内容起家,进入快速发展的通道。网站下设的频道数在 2005 年就达到了 1.6 万个,日访问量约为 5 万,注册用户数达到 15 万。这一数字在十年之后看起来虽然少得可怜,但已经给土豆网的服务器带来巨大的压力。在 2006 年,为了缓解短时间内用户集中访问带来的带宽压力,同时也为了降低日渐沉重的带宽成本①,土豆网推出了一款名为"飞速土豆"的软件。该软件的功能是把视频的数据传输从"用户与服务器"的客户端对主机模式转变为"用户与用户"的客户端对客户端模式。这一新模式可以在不增加服务器带宽的前提下通过算法优化数据传输效率,提升观看体验。这一"加速器"对于彼时的视频网站来说,乃是"开风气之先"。同年,土豆网还推出了视频广告收入分成计划"Tudou AD":凡是申请"Tudou AD"业务的用户可以在视频中插播广告,广告收入由土豆网和用户分成。同时,为了避免版权和经济纠纷,"Tudou AD"要求参与该计划的用户上传的必须是原创内容。②

创业初期的土豆网,除了广告业务之外,尚缺少其他更有效的盈利模式。在"Tudou AD"之外,土豆网在广告投放系统上也做了新尝试。广告主在土豆网广告投放系统上获得的是动态的用户观看数据,可以根据用户的行为特征调整前贴片广告和背景广告的发布计划。相比传统媒体只能提供静态用户数据,有了视频网站提供的动态数据,广告主投放广告的自主性和针对性更强。一般广告理论认为,基于动态用户数据的广告投放,能够帮助广告主找到那一半浪费的广告费③,可以在降低广告主的总花费的同时提高广告信息的准确到达率。

根据 Nielsen 的监测数据,2007 年 5 月至 8 月,土豆网一周视频播放量从 1.3

---

① 带宽成本是指视频网站因在电信运营商机房内放置服务器而产生的流量费用,该词将在中国网络视频发展史上反复出现。

② 高丽华. 新媒体经营[M]. 北京:机械工业出版社,2009:164.

③ 原话是"我知道我的广告费有一半浪费了,但是我不知道是哪一半。"语出被誉为"世界百货商店之父"的约翰·沃纳梅克。

亿次升至 3.6 亿次,一周独立用户数从 1149 万增长到 2884 万。2007 年 8 月播放量和独立用户数分别是 5 月份的 2.75 倍和 2.5 倍。① 然而,随着土豆网用户规模不断增加,广告收入难以支付急剧增长的带宽成本和渠道成本,探索新的盈利模式迫在眉睫。2008 年,在继续保持"用户产生内容"模式的同时,土豆网试水付费观看。2008 年 9 月 18 日,土豆网推出高清正版视频专区——黑豆,以正版视频为基础,土豆网尝试建立新的版权广告分成系统。

黑豆的出现,为土豆网内容生产提供了新的模式,为增加营收提供了新的可能。但是,土豆网发展的当务之急——资金,还需要通过资本市场获得——毕竟视频网站庞大的带宽成本和版权成本不是土豆网当时的经营收入和普通银行贷款所能承受的。继 2005 年 12 月土豆网在第一轮融资中获得来自 IDG 的 50 万美元的投资后,第二轮、第三轮融资接连展开。在 2008 年 4 月,土豆网在第四轮融资中获得了 5700 万美元,累计总融资额超过 8000 万美元。然而融资额如此之高的网站,其盈利模式依然不清晰。土豆网的管理团队认为,网络视频是一个前期高投入的行业,并且土豆网已然稳居国内市场第一阵营,只要资本市场持续看好网络视频行业,土豆网就能不断地获得资本注入。

2. 优酷网

相对于先知先觉的土豆网,优酷网出现得要晚一步。当 2006 年土豆网已经开始为带宽成本发愁的时候,优酷网才刚刚成立。早期的优酷网,基本与土豆网的发展思路一致,强调"用户产生内容"模式,以广告收入作为主要的盈利来源。

内容生产模式与土豆网相同,盈利模式与土豆网相同,作为行业"新兵"的优酷网必须得拿出一些"硬货"来确立市场地位。机缘巧合,从 2006 年开始,由于互联网的影响力日渐扩大,人们开始把一些个人利益的诉求发布到网上以求引起共鸣、扩大影响。这种现象最早诞生在网络论坛上。视频网站出现后,由于声画语言更具感染力和传播力,网络视频成为网民表达对社会不满的重要形式之一。这期间,优酷网的推广力度大、播放和上传体验好,成为网民上传此类视频的首选地。在网络上一度沸反盈天的"最牛钉子户"抗拒拆迁的视频,就是从优酷网开始传播的。依靠此类社会热点事件视频的广泛传播,优酷网的知名度也越来越大,完成了最早的知名度积累。

---

① Nielsen 公布土豆网流量:www.cnetnews.com.cn/2007/0907/495039.shtml。

虽然起步比土豆网晚了将近两年,但优酷网四轮融资的总额也达到了8000万美元,与土豆网基本持平。这与优酷网创始人古永锵在互联网行业和投资行业多年的从业经验分不开,也可以说是优酷网借土豆网的东风驶船(土豆网完成了网络视频的基本类型探索,并使网络视频这一业务被市场和资本所认知),得行业发展之便利。

2008年,优酷网在继续保有"用户产生内容"模式的同时,开始与各大电视台合作,邀请电视台在优酷网上开设视频频道,上传电视台的新闻、综艺、文教等各类节目。这一模式可以概括为优酷搭台、电视台唱戏。对于"唱戏人"电视台来说,建设自己的网络视频平台又力争进入国内第一阵营,投入无疑是可观的、风险无疑是巨大的。借优酷网这艘大船出海,反而是便利、廉价之选。一时间,除了中央电视台,各级电视台纷纷在优酷网上开设频道、上传节目。根据公开的资料显示,当时至少有25家省级电视台与优酷网结成合作伙伴。虽然这一合作模式后续因政策导向和规制的原因而终止,但这是中国电视业自改革开放以来第一次深度触及互联网,第一次感触到了互联网带来的新型传播模式,是后来多次被写入行业发展指导意见的"网台联动"的雏形。

3. PPLive 与 PPStream

优酷网和土豆网的模式源自播客和视频门户网站,PPLive 模式为代表的视频网站则是另一种思路——通过客户端开展电视直播业务。土豆网成立之初,关于何为网络视频,并没有普遍且通行的答案。国内不少提供相关服务的网站,也开始自称自己所从事的业务是网络视频。最典型的例子当属以 PPLive 和 PPSteam 为代表的网络视频播放软件。此类软件与优酷网和土豆网不同,并不急于打造内容平台,而是花不少精力将电视信号接入互联网,方便网民通过计算机看电视。2005年前后的中国电视尚未迈出"三网融合"①的步伐,能够在互联网上看电视在当时是一件稀罕事儿。这一服务对缴纳了有线电视费的家庭用户来说并没有明

---

① 三网融合是指电信网、广播电视网、互联网在向宽带通信网、数字电视网、下一代互联网演进过程中,三大网络通过技术改造,其技术功能趋于一致,业务范围趋于相同,网络互联互通、资源共享,能为用户提供语音、数据和广播电视等多种服务。三网融合并不意味着三大网络的物理合一,而主要是指高层业务应用的融合。三网融合应用广泛,遍及智能交通、环境保护、政府工作、公共安全、平安家居等多个领域。以后的手机可以看电视、上网,电视可以打电话、上网,电脑也可以打电话、看电视。三者之间相互交叉,形成你中有我、我中有你的格局。

显的吸引力,毕竟盯着电脑十几寸的小屏幕远不如电视几十寸的大屏幕舒服。但是,对于住在集体宿舍、收看电视节目极其不便的大学生群体,能够在互联网上看电视显然是一则好消息:一台便携的笔记本电脑就可以看电视,省去了购置电视机的费用和空间;通过廉价的校园网络就能看到有线网络的电视节目,也省去了一笔有线电视费。

趁着土豆网和优酷网崛起的风潮,PPLive 和 PPStream 这类 P2P 软件快速发展,势头和土豆网一时无二。PPLive 等软件深耕 P2P 播放技术,为产业发展积累了大量的技术经验。10 年之后,以土豆网为代表的门户模式成为视频网站的主流,而 P2P 软件相对衰落,一方面是对手过于强大,另一方面转播电视信号这一业务面临巨大的政策风险。尽管如此,行业依旧不能忘记这类 P2P 软件对于中国网络视频业的贡献——他们是中国网络视频业的早期模式探索者,也是网络视频技术研发和推广的重要参与者。在笔者的访谈中,合一集团一位高级管理人员还向笔者建议,应对这些早期探索者的价值予以充分的重视与肯定。

4. 其他视频网站

在国内网络视频市场,除了 PPLive、PPStream 这类 P2P 播放软件,还有一些模式与土豆网和优酷网类似的网站,如酷 6 网、56 网和乐视网。在本章讨论的范围内,这三家网站的运营并没有明显区分于土豆网和优酷网的特色。实际上,在 2008 年之前,视频网站依然没有解决播放卡顿的问题。网民选择浏览哪家视频网站,一方面是看网站是否提供用户所期待的内容,另一方面是看网站能否提供流畅地观看体验。比如在 2008 年左右 56 网在教育网内布置的服务器较少,在教育网内访问 56 网存在带宽较小的问题,观看体验不够流畅,因此大学生群体相对不愿意使用 56 网。同样,对于北方的用户,大多会优先选择服务器架设在北方的视频网站(因为播放更加流畅)。这是在网络视频发展初期,用户选择视频网站的朴素逻辑。

2.2.2 萌芽阶段的经营模式

1. 用户上传内容

土豆网作为中国第一批视频网站,与后起之秀优酷网不约而同地以"用户产生内容"作为主要的内容生产模式。后来,随着用户上传的内容越来越多,视频网站开始尝试对网民上传的内容进行编辑和编排,一定程度上提升了网站内容的质量。用户产生内容模式是 web2.0 时代逐渐兴起的一种互联网内容生产方式,它不是一项具体的业务,而是用户使用互联网的新方式。"用户产生内容"模式的优点是网站不需要关心上传什么内容、从哪里购买内容,只要搭建好稳定、关注度高的平台,自然有用户主动上传自制内容,并且通过社交化的方式进行分享,如滚雪球一样吸引更多的用户加入内容上传者的行列,可以在短时间内完善视频网站的内容资源库,带来更多的流量和关注度。

土豆网和优酷网在初创期都采用了"用户产生内容"模式,这一模式的确为两个网站带来了内容资源库的"家底"和早期的忠实用户。但是这种模式也存在缺陷和不足,主要问题是网民上传作品的质量参差不齐,很多视频包括血腥、色情、暴力等法律严格禁止的内容,还有一些视频有可能存在版权纠纷。因此,视频网站的经营者对"用户产生内容"又爱又恨。一方面,视频网站对用户上传内容是否存在侵害他人版权的行为负有审查责任,视频网站的管理员有义务对不符合国家法律的内容进行监管和删除;另一方面,视频网站管理者的技术和能力有限,无法对网民上传的众多视频内容一一进行筛查——他们既缺乏那样的时间和精力,也无法对内容是否违规做出快速而明确的判断。另外一个不容忽略的现实是,在视频网站发展初期,平台上的内容比较匮乏,很多网站的内容建设过分依靠"打擦边球"。即使视频网站的管理者知道哪些内容应该进行处理,但出于保持网站节目总量的考虑,视频网站大都不愿意删去这些内容。

虽然"用户产生内容"模式问题不少,但是它对于视频网站的发展,尤其是视频网站早期的内容积累,是至关重要的。它是视频网站在中国生根发芽的关键。在 2008 年之后,优酷网和土豆网尝试对 UGC 模式加以改造,使之更加精致。优酷网提出了"青年导演扶持计划",土豆网策划了"土豆映像节"。虽然名称不同,但本质都是支持和鼓励导演、编剧、摄像、演员等,使他们成为网站上的签约制作者,形成视频网站的利益共同体。

2. 风险投资①提供的资金

维持一家视频网站的正常运营投入很大,该行业具有很高的资金壁垒。视频

---

① 风险投资(Venture Capital)简称是 VC,在中国是一个约定俗成的具有特定内涵的概念,其实把它翻译成创业投资更为妥当。广义的风险投资泛指一切具有高风险、高潜在收益的投资;狭义的风险投资是指以高新技术为基础,生产与经营技术密集型产品的投资。根据美国全美风险投资协会的定义,风险投资是由职业金融家投入到新兴的、迅速发展的、具有巨大竞争潜力的企业中一种权益资本。

网站运营早期最主要的投入是网络带宽和服务器的成本,然后是内容的版权成本,最后是网站日常维护成本和人员开支等。如果在视频网站的发展初期没有风险投资提供的资金,那么几乎所有视频网站都没办法生存下去,因为视频网站从创建到运营再到实现盈利健康发展,是一场十足的"烧钱"行动。这其中的花费,不是实体产业和普通银行贷款所能承受的。

土豆网作为新兴网络视频产业的领头羊,在成立的第二年就获得了资本市场的青睐。土豆网在 2005 年 12 月第一轮融资中获得 IDG 投资的 50 万美元,在 2006 年 5 月第二轮融资中获得纪源资本、集富亚洲、IDG 投资的 850 万美元,2007 年 4 月获得由今日资本、General Catalyst 投资的 1900 万美元,在 2008 年 4 月的第四轮融资中获得了来自凯欣亚洲、Venrock、IDG、纪源资本的 5700 万美元的投资,总融资额超过 8000 万美元。

优酷网在融资方面丝毫不弱,于 2006 年 12 月获得硅谷 SutterHill Ventures、国际投资基金 Farallon Capital 和 Chengwei Ventures(成为基金)三家风投共同注资 1200 万美元。2007 年 11 月,贝恩资本集团旗下一只基金及三家现有股东追加 2500 万美元注资。2008 年 7 月,优酷网获得 4000 万美元融资,包括新增 3000 万美元的注资及当年 5 月获得的 1000 万美元的技术设备贷款(由 Western Technology Investment 提供),第四轮融资主要来自原有四家投资方追加投资,新增投资方为 Maverick Capital。

3. 视频网站的广告业务

在大众媒体中,电视、广播和网络视频都属于视听媒体。所以当视频网站开始探索盈利模式的时候,首先想到就是借鉴电视与广播的主要盈利模式:广告。① 网络视频广告不仅拥有传统电视广告的优点,如生动的图像、声音、动作等,能在第一时间吸引观众的注意力,而且还有一些自身独特的优势:第一,视频网站能够掌握观众的人口结构信息,如年龄、地域、性别等,分析其爱好、兴趣,更加精准地投放广告;第二,网络视频广告具有交互性,观众可以深度介入广告所创造的拟态环境;第三,视频网站可以提供更全面的广告效果监测,为下一阶段广告投放提供依据。故而一开始视频网站对广告业务的开展信心满满。

视频网站的广告有多种形式,如前置式贴片广告、弹窗广告、半透明的活动重

---

① 近些年来广告收入占电视台和广播台总收入的比重一直在下降,版权分销、三产收入正在成为电视台和广播台的主要收入来源。

叠式广告、暂停界面插入式广告等。前置式贴片广告源自电影和电视,是早期在线视频广告的常用形式,把 15 秒到 30 秒不等的电视广告移植到视频网站,用户必须先看完这条广告片,视频正片才能正常播放——这与电影的贴片广告十分类似,具有强制收看的特点。弹窗广告是视频网站从门户网站"克隆"的广告样式,在视频播放页面的右下角弹出一个小型的 Flash 窗口播放广告内容。半透明的活动重叠式广告是指在打开页面时弹出了一段动画广告,该段广告的背景通常是透明的,并不遮挡页面内容,且播放完毕后自动关闭。暂停界面的插入式广告是指当视频播放被人为暂停后,在播放窗口弹出的广告页面,一般包含跳转到广告商品介绍页面的链接。

当时网络视频的广告主,主要来自快速消费品和网络服务领域。快速消费品包括衣服鞋帽、食品、酒水、饮料、化妆品、电子产品等,种类非常丰富,这类广告主的主要目标客户群恰是上网的主力人群——16—45 周岁的消费者。网络服务主要包括网络游戏、网上征婚交友社区及网络互动社区等,这类广告的目标受众也是长期上网的低年龄用户——他们大多是网络视频的重度使用者。

4. 试水状态的付费观看

在萌发阶段,视频网站的收入主要依赖于广告,来源单一。网络视频的持续盈利面临较大风险,一旦广告主减少了广告投放,或者带宽成本、版权成本增长过快,广告收入难以跟上,视频网站经营局面将迅速陷入被动。自网络视频在国内出现以来,广告收入就一直难以支撑网站的运营成本,大部分的视频网站迟迟甩不掉"缺少有效盈利模式"的帽子。

新浪网在网络视频付费观看上迈出了第一步。2007 年 8 月 9 日,获得英国足球超级联赛 2007—2010 年度全媒体版权的天盛传媒与新浪网签署新赛季英超视频转播协议。根据协议,新浪网成为中国大陆地区英超赛事网络视频直播的独家门户合作伙伴。新浪网面向中国大陆地区用户,提供该赛季英超联赛包括 38 轮 380 场赛事的全程网络直播服务,网络用户可按照单场、包月或包年方式付费收看比赛直播内容,收费标准为包年 380 元、包月 38 元、点播 3.8 元。[1] 若以 2017 年视频网站会员的价格标准来看,新浪网的定价可以称得上是"昂贵"。

---

[1]　新浪试水互联网视频付费:www. wangchao. net. cn/web/detail_146482. html。

2.2.3 同期海外网络视频产业情况

被谷歌收购后的 YouTube 充分利用母公司在广告精准投放上的技术积累,于 2007 年底推出了当时在业内具有革命性的"智能广告"——广告以半透明条幅 (Banner)出现在视频播放窗口的下方,如果用户将鼠标指针移到广告条幅上,条幅就会由半透明变为不透明;如果用户点击了广告条幅,就能跳转到推广页面;如果用户一直没有将鼠标指针移动到页面上,那么广告条幅就会在一段时间后自动消失。该广告投放技术在避免过度干扰用户观看体验的前提下保证了广告投放效果,比之前的贴片广告、插播广告等在与用户的交互逻辑上更加友好,在提升品牌曝光率的同时减少降低美誉度的因素。许多广告主竞相选择这一新颖的广告模式。同时,YouTube 与国内的土豆网一样也对视频制作方提供了广告分成的合作方式。

YouTube 被谷歌收购使网络视频更加受到市场的关注。到了 2007 年,在网络上在线观看视频成为美国的流行趋势。虽然 2007 年前后美国家庭的 DVD 播放机拥有率从 24% 增长至 37% ,但从事在线 DVD 租赁业务的公司也大量出现,分掉了 Netflix 的市场份额。在内忧外患的叠加影响下,Netflix 在 2007 年涉足网络视频业务,为支付会员费的用户提供在线点播 DVD 的服务。但受经营惯性的影响,Netflix 的传统业务——DVD 租赁一直没有停止,直到后来这一市场几乎消失,该业务才完全被网络视频所替代。

虽然 YouTube 与几大电视巨头签署了合作协议,但最终还是投入了谷歌的怀抱。YouTube 的"背叛"也给了电视巨头以灵感(或者说把电视巨头们逼上了另一条路)——电视公司也可以自办视频网站。2007 年 3 月,美国国家广播环球公司 (NBC Universal)、新闻集团旗下的福克斯广播公司(FOX)和美国广播公司(ABC) 共同注册了 Hulu 网,并于当年 10 月推出了测试版。由于有三大电视巨头的支持,Hulu 网在内容资源方面可谓得天独厚。除了来自大股东的资源,Hulu 还与超过 220 家的传统媒体合作,其中既有大众影视作品提供方索尼、狮门影业、华纳兄弟、NBA 等,也有小众频道如圣丹尼斯(Saint Denis)、喜剧中心(Comedy Central)等。

手握资源优势的同时,Hulu 的技术开发也一直走在行业前列。这得益于一名"技术派"的首席执行官——来自亚马逊的杰森·卡勒(Jason Kilar)。Hulu 网的视频播客技术、Gif 格式文件检索技术、全网视频搜索引擎技术(类似于后来优酷网的"搜库")都是业界领先的。在 2007 年 Hulu 网就能在每秒 1 兆的网速下提供流畅且清晰的视频,其视频压缩技术带来的观影体验是当时行业中最先进的。

除了 Netflix、YouTube 和 Hulu 三家专门的视频网站,美国还有一些互联网公司从事网络视频业务。美国苹果公司在第一代 iPod 发布时也同时发布了在线多媒体播放与管理程序 iTunes。苹果公司的产品线比较丰富,包括小型音视频播放器、手机、台式计算机、笔记本式计算机和平板设备等。为了支撑以上多条产品线对高质量多媒体内容的需求,iTunes 自 2005 年开始支持视频内容点播和在线收看电视节目的功能。

2006 年 9 月电子商务网站亚马逊模仿 iTunes 推出了视频服务 Unbox。但与苹果公司软件硬件双线发展的模式不同,亚马逊缺少自己开发的硬件设备,所以 Unbox 与微软的操作系统和硬件设备建立了密切的联系,不仅支持在微软的桌面操作系统上使用,还可以内嵌如微软的家庭游戏设备 Xbox。

2.3 竞争阶段:2009—2013 年

经过了 2006—2008 年的产业启蒙,市场与政府同时觉醒。具体表现为网络视频产业参与方越来越多,不只有网络视频制作方和传播平台,还有各类投资公司和内容版权方,同时政府也在加强对该行业的管理——如成立国家网络电视台和提高行业准入标准等。

2.3.1 国家网络电视台成立

"国家队"进入网络视频领域,一定程度上说明广电行政主管部门已经意识到了网络视频的社会影响力和发展潜力,从侧面说明 2009 年前后中国网络视频行业已经初具规模。现在很难去核实"国家队"入场的具体原因,但笔者大胆猜测,除了网络视频行业本身的影响力和发展潜力,广电行政主管部门对网络视频的乱象亦有加强规范引导的意向。

以央视网为代表的"国家队",在政策、资源和经验等方面具有先天优势,这是民营视频网站所不具备的。"国家队"一方面树立了版权保护等行业发展的规范,另一方面成为网络视频行业的新参与者,使行业内部的发展格局从单纯的商业竞争转向国营网站与民营网站竞争、民营网站之间相互竞争的复杂局面。

对于电视台这一当时的强势媒体,网络视频在创业的萌芽阶段多次与电视台合作。如本书2.2.1节提到,PPLive的业务范围曾经包括为电视台做网络转播提供技术方案;优酷网与多个电视台形成合作关系,为电视台在网络平台上播出节目提供平台支持。网络视频依靠与电视台的合作扩充内容资源,以传播能力强这一强项弥补制作能力的短板。电视台借助视频网站成熟的技术平台,扩大了节目传播范围,尤其是扩大了向年轻观众群体的渗透力。网络视频与电视台之间度过了一段短暂的蜜月期,这段蜜月期因电视台自办网络电视台而宣告结束。

2009年12月28日,在原央视网的基础上,中央电视台组建了中国网络电视台。中国网络电视台的英文名是China National Television,简称为CNTV,建站基础是央视网的平台和团队。根据公开资料显示,中国网络电视台成立初期的目标是全面部署多终端业务架构,并建设网络电视、IP电视、手机电视、移动电视和互联网电视等集成播控平台。与民营视频网站一开始以内容建设为重点不同,中国网络电视台创建伊始以平台建设和技术准备为主。这一方面是因为中国网络电视台背靠中央电视台这棵内容资源丰富的大树,在视频资源方面可谓"取之不尽,用之不竭",早期不需要在内容建设上过分投资;另一方面,相对于国内的民营视频网站,中国网络电视台起步晚了四年多,在内容资源库管理和响应大规模播放请求等方面还需要大量的技术探索。中国网络电视台成立之后,大部分央视播出的节目都能在中国网络电视台上在线观看。根据中国广播电视年鉴的记载,中国网络电视台的"爱布谷"频道提供50个电视频道全天候的高清直播服务和点播回看功能,覆盖了600余个央视及地方卫视栏目。[①]

中国网络电视台的成立带动了省级网络电视台的建设潮。2009年,湖南广播电视台将旗下的芒果网络电视(tv. hunantv. com)从金鹰网剥离出来,以独立域名、独立品牌的形式运营。上海文广新闻传媒集团在同一时期成立了上海网络电视台。此后,江苏网络电视台、安徽网络电视台等次第开播。"国家队"的声势日渐壮大,改变了网络视频领域民营力量独大的局面。2010年,我国的网络视频行业已基本形成网络电视台和民营视频网站双边竞争的局面,中国网络电视台成为前

---

① 中国广播电视年鉴社. 中国广播电视年鉴[M]. 2010:253.

者的代表,后者的代表则是优酷网、土豆网和乐视网。

2.3.2 《互联网视听节目服务管理规定》出台

早在 2003 年之前,广电总局就已经关注到在互联网上传播的视听节目,并于 2003 年 1 月 7 日出台了《互联网等信息网络传播视听节目管理办法》。一年后,广电总局又对这一办法进行了更新。2003 年的规定重点在管理"在互联网等信息网络中开办各种视听节目,播放(含点播)影视作品和视音频新闻,转播、直播广播电视节目及视听节目形式转播、直播体育比赛、文艺演出等各类活动",2004 年这一范围就扩大到"以互联网协议作为主要技术形态……(传播的)利用摄影机、摄像机、录音机和其他视音频设置设备拍摄、录制的,由可连续运动的图像或可连续收听的声音组成的音视频节目"。对比这两份规定可以发现,管理范围明显扩大了。

管理规定更新得快,网络视听业务发展得更快。2003 年互联网视听服务领域还是播客的天下,到了 2004 年各类商业门户网站都开展了视频业务。尤其是 2005—2006 年间以土豆网和优酷网为代表的民营视频网站纷纷成立,其内容生产机制、内容传播方式已经超出了先前互联网视听节目管理规定的范围。而且,若干家民营视频网站借政策的"空档期"在内容上"打擦边球",迅速引起网民的关注并开始影响舆论,对电视媒体在传媒领域的主导地位构成了威胁。2004 年的管理规定无论从文字表述还是管理办法都跟不上产业发展的现实。

2007 年 12 月 29 日,广电总局、信息产业部公布《互联网视听节目服务管理规定》(下文简称《规定》)①,从 2008 年 1 月 31 日起实施。该《规定》对之前的相关规定做出了大幅度的修改,特别是提升了网络视频行业的准入门槛、明确了广电行政主管部门和电信主管部门在网络视听节目管理中的分工。

《规定》中关于行业准入门槛的要求:

第七条:"从事互联网视听节目服务,应当依照本规定取得广播电影电视主管部门颁发的《信息网络传播视听节目许可证》(以下简称《许可证》)或履行备案手续。未按照本规定取得广播电影电视主管部门颁发的《许可证》或履行备案手续,任何单位和个人不得从事互联网视听节目服务……"

---

① 国家新闻出版广电总局网站. 互联网视听节目服务管理规定,http://www.sarft.gov.cn/art/2007/12/29/art_1583_26307.html

第九条："……从事主持、访谈、报道类视听服务的，除符合本规定第八条规定外，还应当持有广播电视节目制作经营许可证和互联网新闻信息服务许可证；从事自办网络剧(片)类服务的，还应当持有广播电视节目制作经营许可证……"

第十条："……《许可证》有效期为3年……"

《规定》中关于"国资控股"的要求：

《规定》第八条：

"申请视听许可证应当同时具备以下条件：'具备法人资格，为国有独资或国有控股单位，且在申请之日前三年内无违法违规记录'。"

这就意味着，任何个人、非国有独资或非国有控股企业都不具备申请许可证的条件。根据这一规定，从事互联网视听节目服务的单位除了应当依照该规定取得广播电视主管部门颁发的信息网络传播视听节目许可证以外，还要符合安全传播管理制度、具有视听节目资源储备、相应的技术能力、网络资源和资金、技术人员等八项标准。

2008年之前国内视频网站大多数以民营企业的身份创办，《规定》第八条基本宣布了当时绝大部分视频网站"死刑"。该《规定》甫一出台就引起了行业的讨论。后来，广电总局以答记者问的形式表示"只要是《规定》发布之前依法开办、无违法违规行为的互联网视听节目服务单位，可重新登记并继续从业"。① 这就是说，在该规定出台之前创办的视频网站，可以不受"国有独资或国有控股"的限制。

《互联网视听节目服务管理规定》对行业门槛、行业规范、市场监管等做了较为详细的规定，是中国网络视频产业发展道路的重要节点。之后中国视频网站的发展模式，多少都受到该《规定》的影响。总体来看，它至少存在以下三方面的影响：

第一，支持网络视频行业的整体繁荣。与国有媒体电台、电视台不同，许多视频网站都是民营属性，其"身份"一直是个大问题：视频网站是不是媒体，国家是否支持视频网站的发展？虽然广电总局在2003年和2004年的管理规定中称"鼓励广播电台、电视台通过国际互联网传播本台广播电视节目"，但电台、电视台自办

---

① 广电总局、信息产业部负责人. 就 <互联网视听节目服务管理规定> 答记者问. 人民日报, 2008 – 02 – 04.

网站之外的视频网站将如何生存？《互联网视听节目服务管理规定》中对国家对网络视频行业的态度进行了更细致的表述："鼓励互联网视听节目服务单位积极开发适应新一代互联网和移动通信特点的新业务，为移动多媒体、多媒体网站生产积极健康的视听节目，努力提高互联网视听节目的供给能力；鼓励影视生产基地、电视节目制作单位多生产适合在网上传播的影视剧（片）、娱乐节目，积极发展民族网络影视产业。"

第二，鼓励国有资本投资网络视频领域。《互联网视听节目服务管理规定》公布于 2007 年末，面对的已经是视频网站遍地开花、电台和电视台网站缺少特色的行业现实。如何对这些来自民间资本的视频网站进行调控并支持和鼓励电台、电视台网站发展？新规表示："鼓励国有战略投资者投资互联网视听节目服务企业。"这一规定引导国有资本进入网络视频领域，既可以为电台和电视台的自办网站注资，又有利于通过资本的手段加强对民营视频网站的影响，成为国有资本投资文化产业的风向标。

第三，限制民间资本控股视频网站。广电总局 2003 年和 2004 年关于互联网等信息网络传输视听节目的管理规定虽然对从事相关业务的主体做出了资质要求，但未从资金来源上做出区分，也没有限制民间资本涉足这一领域。《互联网视听节目服务管理规定》（后面简称《规定》）明确要求只有国有独资或国有控股单位才能申请网络视听节目服务许可证，社会资本不能控股视频网站（2008 年之前已经成立的视频网站除外）。新规的出台使 2008 年之后民营视频网站的数量几乎停止增长，且由于版权保护力度不断加强，一些资本规模较小的民营视频网站逐渐难以支付高昂的内容成本而关停，客观上淘汰了不具备长期发展条件的中小视频网站，网民注意力、市场资本和版权资源越来越向若干家主流视频网站集中。在行业中处于领头地位的几家网站发展资源更加丰富，发展速度更快。除了国内的民间资本，外资也不被允许在中国大陆地区从事网络视听业务，YouTube、Hulu、Netflix 等大型网络视频企业被政策挡在国门之外，客观上为优酷网、土豆网等国内视频网站的发展创造了有利的竞争环境。

在这一《规定》发布后，广电总局又推出了一系列规制并组织专项行动对网络视频行业进行整治。从国家层面出发，加强对网络视频的监管有利于为行业的发展提供良好的生态环境，提高行业门槛和加大版权保护力度为之后网络视频行业发展提供了基础性条件。电台和电视台主办的视频网站是这一《规定》的直接受益者,被寄希望于成为推进三网融合的骨干力量。

对视频网站来说,符合《规定》中关于国有资本占股的要求成为获得网络视听许可证迈不过去的坎儿。尽管后来关于国有资本控股的规定有所松绑,不再"一刀切"地执行,但这一政策对于投资人来说是明显的风险。一旦未来行业政策再生根本性的变数,那么之前投入的资金很有可能"打水漂"。从这一角度来看,《规定》给民营视频网站之后的融资带来了一定的负面影响。

"几家欢喜几家愁",一边是面临较大政策风险的民营视频网站,一边是乘着政策东风崛起的网络电视台。后者从《规定》中受益最大,民营视频网站纷纷找到具有国资背景的视频网站,或是借壳或是委身其下,上演了一出"国进民退"。

2.3.3 融资与兼并

经历了 2005 年筚路蓝缕的创业历程和 2008 年的市场洗牌,一些不具备长远发展实力的视频网站败下阵来,大浪淘沙留下了具有一定经验和资本的大型网络视频企业。这些企业的体量巨大,日常运营成本较高,而且带宽成本、内容成本和人力成本一直在快速增长,普通银行贷款和风险投资已经捉襟见肘,视频网站迫切需要拓展新的融资渠道。

1. 上市:视频网站成为资本宠儿

上市,即进入证券市场,面向公众公开发行股票,其募集资金面远大于其他的融资方式。只要企业业绩足够好,上市能够为企业的发展筹来源源不断的资金。对于绝大多数的视频网站来说,上市是非常理想的融资选择。

中国视频网站寻求上市,既有优势又有劣势。所谓劣势,是指国内的视频网站在 2008 年前后均未实现盈利。根据中国证券市场的上市规定,凡是申请上市的企业,均需要拿出连续两年实现盈利的证明。大多数国内视频网站达不到这一要求。彼时的视频网站依然处于高投入、低收益的状态,经营入不敷出,资金缺口非常大。在这种情况下,中国的视频网站纷纷谋求在门槛较低的海外证券市场上市,成为"中概股"①的一员。

所谓优势,是指中国文化消费市场的巨大潜在开发价值。自改革开放以来,中国经济连续多年实现高速增长,创造了经济领域的"中国奇迹"。进入 21 世纪

---

① 中概股是中国概念股的简称,是相对于海外市场来说的,同一个公司可以在不同的股票市场分别上市,所以,某些中国概念股公司也可能在国内同时上市。

之后,推动经济结构转型升级逐渐被提上政府议程,加快发展以文化产业为代表的第三产业,成为下一阶段中国经济发展战略的共识。中国人口基数庞大,相应的文化消费市场规模也较大,相比美国、英国、日本等发达国家的后发优势明显;相比俄罗斯等经济疲软国家,中国居民的文化消费的欲望更加强烈。此时,中国的文化消费市场被各国资本普遍看好。网络视频作为新兴的内容产业,它的目标消费人群的购买力较强、更容易接受新事物,是资本市场重点关注的领域。

从国内视频网站的实践来看,上市的方式主要有两种:

第一,依附型上市。有的视频网站依附于已上市的大型互联网公司,或与上市公司资产重组后曲线上市。如 2009 年 11 月,酷 6 网加盟盛大集团,与华友世纪合并后借壳上市,于 2010 年 6 月登陆美国纳斯达克。

第二,独立型上市。有的视频网站凭借自身强大的资源与独特的运营模式说服证券市场管理者实现上市。如 2010 年 8 月 12 日,乐视网在国内创业板挂牌上市;2010 年 12 月 8 日,优酷网登陆纽约证券交易所,土豆网于 2011 年 8 月 18 日登陆纳斯达克。

除了以上提到的企业,其他视频网站也在积极谋划进入资本市场,尤以 2010 年为甚。这一年被称为视频网站的"上市元年"。上市解决了视频网站的融资问题,短期内可以不再为资金发愁。同时,视频网站通过上市获得了比较充足的发展资金,在引进节目、招聘人才、技术升级、广告投放、营销支持等方面步子更大,企业实力也相应地有了提升,超越了大多数未上市的视频网站。网络视频领域出现了"赢者通吃"的现象,处于行业发展前列的网站用户规模更大,在上下游产业链的话语权更强,没有资本靠山的视频网站难以望其项背。但是,在美国上市的视频网站受到美国市场波动和中国市场波动的双重影响,且由于美国投资者难以感知公司远在中国的主营业务市场,所以,相对于在海外上市,在国内上市的视频网站能够获得较高的溢价。以乐视网为例,乐视网 A 股创业板上市后,总市值曾一度占整个创业板市值的 10%(2016 年)。

2. 兼并与重组奠定网络视频行业的新格局

企业间的兼并至少可以给企业带来两方面的利好:集中生产要素与降低生产成本。传媒业的生产要素主要是人力和版权,这也是传媒类企业主要的成本支出。在 2010 年前后,国内视频网站的版权大战显著增加了企业在人力和版权两项生产要素中的投入,同时也使生产要素在行业中的分布更为分散,每一家视频网站都很难通过提升规模效益来降低成本。

英国经济学家阿尔弗雷德·马歇尔①指出形成规模经济有两种途径:依赖于个别企业对资源的充分有效利用、组织和经营效率的提高而形成的"内部规模经济"和依赖于多个企业之间因合理的分工与联合、合理的地区布局等所形成的"外部规模经济"。视频网站的业务较为单一,不具备提升内部规模经济的可行性。在2010年前后,国内网络视频行业发展的现实是生产要素过度分散。所以提升网络视频行业的规模效益需要从外部着手,即多个企业之间的联合。

在这一阶段,网络视频行业内出现了一轮并购潮,总体呈现出资本密集、强强联合的特征。在本章所讨论的时间段内,改变行业发展格局的大型兼并或收购案有三起:

(1)视频网站联合:优酷网与土豆网的合并

2012年8月20日,优酷网与土豆网股权合并方案获双方股东大会的批准,优酷网、土豆网以100%股权交换的方式强强联合,共同成立优酷土豆集团公司。优酷土豆表示,新公司将努力推进两个网站的业务融合,在影视节目采购、服务器采买、后台数据、视频搜索、媒资库、广告投放系统等方面进行合并。

网络视频行业的显著特征是资本密集。版权、带宽、营销、运营,都需要较高的投入。在网络视频行业的草创期,各网站非常清楚在短期内难以实现盈利。但长期来看,网络视频是互联网的新型业态,有可能成为将来互联网的主流应用,所以没有哪个网站敢于放弃这一块业务。在这种背景下,谁能熬过漫长的寒冬,谁就拥有整个行业的春天。"事实上,如果YouTube当年没有及时被Google收购,它有可能已经撑不下去,视频网站对资金的需求实在太疯狂。"②

在2012年前后,优酷网和土豆网的市场占有率已经分别位列行业第一和第二。按照企业家的逻辑,牢牢占据行业第一和第二的优酷网和土豆网应该考虑的是如何提升内容质量、营销力度和融资规模,以形成相对竞争优势,占据市场优势地位。但是,正如前文所言,网络视频是一个资本密集型产业。关于企业的发展决策,大股东的话语权比经理人更大一些。对于大股东而言,在竞争中压倒对手,

---

① 阿尔弗雷德·马歇尔(Alfred Marshall,1842—1924)是近代英国最著名的经济学家,新古典学派的创始人,剑桥大学经济学教授,19世纪末和20世纪初英国经济学界最重要的人物。

② 杨琳桦.被低估的完美表演? 优酷土豆合并案起底.21世纪经济报道,2012-03-19.

意味着更大的投资。何况对方也有资本的支持。这样一来,行业第一和行业第二间的竞争,如同冷战期间美苏的军备竞赛,如果没有一方先停手,最后会把双方都拖入困境。这是投资者不愿意看到的。于是,昨天还在营销上互不相让的优酷网和土豆网,今天就因为投资者利益最大化的考虑而握手言和,成为一家人,共同分享中国网络视频市场的半壁江山。

(2)互联网行业大公司扩张:百度收购 PPS

2013 年 5 月 7 日,百度宣布以 3.7 亿美元收购 PPS(即 PPStream)的视频业务,并将这一业务与爱奇艺进行合并,PPS 将作为爱奇艺的子品牌继续保留。①

百度公司是中国互联网企业三巨头之一(百度、阿里巴巴、腾讯),是美国纳斯达克上市公司,拥有比较强的资本运作能力和丰富的投资经验。收购 PPS 后,百度将它与已经控股的视频网站爱奇艺合并,组建了继优酷土豆之后又一个大型视频网站。经过这次资产输血,爱奇艺实力大增,很快进入网络视频行业的第一阵营。

(3)行业外资本介入:苏宁投资 PPTV

2013 年 10 月 28 日,苏宁宣布联合弘毅资本以 4.2 亿美元投资 PPTV(原PPLive)。在此次投资中,苏宁向 PPTV 投资 2.5 亿美元,占 PPTV 股份的 44%,成为第一大股东。

在此之前,PPTV 于 2011 年从软银获得了 2.5 亿美元的第四轮融资。两年的时间过去,在 IPO 无望的情况下,PPTV 必须为自己找一个新的出路。其中,与资本深度合作是一个对网站和投资方都非常合理的结局。② 从 2012 年开始,视频网站间的兼并不断出现。土豆、PPS 先后"嫁入豪门",在直播领域和移动端拥有明显优势的 PPTV 被认为是市场上仅剩的、有价值的二线视频网站。一个有钱想投资,一个有需求愿意被投资,二者一拍即合。

经过这一系列兼并与收购后,网络视频行业要素和市场得到了有效集中,行业内的大幅整合也暂告一段落,但内部微调还在持续。这一时期"内容自制""多屏战略""业务跨界"是各家视频网站在公开场合频繁提到的概念,实质上这些概念仍然是生产要素的整合。

---

① 夏芳. 爱奇艺"迎娶"PPS 觊觎网络视频行业头把交椅. 证券日报,2013 - 05 - 08.
② 徐隽,孙冰. 4.2 亿美元投资 PPTV 聚力苏宁抢先布局家庭娱乐中心[J]. 中国经济周刊,2013(43).

这其中另一个值得注意的现象是资本超越政策和技术,成为企业兼并与收购的主要影响因素。公司间的重组,必然会涉及内部权力的重新分配。重组前体量相对较小的公司很可能会在新公司中被边缘化。但是,视频网站在发展初期吸收了大量的社会资金,企业的经营者很有可能已经不是大股东,对企业的重大发展决策难以起到决定性作用。视频网站的大股东——多数是风险投资公司,更多考虑的是合并是否能够带来财务上的收益,至于内部的权力再分配考虑较少。在这种背景下,网络视频行业中资本的力量逐渐崛起,超越技术成为行业发展的第一驱动力。

2.3.4 版权风波

1. 电视剧网络传播权价格上涨

对视频网站来说,吸引关注的能力越强,就越容易讲好"融资故事"。而拥有优质的节目是吸引观众的关键竞争力。2008—2009 年,电视剧的网络传播权还是"白菜价",《金婚》《士兵突击》等精品电视剧当时以每集 3000 元的价格出售网络传播权。搜狐视频版权营销中心总监马可曾表示:"2009 年以每集 2 万元的价格买了赵宝刚的《我的青春谁做主》,在当时已经算天价。"

但是到了 2011 年,各家视频网站都不吝于拿出 2000 万、3000 万甚至更高的价钱来采买一部"独播剧"①,仅仅是网络传播权还不够,还要网络独播权。2011年 11 月,腾讯视频以每集 185 万的价格购入尚未在电视台播出的影视剧《宫锁珠帘》的网络独播权,这个价位已经追上了某些电视台的第一轮购剧价。(见表2.1)据乐视网统计,乐视网 2011 年在购买版权内容上的投入累计超过 2.45亿元。

为了争抢影视作品的网络传播权甚至网络独播权,视频网站投入的资金和精力越来越多。在 2010 年之前,视频网站一般要等到看完完整的剧集,或者起码看到半剪辑版本之后,才会考虑是否购买网络传播权。但是 2010 年之后,一些网站在了解了电视剧主创团队和主演后,就跟制片方签合同了。电视剧《男人帮》确定了主创人员之后就进行了版权交易,《女人帮》确定了郑晓龙、蒋雯丽的班底就

---

① 独播剧是某部电视剧的播出权被一家电视台所垄断,买方拥有独家资源,只能在特定播出平台上推出的剧种,观众只能在这个电视台的频道看到,而不会在其他频道中看到该剧。

被买走了网络传播权。

版权争夺战愈演愈烈,国内市场的"战火"甚至烧到了国外。一些视频网站开始寻求海外合作伙伴,以达到争抢优秀内容资源的目的,希望赢得更大的市场空间以压倒竞争对手。2010年4月,优酷网分别与韩国 SBS 电视台和 KBS 电视台达成了部分影视剧资源的版权战略合作意向。2010年6月7日,根据与韩国三大电视台达成的战略合作协议,搜狐视频韩剧高清频道上线,并签下了2010—2013年这4年的韩国热播剧和最近10年的经典影视剧在中国的网络传播权。

表 2.1 电视剧网络传播权不完全统计表

时间	电视剧名称	价格
2008 年	《金婚》《士兵突击》	3000 元/集
2009 年	《神话》	3 万/集
2010 年	《借枪》《步步惊心》	10 万/集
2011 年	《宫锁珠帘》	185 万/集

从变化趋势看,国内影视剧版权价格在 2011 年的高峰过后有所下降。随着版权价格回落的大趋势显现和网站购买影视剧节奏放缓,视频网站的成本结构出现了改观。

2. 价格战

这段时间的视频网站处于业务初探期,各大民营视频网站、门户网站和网络电视台都在跑马圈地,市场的竞争规则仍在酝酿期,盈利模式依然处于探索阶段。依靠购买版权吸引用户属于"短平快"的经营方式,虽然不是长久之计,但门槛低、见效快,成为视频网站竞争策略的首选。一拥而上进入版权市场的视频网站为了获得优质资源,不惜一掷千金,抬高了市场上影视剧的价格。

(1)版权的价值

竞争白热化,价格自然水涨船高。从外部原因来看,法律对版权的保护以及版权保护联盟的建立,使盗版行为面临较大的法律风险和舆论风险,客观上倒逼视频网站"买正版"。网络视频市场竞争越激烈,优质节目越稀缺。"僧多粥少"导致"卖方市场"的出现,版权价格水涨船高。

成熟的版权内容可以利用"粉丝经济"获得更高的关注,因而一些颇具人气的版权作品在改编成影视剧时被称为"自带流量"。同时,成熟的版权内容大多经过市场的检验,质量较为可靠,投资风险相对较低。最后,版权内容存在较大的衍生品开发潜力,即所谓的"IP价值"。这种价值作为一种领接权受到《著作权法》和《信息网络传播权》保护条例的保护,尊重版权、版权有偿使用成为社会的共识。

(2)自制的前奏

"天价剧"不会是常态,否则整个网络视频的健康生态将不复存在。但是,影视剧市场的现实是"僧多粥少",各视频网站为了拿到最新的优质内容,不得不看着版权方"坐地起价"。于是,具有产业链意识的视频网站开始尝试自制影视剧和节目,向产业链上游延伸。

3. 联盟与反联盟

2009年以来,版权争夺是网络视频行业的关键词之一。但一开始各家网站争夺版权的方式仅限于"单打独斗"。从2009年起,行业内的主要网站三五成群分别组成版权保护联盟,集体应对激烈的版权竞争。按照企业性质,可以分为"国家队"和"民间队"两个体系,泾渭分明,互无交叉。其中,"国家队"是以央视网、凤凰网为首成立的"网络视频版权联盟";"民间队"是以搜狐网、优朋普乐为首成立的"中国网络视频反盗版联盟"。"网络视频版权联盟"成立不久就销声匿迹,本节重点介绍"中国网络视频反盗版联盟"。

民营视频网站在"国家队"成立版权联盟后的一个月,成立了类似的组织。2009年9月15日,搜狐和优朋普乐为首,联合激动网、华夏视联一共四家企业,在北京成立了"中国网络视频反盗版联盟"。除了四家发起单位,该组织还有五个协办方——互联网版权保护协会、首都广播电视节目制作中心、中国电影版权保护协会、品质保障委员会和国际版权交易中心,三个指导单位——国家版权局版权司、北京市版权局、中国版权协会,41家广告公司,53个国内影视版权方,8家国际影视版权方,3个第三方认证平台,以及诸多反盗版联盟企业。

与国家队"网络视频版权联盟"成立后的悄无声息不同,民间队的"中国网络视频反盗版联盟"自成立后动作频繁,采取了一系列包括诉讼、新闻发布会等版权保护行动。但是,也有一些对这些行动的质疑之声。迅雷网作为行业后来者,认为以上联盟的行为属于利用市场优势行垄断之事,构成不正当竞争。此外,根据公开报道,这类联盟还存在着做"反盗版生意"的嫌疑,有偿授权第三方查找侵权行为,并与第三方共享版权补偿收益。① 这些企业自行组成的组织在整个行业的威信不高、协调力度弱,解决不了产业发展中的问题,反而带来一些盲目竞争导致的混乱。这种初级形态的行业自我管理的形式最终被广电总局主管的中国网络视听节目服务协会所取代。

2.3.5 同期海外网络视频产业情况

中国网络视频市场风起云涌的时候,海外同样波涛不断。亚马逊的 Unbox 业务缓慢,严重限制了亚马逊在网络视频领域的发展速度。2011 年 2 月亚马逊推出了 Instant Video,用来替代失败的 Unbox。Instant Video 相对于 Unbox 的主要特点是脱离了对微软的依赖,通过自己开发终端的方式控制了移动互联网视频的播放载体。同年,亚马逊推出了平板智能设备 Kindle Fire,所有出厂的设备均预装了 Instant Video 软件。

Netflix 于 2007 年做出的全盘互联网化的决定,很快被证明是正确的选择。而同时吸收了 Netflix 线下 DVD 租赁业务的百视达(Blockbuster)则在错误的道路上越走越远,于 2013 年宣布破产。重视用户行为数据是 Netflix 的经营传统(见2.1.4),这一传统在互联网平台上获得了更好的技术支持和数据支持。Netflix 除了将数据用于分析用户行为,还将数据用于内容生产。由 Netflix 制作的影视剧《纸牌屋》(第一季)在 2013 年获得了第 65 届艾美奖的 4 项奖项和 6 项提名。据Netflix 称,该剧制片方在立项过程中通过分析观众的收视选择、影评和搜索关键词来判断最受观众欢迎的导演和演员,并按照这一判断选择制作团队和演员团队,最终获得了市场的好评,实现了"巫术一般的精准营销"。这一令人耳目一新的模式使《纸牌屋》获得了较高的公众关注,虽然称之为"重大变革"言过其实,但的确是社会计算在内容制作领域的成功应用。

这时美国的网络视频市场不仅有电视公司共同投资的 Hulu、传统 DVD 租赁行业转型而来的 Netflix 和"生于互联网、长于互联网"的 YouTube、Instant Video 以及 Facebook 的视频业务,还有传统报纸向网络视频领域转型的尝试。《华盛顿邮报》在 2011 年开始重视网络视频,不仅架设了视频网站"Post TV",还把自己制作的视频节目向 25 家合作媒体推送。《纽约时报》网站在 2012 年宣布网络视频是

---

① 孙斌,潘国平. 文图揭秘网尚传播反盗版致富骗局,河南加盟商已关门. 大河报,2010 - 07 - 22.

其首要发展的新业务之一,并与 Twitter 等社交媒体签订了内容输出协议。此外,康泰纳仕公司引进了《赫芬顿邮报》和 CW 电视网等公司的网络视频团队,以已有的《名利场》《时尚》和《GQ》杂志为依托成立了新的公司"CN 娱乐",相继生产了许多原创视频内容,如《愤怒的书呆子》和《少女时尚》(Teen Vogue)等节目。《华尔街日报》则依靠现有的编辑队伍从事视频内容生产,内容形态以纪录片为主,如《年度华尔街日报》《华尔街日报咖啡馆》等。

此外,美国网络视频市场也出现了电信运营商和有线电视运营商的身影。2009 年美国电话电报公司(AT&T)推出了视频频道,并与 Hulu 达成合作协议,吸收了美国广播公司(ABC)和全国广播公司(NBC)的节目资源。康卡斯特(Comcast)也成立了视频网站 fancast. com,主要提供视频搜索服务,同时也拥有一部分影视内容的播放权。

2.4　进化阶段:2014—2017 年

混乱作为竞争的副产品,不仅带来政府的新一轮管控,也激发了产业自我组织的能力。在广播电视行政主管部门一系列规制的干预下,加上视频网站自身的经营越来越规范,2009—2013 年视频网站之间"你超我赶"的局面日益平息。各家网站之间的竞争从争夺观众转向提升经营能力,总体来看市场趋于秩序化。但是政府频繁规制会抑制产业自我组织的能力,容易出现"管理的空白在哪里,行业的'热点'就在那里""规制一出台,'热点'变'冰点'"的现象。中国网络视频产业已经完成了初期的成长,但是还需要不断地进化。

2.4.1　内容来源多样化

最早的网络自制内容主要来自个人,网民自发地完成网络节目甚至网络剧的构思、制作与发行。2014 年被多家视频网站认为是"网络自制元年"。在这一年,视频网站均高调宣布要加大对自制内容的投入,打造自身的自制品牌。一时间,优酷出品、搜狐制造、爱奇艺出品、乐视自制成为关注度极高的行业词汇。根据中国电视剧制作产业协会、中国广播影视出版社联合发布的《中国电视剧(2014)产业调查报告》,2014 年的网络自制剧数量超过了之前数年累计数量的总和。

在自制元年之前,视频网站与电视台的关系是不平等的,前者向后者单向索取、购买版权。自制元年之后,一些网络自制内容甚至能够"反哺"电视台。比如优酷土豆和高晓松共同出品的《晓说》被浙江卫视购得,"爱奇艺和河南卫视制作的《汉字英雄》连续播出了三季,优酷网《旅行全攻略》、搜狐视频《唱游天下》以及腾讯视频《旅行家》等也相继登陆飞机、高铁、地铁、公交上的移动电视。"①国家新闻出版广电总局还曾发布通知,鼓励并推广《汉字英雄》的经验。② 网络自制内容有了更多可以展示的平台。

"用户生成内容"模式一直无法解决内容碎片、质量不高和版权隐患等问题。2012 年,国内一些视频网站在"用户生成内容"模式的基础上探索新的内容生产方式。"专业生成内容"(即 PGC)模式应运而生。最早的一批 PGC 上传者,大多是专业的媒体人,他们具有一定的学识和制作技术,也愿意向公众分享知识。这些处于转型中的媒体人是"专业生成内容"模式的探路者。

2.4.2　播出平台移动化

2011 年以前,桌面端是视频网站争夺的主战场,移动端视频受制于网络、终端、技术、市场等因素,基本处于拓荒期,发展较为缓慢。2012 年,中国网络视频行业步入平稳发展时期,用户增长速度放缓,市场规模逐渐趋于饱和。并购、重组、整合是这一年中国网络视频行业的关键词,行业的集中程度加剧,呈现成熟的发展态势,行业格局也发生了相应地变化。2012 年优酷网和土豆网合并,爱奇艺收购 PPS,腾讯、搜狐、爱奇艺共同组建内容合作同盟,网络视频行业进入寡头竞争的白热化阶段,同时,与传统卫视的竞争更加如火如荼。巨头之间的竞争,更加讲求策略,强调资源整合与拓展。也是在这一年,移动互联网的整体发展势头迅猛,"移动"首次被正式列为网络视频行业年度发展的关键词③。

2012 年,几乎所有主流视频网站都在积极发展移动客户端。3 月,乐视网推出视频分享移动社交应用"大咔",完成了乐视影视、看音乐、大咔、移动 web 站四大类移动视频类产品线的布局。搜狐视频大规模更新客户端,强化社交属性,并首次尝

---

①　2014 网络剧进入大片时代:news. xinhuanet. com/yzyd/ent/20140306/c_119640695. htm.

②　关于积极开办原创文化节目弘扬和传承优秀传统文化的通知:www. sapprft. gov. cn/sap-prft/contents/6588/279251. shtml.

③　殷乐,张翠翠. 2012 年中国新媒体发展报告[M]. 北京:社会科学文献出版社,2013:238.

试付费模式。6月,56网推出新版客户端,强调满足用户的视频社交需求,专门整合了拍客功能,支持"离线上传"。7月,爱奇艺在移动客户端进行"标准化广告售卖"的探索;11月,推出网页化客户端视频观看站点 m. iqiyi. com,采用 HTML5 技术提升用户的观看体验。10月,PPS将 UGC 平台"爱频道"移植到移动客户端;11月,在移动客户端上线"边拍边上传"功能,重点发展移动客户端 UGC 原创视频。12月,优酷在移动客户端提供了自动适应播放页,重点优化了移动视频观看体验。

各视频网站结合自身优势,在移动互联网领域纷纷发力,快速推动了移动视频行业的发展进程。在优酷土豆2012年的整体流量中,来自移动终端的贡献已超过20%,移动业务营收已经成为优酷土豆期待的一个新增长点。

2013年11月28日,优酷土豆集团董事长兼 CEO 古永锵在首届中国网络视听大会上发表演讲时谈道:在2012年年中,优酷土豆移动端日播放量仅为2000多万,而到了2013年年中日播放量则达到2亿,接近年底该数字超过了3亿,达到这样的增长速度与规模,优酷土豆在 PC 端花费了四年半甚至更长的时间实现,而在移动互联网平台只用了一年时间。优酷土豆移动端的快速增长,实际上也是网络视频移动化全面发展的缩影。

中国互联网络信息中心在2010年把手机网络视频用户①纳入《中国互联网络发展状况统计报告》的调查范围。爱奇艺、优酷网等视频网站在2013年前后称来自移动终端的访问量已经超过了桌面终端,同年手机网络视频用户的增长率达到了六年来的最大值83.8%(见图2.1)。2013年后,手机网络视频用户的增长率虽然远不及2013年的高峰,但总体发展平稳,每年仍能保持20%以上的增幅。同期手机网络视频用户在网络视频用户中渗透率增幅明显,并呈现持续上升的趋势。

2.4.3　盈利模式多元化

所谓盈利模式多元化,对于本阶段的中国网络视频产业来说,就是找到除了广告以外的其他有效的盈利模式。视频网站迫于竞争的压力开辟了 PGC 模式,并大量购入电视剧、综艺节目和电影的版权。相对于过去的 UGC 和各类盗版内容,PGC 和正版授权内容在节目完整性和清晰度方面具有不可比拟的优势。从2012年开始,各视频网站吸取了版权大战中"版权不在手"的教训,继续发展 PGC 和购买

---

① 根据中国互联网络信息中心的报告,"手机视频用户"是"手机用户"的概念子集,因而可能未包括使用平板电脑观看网络视频的用户。

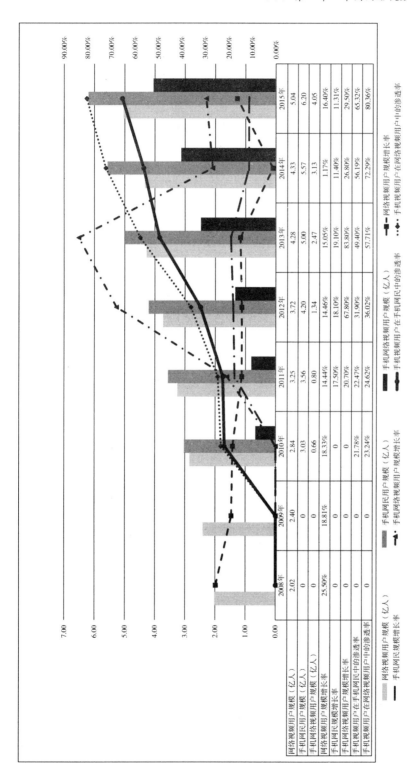

图 2.1 2008 年至 2015 年手机网络视频发展相关数据变化图①

	2008年	2009年	2010年	2011年	2012年	2013年	2014年	2015年
网络视频用户规模（亿人）	2.02	2.40	2.84	3.25	3.72	4.28	4.33	5.04
手机网民用户规模（亿人）	0	3.03	3.56	3.56	4.20	5.00	5.57	6.20
手机网络视频用户规模（亿人）	0	0	0.66	0.80	1.34	2.47	3.13	4.05
网络视频用户规模增长率	25.50%	18.81%	18.33%	14.44%	14.46%	15.05%	1.17%	16.40%
手机网民规模增长率	0	0	0	17.50%	18.10%	19.10%	11.40%	11.31%
手机视频用户在手机网民中的渗透率	0	0	21.78%	20.70%	67.80%	83.80%	26.80%	29.50%
手机视频用户规模增长率	0	0	21.78%	22.47%	31.90%	49.40%	56.19%	65.32%
手机视频用户在网络视频用户中的渗透率	0	0	23.24%	24.62%	36.02%	57.71%	72.29%	80.36%

网络视频用户规模（亿人） 　 手机网络视频用户规模（亿人）
手机网民用户规模（亿人） 　 手机网络视频用户在手机网民中的渗透率
手机网络视频用户规模（亿人） 　 手机网络视频用户增长率
手机网民规模增长率 　 网络视频用户增长率
手机视频用户在手机网民中的渗透率 　 手机网络视频用户在网络视频用户中的渗透率
手机视频用户规模增长率
手机视频用户在网络视频用户中的渗透率

① 综合第 23 次至第 38 次中国互联网络发展状况调查报告的数据。

版权的同时,开始大规模投入内容自制,《泡芙小姐》《屌丝男士》《万万没想到》等一批在网民中脍炙人口并且重复播放多年的节目都诞生于这一时期。

相对于"专业生成内容"模式和版权购买,内容自制使视频网站在内容管理上的自主性更强,可以建立起更系统、更有针对性、更符合品牌定位的片源库。自制内容的加入,使网络视频的版权资源迅速壮大。每家视频网站不同定位、不同风格、不同主题的自制内容,就是各家的核心竞争力。付费用户获得了更多的观看选择,付费观看变得更"划算"。在会员收费和自制的联合模式中,乐视网走得比较靠前。乐视网在 2012 年之前就已经积累了大量的版权资源,凭借着创业板上市带来的资金便利,乐视网在自制内容,尤其是自制剧领域作为不断,并且和自身原本的会员制度牢牢捆在一起——只有会员才能看到高清的和最新的自制内容。之后,这一联合模式衍变出一个变种——会员收费 + 独播。2015 年爱奇艺借助独播剧《盗墓笔记》的"付费会员提前看"模式吸引了一大批付费用户。2014 年年末爱奇艺的付费会员人数只有约 500 万,到了 2016 年这一数字达到了 2000 万。

自制不仅为视频网站提供了更多的片源、增加了内容布局的主动性,也为视频网站与内容提供商之间的谈判提供了更多的话语权。视频网站自制节目办得如火如荼,虽然暂时难以与电视节目抗衡,但已经颇成气候。光线传媒等电视内容提供商也看到了视频网站在提升节目传播力和影响力方面的优势,以及潜在的巨大观众规模和广告吸引力,纷纷向视频网站伸出合作的橄榄枝。《暗黑者》《灵魂摆渡》等网络剧都由民营电视制作机构制作,由视频网站负责发行播出。随着视频网站内容制作经验的积累,部分网络内容开始"反哺"电视台,如爱奇艺和河南卫视合办的《汉字英雄》、腾讯视频自制网络剧《九州·天空城》在江苏卫视开播、爱奇艺自制剧《老九门》在东方卫视播出等。

自制改变了视频网站的内容生产格局,在提升视频网站内容生产能力的同时,也推动了"专业生成内容"业务和版权购买业务的不断完善。在"专业生成内容"、版权节目和自制三足鼎立的格局下,视频网站付费内容的竞争力被树立起来,会员付费制度开始变得更具有吸引力。

2.4.4 一些萌芽:虚拟现实、网络直播与短视频

1. 虚拟现实

虚拟现实(Virtual Reality,VR)是计算机视觉仿真技术在民用领域的"俗名"。

计算机视觉仿真是指通过传感器、算法模型和多媒体显示技术将三维视觉动画跟随人的视线而移动,通过跟随视线的三维显示,模拟人眼真实看到的场景。该技术最早出现在 20 世纪中叶,不过之后没有被大规模民用,直到 2015 年台湾电子设备生产商 HTC 迫于转型的压力而推出的民用计算机视觉仿真设备——VIVE,这一技术才进入消费电子领域,并获得了一个充满科幻色彩的名称——虚拟现实。

虚拟现实很快被视频网站当作营销的热点,优酷网等视频网站纷纷开设了 VR 频道,并声称要提供上万部 VR 内容。但实际上,绝大多数视频网站所能提供的 VR 资源少之又少。就连 VR 设备的主要生产商 HTC、微软和索尼,也未能建立起有足够吸引力的 VR 资源库。但是,这些厂商在 VR 游戏领域的努力要比 VR 视频多一些。这可能是因为游戏带来的用户黏性要比视频强且衍生价值大,资本更愿意投资这一领域。视频网站做游戏是不擅长的,但也借着 VR 的热潮向资本市场“讲故事”。虽然 VR 视频在资本市场上确实引起了一股不小的浪潮,上市公司“暴风科技”曾借助 VR 的概念使股价上涨了 19 倍,直到被证监会干预,不过很快地这股浪潮就平静下来——2017 年初,在百度搜索“VR 寒冬”可以命中 200 多万条内容,一些曾经的明星 VR 企业也陷入了裁员和倒闭的困境。

虽然未来很难预料,但历史可以提供一些可借鉴的参考。VR 之于视听产业,与 3D 技术的价值非常相似,都是一种视觉显示技术,都可以提供新颖的观影体验但都改变不了影视产业的核心环节——内容。3D 电影在 20 世纪 80 年代就已经出现,30 多年来一直不温不火,只有非常少的科普影片才使用 3D 格式拍摄,直到 2008 年 3D 版《阿凡达》上映并取得巨大的票房成功,才把 3D 技术重新带回商业电影领域。自《阿凡达》之后,3D 电影的数量才有了显著增长——3D 版《阿凡达》是观众市场的一次消费启蒙。也许在将来的某一天,一部技术、艺术和市场均比较出色的 VR 电影能像《阿凡达》一样带来影视消费习惯的改变。

2. 网络视频直播

广义的网络直播早在 21 世纪的头几年就出现了,比如各门户网站体育频道 NBA 赛事图文直播。狭义的网络直播专指网络视频直播,它的历史并没有多久,肯定不会超过网络视频的年龄。目前缺少关于网络直播统一的定义,导致各家有各家的说法,谁都可以说自己是第一家网络直播平台。根据笔者的印象,国内的土豆网很早就开始做竞技游戏的赛事视频直播,优酷网的科技产品发布会也做得比较早,这大约是 2011 年前后的事情了。

在网络直播的发展历史中,有三个关键网站起了重要推动作用。一是熊猫TV,这是一家上线于 2015 年 9 月的直播网站,看似平淡无奇,但因为它的出资人和 CEO 是知名人物王思聪,所以一时间在舆论中风头无二。当王思聪这样一个财富领域的焦点人物参与到网络视频直播领域中,王思聪本人的光环就嫁接到网络视频直播这一行业。二是优酷网,优酷网目前是国内资格比较老的视频网站,在网络视频内容分发技术(Content Delivery Network,CDN)上有比较深厚的积累。三是 AcFun 和 Bilibili,即大名鼎鼎的 A 站和 B 站。A 站最早将日本视频网站的弹幕文化引进国内,B 站将弹幕这种互动形式发扬光大。弹幕与一般用户评论的区别在于它可以实时地将用户评论以透明图层的方式显示在屏幕上,是网络直播互动模式的核心要素。

人们对网络直播最大的印象可能就是主播能以人气换得收入,这也是目前网络直播最令人欣慰的地方——践行了蜂群经济的理念,在网络视频行业实现了变现。长期以来,网络视频的盈利模式一直是一个行业性的问题,尽管各家网站为此颇费周折,探索了各种各样的方式,但目前没有哪一家视频网站敢于理直气壮地说自己实现了盈利。简单地说,就是网络视频的收入增幅抵消不了成本增幅。在经历了广告、会员制、版权分销等多种盈利模式的探索之后,网络视频行业在直播这一业务中找到了新的方向:粉丝"打赏"分成。这种合作模式,使视频网站的角色回归到平台,把用户作为生产者,既降低了视频网站的内容生产成本,又增加了网站和艺人两方面的收入,是视频网站盈利的一种新探索,产业意义比较值得关注。

3. 短视频

从短视频领域的实践来看,短视频的特征是时间在几秒至几分钟以内且具有一个明确的"引爆点",这个"引爆点"可以非常直接地引起观众的共鸣。单纯的"短",如果不足以吸引人,那么就不能在互联网上广为传播,就成了视频碎片而不是短视频;单纯的"引爆",如果片长超过十分钟,那么就不便于在移动设备上观看、无法适应大多数手机用户快速变化的观看"场景",就成了微电影而不是短视频。

从短视频的技术方案来看,这并非是一个有难度、有门槛的技术。之所以短视频会在 2016 年突然成为产业热点,一方面是因为短视频自身的形态特征(短、一个"引爆点")相较于网络剧、网络综艺和网络电影带来了更加频繁的感官刺激(尽管这种感官刺激的持续时间要短于电视节目和电影);另一方面则是网络视频投资方的炒作,通过描绘短视频带来的所谓"市场变革"来吸引更多的投资进入这一领域。

最早的一批短视频平台,如梨视频,存在许多"打擦边球"的内容。就像网络视频刚刚在中国兴起时一样,这些"打擦边球"的内容吸引了第一批短视频用户。很快国家广播电视行政主管部门对短视频行业进行整改(其中新浪微博的视频业务被勒令停止经营),短视频市场才步入正轨。如今,很难说短视频将有怎样的未来。曾经人们欢呼网络剧的开创性、称赞微电影的革命性,如今它们都被时代所抛弃。但是毫无疑问的是,短视频的热炒体现了视频网站尤其是民营视频网站在内容形态与营销方式上的不断探索与尝试。值得注意的是,虽然国营视频网站在短视频领域又一次成为亦步亦趋的跟随者,但是国有资本却赶上了短视频的潮流。短视频领域的龙头企业"梨视频",其大股东是华人文化产业投资基金,而且在 Pre – A 轮获得了人民网旗下基金 1.67 亿人民币的投资。

2.4.5　同期海外网络视频产业情况

当中国的视频网站急于在带宽上增加投入以提升用户使用体验时,当中国网络视频用户在考虑要不要购买付费会员服务以获得更大的播放带宽时,大洋彼岸的网络视频产业关于带宽的政策与实践却是另一番景象。2015 年初,美国联邦通信委员会(FCC)通过了最新的"网络中立"(Net Neutrality)法规。2017 年 12 月 14 日,FCC 宣布废除"网络中立"政策。"网络中立"是指互联网服务提供商不能以出价高低为由对互联网内容提供商提供有差异的服务,也禁止它们因用户支付费用的多少来决定网速的快慢,包括禁止运营商封锁网站、禁止减慢加载速度、禁止为加速额外付费、必须增强服务数据透明度和监管无宽带的无线网络等原则。

无论在中国还是美国,网络视频都是一国互联网的流量大户。早在 2014 年,Netflix 就占据了美国互联网 35% 的流量,加上排名第二的 YouTube 约 14.04% 的份额,网络视频排名前两位的企业消耗了美国互联网接近一半的流量。互联网服务提供商看到内容提供商站在自己的肩膀上赚得盆满钵满,自然不甘心。使用康卡斯特网络服务的 Netflix 用户在 2014 年之前普遍遭遇视频加载缓慢的问题,明显劣化了观看体验。Netflix 曾在 2014 年与康卡斯特进行谈判,同意为提高用户访问 Netflix 资源的网速支付额外的费用。之后,使用康卡斯特网络访问 Netflix 资源的速度提升了 65%。

互联网服务提供商对于网络视频企业的潜在威胁还不止于上涨带宽费用,更具威胁的是"严以待人、宽以律己"的差别化对待。康卡斯特于 2009 年从通用电气手中购买了美国三大电视公司之一的 NBC 多数股份,而 NBC 则是另一家视频网站 Hulu 的三个联合成立方之一。如果康卡斯特利用自己在互联网服务领域的优势地位给予 Netflix 较低网速的同时给 Hulu"大开绿灯",那么就有可能制造不公平竞争。

之所以 2015 年初至 2017 年末"网络中立"会短暂地在美国出现,主要是因为互联网服务提供商和内容提供商的博弈。网络视频作为流量消耗大户,并不希望诸如康卡斯特、AT&T 等互联网服务提供商可以"因人定价",不然它们肯定会提高网络视频公司的带宽费用。尤其是 2014 年康卡斯特人为限制用户访问 Netflix 的速度,更使网络视频公司警惕。同时,以自由主义为思想主基调的美国社会非常警惕垄断。因此当互联网服务提供商可能利用垄断优势制造不正当竞争时,FCC 制定了"网络中立"法规。但是,"网络中立"法规对于互联网服务提供商来说不仅损失了收入,还损失了商机。例如,在没有"网络中立"法规的情况下,互联网服务提供商可以针对特定的应用予以"免流量"优惠,如中国电信给予爱奇艺免流量费优惠、中国联通给予蜻蜓 FM 免流量费优惠、中国移动给予咪咕音乐免流量费优惠等。但是这些商业模式在"网络中立"的要求下是无法实现的。正如反对者所言,"'网络中立'伤害了企业创新。"当然,关于"网络中立"法规的立与废,还有外部的政党政治原因。2015 年订立法规时,美国时任总统奥巴马是民主党人,FCC 委员会中民主党占 3 席、共和党占 2 席。而共和党人特朗普当选美国总统之后,重新任命了 FCC 委员会成员,民主党和共和党的力量对比发生了逆转,政治上偏向"左翼"的民主党在 FCC 委员会中失势。"网络中立"法规的命运随之改变。

和中国视频网站与电视竞争、民营视频网站与国营视频网站竞争的局面不同,美国网络视频企业已经结成一个整体,对外与内容提供商——电视竞争,与网络提供商竞争。除了围绕"网络中立"的博弈之外,同期美国网络视频产业的另一特点是电信网、网络视频、电视合流,同电视网竞争。

美国早期视频市场是"电视网络运营商 + 电视台"的模式,即电视公司通过电视网向用户提供节目,以线性直播服务为主。Netflix、YouTube 等流媒体视频网站出现并发展壮大之后,"电信网络运营商 + 视频网站"的模式(以点播服务为主)开始挑战"电视网络运营商 + 电视台"的模式。两种模式各有优势,前者的优势是价格低廉,后者的优势是内容多而新。

不过,这一格局很快发生变化。美国电视市场中电视台与电视网络运营商的关系不像在中国那样密切,一些电视公司基于利益的考虑也加入了"电信网络运营商 + 视频网站"阵营,形成了"电信网络运营商 + 视频网站 + 电视公司"的视频 OTT 模式。索尼公司 2015 年 3 月在美国推出 PlayStation Vue 网络电视服务,通过电信网络向用户提供电视直播服务。很快,AT&T 和 Hulu 也分别发布了自己的网络电视服务 DirectTV Now、Hulu Live TV。2017 年 4 月,YouTube 发布了网络电视服务 YouTube TV,将电视频道与网站原有的网络原创视频打包提供给用户。

然而,Netflix 作为美国网络视频行业的"旗手"对直播服务不感兴趣,理由是:"我们的品牌属性主要是按需点播,在很大程度上按需选择比观看直播更好。"①当然,商业机构的解释并不都是理性的分析,也可能是自我安慰。毕竟对于美国的电视公司来说,与电信网合作尚且有利可图,与 Netflix 合作就是"与虎谋皮"了。

2.5　历史的启示

虽然历史意味着过去,但并不意味着过时。翻看研究电视和网络视频的应用型文章,经常会发现这些文章提出的问题在历史上是个老问题,提出的方案在历史上是个老套路。例如,2012 年前后的互动剧曾被认为是网络视频的重要优势,殊不知早在 20 世纪 90 年代开放式结尾的电视剧就已经出现。尤其是在美国电视业"边播边拍"的环境下,观众的反馈对电视编剧的影响更加直接。许多研究文献称短视频是未来网络视频的主流,殊不知那些声称网络视频直播是未来网络视频主流的声音还未完全平息。研究中国网络视频产业的发展战略,有必要警惕哪些方法是过去用过但行之无效的,哪些方法是过去有效但是有一定前提的。面对纷繁复杂的产业现实,如果找不到发展战略的头绪,不妨看看历史遗留了哪些未

---

① 何宗就. 中国电视媒体融合发展报告(2016 - 2017)[M]. 北京:中国广播影视出版社,2017:254.

竟的线索。正如本章题记中所言,穷途知返。这个"返"字,正是本章的写作目的。

启示一:网络视频的发展是站在了电视的肩膀上。

无论是 YouTube 还是土豆网,虽然成立伊始定位于视频分享网站,但从中国的实践来看,电视剧、电影和综艺很快成为视频网站吸引用户的主要内容。甚至可以试想,如果没有 2010 年前后的版权大战,视频网站依然可以用比较合理的价格购买到热播电视剧,"自制"一词就不会一度成为热词。2007 年出台的《互联网视听节目服务管理办法》和之后成立的中国网络电视台,实质上是想把网络视频从电视的肩膀上赶下来。网络视频凭借着与资本市场的对接和自制的努力闯过了这一关,但最根本的依赖还是民营电视节目制作公司提供的源源不断的高质量节目。而民营电视节目制作公司,又是电视台制播分离的产物。

视频网站作为电视之外另一个视听节目的播放平台,挑战了原先电视台对这一媒介的垄断地位。在电视台尚未依托政策在资质、内容等领域建起足够防御措施之前,网络视频完全可以继承电视的一切资源,从最开始的教育、人才到产业阶段的内容、营销再到作为配套的评估,几乎可以无差别融入网络视频。从融合发展的层面来说,电视甚至沦为网络视频的一个辅助播放平台。中国网络视频产业如今的发展水平,不能不说有电视产业基础性资源的功劳。

启示二:网络视频产业的发展程度与互联网基础设施的发展程度密切相关。

无论是过去还是现在,网络视频一直是比较占用互联网带宽的应用。早期中央电视台、上海电视台等试水网络视频业务,但由于彼时的互联网带宽不足以支撑流畅的在线观看而暂时被搁置。美国的情况也是一样,百视达公司在 2001 年尝试在线播放视频时,遇到了中央电视台相同的情况而作罢。

除了带宽,终端数量也是影响网络视频普及的重要因素。网络视频移动化将一些不常使用电脑的人群转化为自己的用户——可以不使用电脑,总不能不使用手机吧!以智能手机为代表的移动智能设备的普及,增加了网络视频向进城务工人员、中学生等群体的渗透渠道。正如各家视频网站所声称的,来自移动客户端的访问量已经占总访问量的绝大多数。

最后,移动数据资费的下降也有利于网络视频的发展。网络视频不仅占用大量的互联网带宽,而且对于个人用户来说,使用移动数据网络观看网络视频的成本也是比较高的。除了消耗流量的绝对值高,从相对的角度来看网络视频比资讯、图片、游戏、阅读、音乐等其他互联网应用消耗更多的数据量。较为昂贵的移动数据价格成为网络视频借助移动客户端扩张和渗透的障碍。这也是为什么以腾讯和阿里巴巴为代表的国内大型互联网企业会给国务院提建议要求提速降费——腾讯和阿里巴巴旗下均有排名靠前的视频网站和移动客户端应用。2012年之后,中国电信、中国移动、中国联通三大电信运营商多次下调移动数据费用,并且开始像美国电信运营商 AT&T 一样提供不限制数据量的套餐。尤其是 2013年年底工业与信息化部开始发放虚拟运营商牌照,腾讯、京东、小米公司、阿里巴巴、招商银行等非电信企业获得了虚拟运营商的牌照,通过会员制、积分兑换等方式推出了一批优惠套餐,实质上更进一步地降低了移动数据资费。而且,国内电信运营商已经开始推出针对某种应用的移动数据套餐,如中国联通和蜻蜓 FM、中国移动与爱奇艺等。

启示三:民营公司更适合担任发展中国网络视频产业的主力。

虽然中国网络视频起源于电视台,而且其发展道路可谓站在电视台的肩膀上,但是从之后的实践来看民营视频网站扮演了产业发展的主力军角色。从商业模式上看,民营视频网站最早推出用户上传业务,最早实行会员制,且其版面设计风格奠定了之后视频网站的基调。从经营规模上看,民营视频网站几乎都是上市公司,而国营视频网站大多是事业单位下设的企业,二者在用户规模、融资能力、软件装机量、内容库大小等方面不可同日而语。从市场影响力上看,频频占据文化、影视、互联网等领域媒体头条的视频网站绝大多数是民营视频网站。无论是热播影视剧还是"大手笔"引进版权节目,民营视频网站都比国营视频网站的关注度更高。从节目形态创新和新技术应用上看,民营视频网站也领先国营视频网站。

除了民营视频网站内部的原因,电视产业化改革也给民营视频网站担纲主力投了支持票。从 20 世纪 90 年代开始,电视产业化改革的主要障碍就是生产力的发展需求与相对不匹配的生产关系之间的矛盾。前文提到,网络视频是推动电视媒体与新兴媒体融合发展的抓手。如果由国营视频网站作为网络视频产业发展的主力,它不但会继承电视的优势,电视的负担也会一并带来。如此一来,以网络视频来推动电视媒体与新兴媒体融合发展就失去了意义,媒体融合就会止步于媒介合并。从中国网络视频 20 年的发展历史来看,民营视频网站就好比是电视产业中的一条"鲇鱼",不断地给电视制造挑战,不断地倒逼电视做出改革。国营视频网站是电视应对民营视频网站的举措之一,但是由于它在电视台内部的从属地位,显然扮演不了民营视频网站的"鲇鱼"角色。

启示四:规制和经营是影响中国网络视频产业发展的两大要素。

通常来说,技术、内容、规制和经营是传媒产业的四大影响因素。从历史分析来看,视频网站并没有刻意地投入技术研发,使用的大多是比较成熟的技术;经过了融资与自制探索,视频网站对内容的掌控能力已经比较强,不用担心电视台"釜底抽薪"。对于视频网站而言,影响较为显著的是作为企业根本的经营和相对不可控的规制。企业是否具有发展潜力,关键是看经营,无论是从商业模式上判断,还是从净利润和市场占有率等方面评估。但是视频网站在经营上颇有争议,一方面是关于网络视频业务能不能盈利的担忧,另一方面是网络视频企业是否具有投资价值。这两个方面决定了是否有持续的资本投入这一领域,以及如何判断这一业务的利润区与商业模式。

之所以说规制不可控,是因为网络视频企业并不参与规制的制定,甚至在制定的过程中没有有效的话语权。当前规制作为国家管理意志具体化的体现,而不是政府与企业相互协商、相互妥协的产物。企业对于规制没有有效的抗辩权和抗辩能力,甚至如果规制要求关停这一领域所有的民营企业,后者几乎没有应对能力和逃脱的可能。从中国网络视频发展的历史来看,行业"热点"受规制的影响变成"冰点"的情况屡见不鲜。而且,作为产业发展主力的民营视频网站与国营视频网站的身份地位不对等,间接影响了网络视频产业的发展方向与发展节奏。

第三章　中国网络视频产业发展
战略研究的出发点

没有一家企业可以做所有的事。即便有足够的钱,它也永远不会有足够的人才。它必须分清轻重缓急。最糟糕的是什么都做,但都只做一点点。这必将一事无成。不是最佳选择总比没有选择要好。

——弗雷德·R·戴维《战略管理》

对于那些从银河窗口俯视的人来说,空间就不是地球与太阳之间的空间了。

——纪伯伦《沙与沫》

完成了概念辨析、文献综述和历史梳理等"规定动作"之后,本章将进入"自选动作"的环节。既然本书以"战略研究"为关键词,那么就要首先明确战略由谁制定、由谁实施、要达到什么样的目标、推动力源自何处等问题。本章与第六章、第七章的区别在于,本章偏向于宏观的解释,提供的是战略制定与实施的基础性条件,而第六章、第七章提供的是具体的分析与措施。正如本章题记中纪伯伦所言,观察世界的窗口决定了所看到的空间——第六章、第七章的分析与推导,均须立足于本章所给定的条件。故本章以"出发点"为标题中心词。

3.1　战略要素分析

战略要素分析回答的是行动人和行动对象方面的问题,简单来说就是谁是执行战略的一方、谁是受战略影响的一方。不同的身份决定不同的思维,不同的思维决定不同的战略考量——这是宏观的逻辑,但是在具体执行的微观层面,有效的战略还必须考虑战略相关方的因素,包括战略是否符合当前的现实、战略是否兼顾了各方的利益、战略是否与各方的意愿有冲突,等等。

3.1.1　战略实施的主体

在战略管理研究中,一般认为战略实施的主体是企业。企业通过特定的流程制定发展战略,并围绕战略组织实施,以实现战略目标。在产业经济学研究中,一般认为产业发展战略实施的主体是国家。国家通过调研等科学的手段制定产业发展战略,而相应行政主管部门围绕战略组织实施,或增规模,或调结构,以经济手段、行政手段、法律手段等多种方式实现某一产业门类的发展。笔者将战略管理研究和产业经济学研究中对战略实施主体的不同认识,归因为微观视角与宏观视角的差异。

这种差异,在电视研究中一直存在。关于中国电视产业发展战略,有的研究者从电视台出发,论述如何从集团化改革、制播分离改革等方面打通产业链,以提升电视台的竞争力。有的研究者从电视产业的整体出发,论述如何处理中与外、事业与企业、中央与地方的关系,以达到资源集聚和最大化利用的目的,以提升中国电视产业的整体实力。事实上,电视产业发展战略研究不可避免地涉及作为个体的电视台,因为产业的整体完善需要个体的首先发展。反之亦然,产业繁荣为电视台的发展提供良好的条件。因此,所谓产业发展战略,必须达到两个目的:在宏观层面调整结构,在微观层面改善经营。"得其大者可以兼其小",微观的经营改善对宏观的结构调整影响有限,但宏观层面的结构调整会显著影响企业的微观经营,或者说宏观的结构调整本身就蕴含了微观的经营改善。所以,中国网络视频产业发展战略的主体,必须处于宏观层面,而非来自微观。这首先就否定了个体(企业)视角的分析思路。

行业协会也难堪大任。在我国的行政体制中,行业协会是行政主管部门部分职能的分身,职权较小,资源有限,主要按主管单位的指导行事。即使行业协会有能力制定产业发展战略(一些行业协会的确承担了一定的调查研究职能),也必须上升为行政主管部门的意志才能得以实施。在这个过程中,又不可避免地加入了行政主管部门的意志。简言之,行业协会没有最终的战略选择权,故而无法作为战略实施的主体。

虽然有的学者认为我国的中央与地方的关系既非纯粹的单一制,又非联邦制或邦联制,而是单一制前提下的"行为联邦制"①,但中央在形式上仍然具有至高的权威。在这种格局下,国家层面的行政主管部门最有资格、最有资源制定产业发展战略。对于网络视频产业来说,发展战略制定者就是国家广播电视行政主管部门。它可以是部委的一项职能,也可以是一个独立的部委。当前主要是指国家广播电视总局。

关于互联网产业的管理归属,由于涉及内容与渠道两个方面,一直在电信和传媒两方摇摆。网络视频产业作为互联网产业的一个分支,情形自然也是一样。在电视时代,电视网与电视台,一个作为渠道、一个作为内容,统一由广电总局负责建设和管理。虽然有学者称这种渠道与内容在建设和管理上合二为一的做法不利于引入市场机制激活生产力,导致电视网在与电信网的竞争中处于下风②,但是合二为一的做法从管理上看是比较直接和顺畅的。互联网最早由邮电部负责管理,后该管理职能在 1998 年邮电部与电子信息部的合并中划入信息产业部,又在 2008 年的"大部制改革"中并入工业与信息化部。互联网与一般意义上的通信网络不同,从技术上看它的节点是非中心化的,每个用户都可以作为一个节点存在;从文化上看它是科学家的价值观、反文化的价值观、公共化的价值观、商业化的价值观相融合的产物③,封闭中带有开放、理性中裹挟感性、服务中暗含利益、分散中显现中心。从美国军方将互联网推向社会起,互联网就从计算工具变成了内容分享平台(最早的电子邮件就是内容分享的雏形)——那么,这意味着商业互联网(注意,并非互联网的本源)先天带有内容提供方的性质。这对于不缺少内容监管技术但缺少内容监管经验的电信主管部门来说,无疑是棘手的。实际上,根据国家广播电影电视总局和信息产业部 2007 年第 56 号令《互联网视听节目服务管理规定》,国务院广播电影电视主管部门是网络视频的主管部门,负责产业发展、行业管理、内容建设和安全监管等;国务院信息产业主管部门依据电信行

---

① 郑永年. 中国的"行为联邦制":中央 – 地方关系的变革与动力[M]. 邱道隆,译. 北京:东方出版社,2003:28 – 29.
② 朱剑飞. 树立科学改革观　正视广电传媒发展瓶颈[J]. 现代传播(中国传媒大学学报),2009(5).
③ 詹姆斯·柯兰等. 互联网的误读[M]. 何道宽,译. 北京:中国人民大学出版社,2014:43 – 46.

业管理职责对网络视频实施相应的监督管理。从法规上看,网络视频产业应由广播电视行政主管部门负责管理。

从实践上分析也能得出相同的答案。视频网站是网络视频的主要呈现形式,从视频网站与一般网站的比较来看,网站是二者的共性,视频是前者的个性。视频网站在技术上与一般网站执行同样的标准,并无需要区别对待的地方。因此,从电信产业的角度来看,视频网站的发展应纳入互联网产业发展的大战略之下,不值得,也没必要进行专门的发展战略研究。但是,如果比较电视与视频网站,会发现视听形式是共性,而网站是后者的个性。这正切中了中国电视产业改革发展的重要议题:电视如何应对互联网的挑战。从这方面来看,网络视频对于电视的意义,远大于对于电信的意义,因而值得广播电视行政主管部门研究分析。

广播电视行政主管部门分为地方和中央两类,都是网络视频产业发展战略的实施主体,但是分工略有不同。中央级主管部门负责制定全国性质的产业发展战略,需要考虑全国的普遍情况和部分地区的特殊情况两方面因素。例如,在进一步加快广播电视媒体与传统媒体融合发展的意见中,提出融合发展应坚持因地制宜、通过重大项目驱动战略实施。虽然中央的产业发展战略为了照顾普遍性要牺牲一些特殊性,但其总体的思路是稳定的,只不过在具体的操作上可能会偏向保守。中央思路上的开阔与操作上的保守,给地方的实施细则留下了空间。对于一些传媒发展水平较高的地区,可以在中央思路的范围内因地制宜选择更为激进的战略。例如,改革媒体的激励机制是中央层面传媒改革的思路,也提供了几种建议方案,但并未明确指出具体应该如何实施。上海广播电视台(上海文化广播影视集团有限公司)依托旗下的上市公司东方明珠,于2016年实施股权激励。东方明珠本次激励计划授予的激励对象共计574人,占东方明珠员工总数的9.3%。激励对象包括公司高级管理人员、公司及子公司核心管理人员、核心业务骨干人员等。该计划公告时,股权激励成本估计约为2.09亿元。根据东方明珠公布的股权激励方案当日的股价,其总市值约为674.5亿元,用于股权激励的股票价值约为4.66亿元。虽然激励总额不大,但标杆作用和示范作用显著,开国内电视媒体股权激励之先河。正是由于地方"因地制宜"的特殊性,这一模式不一定能向全国推广,而且拥有上市公司且业绩表现尚可的电视台仍属少数。

把广播电视行政主管部门作为中国网络视频产业发展战略的实施主体,虽然是法规和实践使然,但这一模式也存在机制上的不足——行政主管部门在市场敏锐性和改革魄力方面缺少制度保障,不能保证其思路和视野一直走在产业发展的前沿。"一个制度要发生变化,非要到原体制的维护成本非常高,高到几乎转不动了,才有可能改。"①而且,一旦行政主管部门的思路落后于产业实践,战略实施的主体就变成了改革的对象。但对于中国传媒生态来说,推动网络视频产业实现战略层面的发展,没有其他选择。

3.1.2　战略实施的客体

相较于实施主体解决的是"谁来做"的问题,实施客体回答的则是"做于谁"。虽说是网络视频产业发展战略研究,但网络视频产业的具体形态是什么,并未包含在"网络视频产业"这六个字的字面里。从字面上看,网络视频是一种视听节目的形态,特点是在互联网上传播,这是网络视频与电视的主要区别。但具体的实践远比字面上的概念复杂得多。网络视频虽然和电视是近亲,但由于所处的市场环境不同、资金来源不同、媒介技术特征不同,加之一些尚未更新的规制导致的"双重标准",使得网络视频与电视既有区别又有联系。所谓联系,是指好节目在互联网和电视两个平台上都有市场;所谓区别,是指互联网和电视的节目选择标准不同、编排方式不同、传播方式不同。而且,中国网络视频产业本身也并非铁板一块,从传播形态上可以分为 OTT TV(国内一般称为"互联网电视")和视频网站(甚至还可以包括 IPTV,IPTV 与 OTT TV 的主要区别是前者使用专网),从主要资金来源上可以分为国营视频网站和民营视频网站。这就更增加了网络视频概念的复杂性。

这还仅仅是网络视频,如果增加了产业两个字,那么还要包括节目制作、投资等环节。例如,研究网络视频需要关注节目的来源,而事实上市场上能够制作高质量视频节目的,要么是电视台,要么是由于制播分离改革而从电视台分流出来的团队。从投资的角度来看,网络视频中民营视频网站是完全的市场主体,可以采用绝大多数的投融资手段(即使是面临对使用外资的限制,也可以通过 VIE 架构绕开监管,详见第五章)。而且,一些投资方本身就是网络视频的关联方,如硬件制造、电子商务、互联网广告等。那么,网络视频产业究竟是指什么?

笔者认为,网络视频产业可以概括为围绕互联网传播视听节目开展业务的企

---

① 周其仁. 改革的逻辑[M]. 北京:中信出版社,2013:4.

业群在同一市场上相互关系的集合。具体包括：电视台与国营视频网站的关系、电视台与民营视频网站的关系、国营视频网站与民营视频网站的关系、OTT TV 与视频网站的关系。在这四对关系中，又可以根据内容与渠道的关系进行进一步拆解。例如，电视台与国营视频网站的关系，可以进一步分解为电视台内部的制播关系、电视网与互联网的关系两组。如此这般，研究对象将无比复杂，超出了本书的篇幅和笔者的能力。因此，在此笔者将讨论限定在四对关系上，对于之后的深层次关系可能会有涉及，但不做专门的讨论。

既然有了概括性的定义，那么网络视频产业发展战略的实施客体就可以确定。正如上一段中所言，网络视频产业包含了四对关系。这四对关系中的双方进行同类项合并后，可得出网络视频产业发展战略的实施客体，即为电视与网络视频的关系，国营视频网站与民营视频网站的关系。

从法规和实践上看，无论是电视还是网络视频、无论是民营视频网站还是国营视频网站，都由国家广播电视行政主管部门进行管理。这样一来，中国网络视频产业发展战略的主客体关系就统一在我国的广电管理制度中，上下关系就理顺了。

虽然是作为战略的实施客体，但战略并非仅仅调节电视与网络视频的关系以及不同属性视频网站之间的关系，战略同时也是视频网站微观经营战略的参考。例如，通过对网络视频产业整体规制的分析，视频网站可以摸清规制的内在逻辑，预判下一步的规制方向，寻找相对竞争优势；通过对网络视频产业经营现状的分析，视频网站（尤其是国营视频网站）可以对照案例总结经验、吸取教训，拓宽经营思路。当然，处于市场一线的网络视频企业在微观问题的把握上比任何的研究者和政策制定者都要敏锐和详细，但是产业发展战略不可能也没必要达到如此精细的地步。总体来说，中国网络视频产业发展战略为调整产业中的企业关系提供思路，为企业的经营战略提供参考。除此之外，企业微观层面的经营均不是本书能够所及的范围。

3.2　中国网络视频产业发展战略的目标

战略是选择的结果，目标是选择的依据。有人曾经将战略概括为三个基本问题:要什么,有什么,丢什么。①　其中"要什么"的问题,就是战略的目标。

聚焦于企业经营层面的战略管理研究认为,目标的重要性在于它是战略一致性属性的内在要求。②　为了实现目标,战略应具有一致性的指向,凡是不符合这个指向的应该暂时被舍弃。目标也是战略的一部分,因为目标暗示了行动者应该奉行的行动计划。在微观的企业管理中,这种一致性的倾向很常见——无独有偶,更微观的整合营销传播(Integrated Marketing Communication,IMC)在营销研究中也持同一观点:从企业营销战略与营销目标出发,对企业的营销传播资源实行优化配置和系列整合,以确保企业营销传播的统一性、一致性、一惯性。③

产业并非作为一个个体存在,而是某种同类属性的企业活动的集合,是社会分工不断细化的结果。产业组织、产业结构、产业关联的调整,必然涉及资源的重新分配,一些企业获得支持、一些企业被淘汰是产业调整可以预见的结果。因此,产业发展战略的目标就是调整经济关系以促进生产力的发展,推动产业的整体繁荣。

那么,产业繁荣有没有一个具体的标准? 产业经济学研究对此的答案多种多样,但都包含有两项共识:经济增长与产业可持续发展。④　这里的经济增长,是指国民经济增长,而非产业规模或者企业经营效益。产业可持续发展是指产业发展与人口、资源和生态环境之间的关系,表现在对产业结构的调整。虽然这一标准是产业经济学的共识,也的确颇有道理,但并不适用于网络视频产业。笔者认为,判断网络视频产业是否繁荣的标准,现阶段来看,应该是网络视频能否代替电视成为视听产业的主要形态。下面笔者将分四个方面进行阐释。

3.2.1　可持续经营

可持续经营是一个复合概念,并非仅仅是盈利这么简单。亚马逊公司上市后20年不盈利,也不影响亚马逊位列世界500强前列。乐视网自2007年至2016年均实现盈利,但其发展模式一直颇遭非议。尽管如此,可持续经营一定与收入有关,否则就失去了作为产业的意义而变成公益事业。笔者认为,可持续经营源于

①　王小强. 产业重组　时不我待[M]. 中国人民大学出版社,1998:200.
②　弗雷德·R·戴维. 战略管理:第8版[M]. 李克宁,译. 北京:经济科学出版社,2001:74.
③　张金海. 20世纪广告传播理论研究[M]. 武汉:武汉大学出版社,2002:142.
④　苏东水. 产业经济学[M]. 北京:高等教育出版社,2000:473.

一种外界的信心,愿意对某一产业持续地投入。

尽管电视的主流媒体地位在互联网的影响下岌岌可危,但并没有人怀疑电视台是可持续经营的,实际上也没有一家电视台倒闭。而且,当电视媒体进入证券市场后反而颇受追捧,说明即使本性逐利的资本也看好电视台。这是因为,虽然电视台早已进行了市场化改造,但是仍有来自财政的间接支持,仍然垄断了一些可以变现的资源,比如频道和新闻现场。我国的政府机构(包括事业单位和国有企业)和电视台形成了一种微妙的勾连,它们只"信任"电视台,尽管电视的传播效果不一定有网络媒体好。这种"信任"形成了一种潜在的利益交换,使电视台得以持续经营。

网络视频已经成为互联网的主流应用,无论是用户规模还是流量,无论是中国还是美国,莫不如是。但是中国网络视频企业的可持续经营能力并不强,表现在政策不稳定的影响和经营不稳定的影响两方面。政策不稳定是指谁有资格经营网络视频业务、经营哪些网络视频业务的规制存在较大变化的可能。国家广播电视行政主管部门早在 2003 年就出台了关于网络视听节目服务的规制,当时并未限制从事该业务的资本来源。2007 年《互联网视听节目服务管理规定》新增了从事网络视听服务业务应为"国有独资或国有控股"的规定。虽然事后的补充规定中允许 2007 年之前已经开办网络视听服务业务的非国有控股企业继续申请信息网络传播视听节目许可证,但 2013 年后在互联网领域推行"特殊管理股"还是变相地实现了"国有控股"。同时,"特殊管理股"也并未给予行政相对人以抗辩权①。火山小视频、抖音等短视频企业赞助了 2018 年包括浙江卫视、江苏卫视、东方卫视在内的多个卫视春节联欢晚会,但是 2018 年初网络主播"MC 天佑"引起的风波②超出了个人范围进而影响到短视频行业,以上卫视的春晚在网络播出前被上级单位要求更换赞助商。这意味着,火山小视频、抖音等企业与卫视的冠名协议由于第三方的因素而取消。对于卫视来说,损失的是金钱,而对作为赞助商的短视频企业来说,损失的是金钱和发展机遇。此外,从 2007 年《互联网视听节目服务管理规定》之后的网络视频规制来看,行政主管部门对于新出现的网络视频

---

① 抗辩权是指妨碍他人行使其权利的对抗权。

② MC 天佑风波:2018 年 2 月 12 日,李天佑(网名:MC 天佑)在网络视频直播当中用说唱形式描述了吸毒和色情等细节,被宣传部门、网信部门、文化部门和广电部门跨平台封禁,这一事件的影响波及到 MC 天佑所在的短视频网站乃至整个短视频行业,许多企业因此接受整顿。

业务(如海外剧国内同步播出、网络视频直播等)限制较多、鼓励较少,而且普遍呈现用老规制套新现象的情况。在乐视网和优酷网的招股书的风险提示环节,均将网络视频行业规制潜在的变动作为重要风险来源。对于投资人而言,长期投资这一领域需要承担较大的政策风险。

网络视频的经营不稳定性源于盈利模式的匮乏。盈利模式是近年来互联网商业领域的一个热词,简单地说就是如何让一个公司盈利。在生产型企业,购买原料、生产产品、销售产品,这条线构成了企业的盈利模式。但是在信息服务型企业,盈利模式就变得复杂起来。首先,信息服务型商品具有明显的边际成本递减效应,信息服务的复制是低成本的,但是信息服务的"原创"成本非常高,所以服务业需要通过规模经济的廉价复制降低内容"原创"的高昂成本。

其次,信息服务业存在"用户的注意力"这种可变现的资产,企业向用户提供服务信息,用户在支付一定费用的同时,也将注意力让渡给企业。这些注意力虽然并不能给服务提供方带来直接的利益,但这是广告主所需要的资源。因此在信息服务业内部形成了广告收入模式,即企业以远低于成本的价格向用户提供信息服务,用户免费让渡一部分注意力,企业用这份注意力吸引广告主投放广告。在当前的传媒生态中,广告收入已经成为常态,任何一种媒体都或多或少地采用这一盈利模式。

最后,信息服务业是资金密集型产业。内容从生产到销售之间存在时间差,需要有相应的投入弥补生产阶段的资金需要。以影视剧产业为例,电视节目(包括电视剧)的制作,对资金的需求量大且复杂。在剧本创作阶段,项目所需资金量小,但时间周期长,不确定性大,投资风险大;在筹拍阶段,需预付主创人员和演员的报酬、场景制作费等,所需资金量大,不确定性较大,投资风险较大;在摄制阶段,后期费用急剧增加,但不确定性有所降低;在宣传发行阶段,项目资金需求量减小,不确定性和风险也相应减小。从世界主要电视强国的发展经验来看,电视节目制作与传输网建设都离不开强大资金的支持。

以上三种因素的共同作用,使信息服务业的盈利模式变得复杂而具有张力。有的企业认为,为了实现规模效益,前期的亏损并不重要;有的企业认为,单靠广告收入难以支持企业运转,而且过多的广告会降低用户体验;还有的企业甚至认为,业务赚不赚钱不重要,重要的是资本市场是否看好这一业务,将来的某一天能否找到接盘方使自己套现离场。网络视频能不能盈利,很大程度上已经不是企业愿不愿意的问题了,因为盈利对于企业来说不重要,而且盈利也不一定能够说明企业运转良好。但是,盈利模式依然很重要。对于网络视频企业来说,盈利模式就是企业的竞争力之一;对于投资方来说,盈利模式是未来投资变现的可能。讨论到这里,不难发现,网络视频产业的可持续经营,并非仅仅是数据问题,而是数据背后反映出的经营观念。

按照产业资源密度分类法,不同的产业分为劳动密集型产业、资本密集型产业、技术密集型产业、知识密集型产业和资源密集型产业。在大多数文化产业因为知识产权"易复制、不易创作"的原因而被划为知识密集型时,网络视频产业因对资本的高度依赖使其更像是资本密集型产业———一方面,网络视频企业身兼制作与播出两种角色,后者对购买版权的需求较大,占总成本的比例较高;另一方面,资本在网络视频产业链中具有"高维"特征,资本可以解决劳动力、技术、知识等其他资源匮乏的问题,但其他资源的丰富并不能缓解资本的匮乏。为了有效地获得资本的支持,可持续经营对于网络视频产业来说十分重要,这是向资本市场议价的关键砝码。但是,如上所述,政策的不确定和经营的不确定性给网络视频产业的可持续经营蒙上了一层阴影。如何消除这两种不确定性,是网络视频产业发展战略所要解决的问题之一。

3.2.2 具备产业链整合能力

产业链是指若干产业部门之间因为某种经济关联,依据特定的逻辑关系和时空关系形成的链条式产业关联,其实质是企业之间的供给与需求关系,具体包括价值链、企业链、供需链和空间链四个方面。产业链本质上是产业关联,关联的方式包括产品、劳务联系、生产技术联系、价格联系、劳动就业联系、资本联系等;关联类型包括单向联系与多向联系、顺向联系与逆向联系、直接联系与间接联系等。电视产业具有非常鲜明的链条式供需关系,从上游的策划、制作,到中游的包装、发行,再到下游的衍生品开发、评估,可谓一环扣一环。只有上游的工作完成了,中游和下游的工作才能开展。而且,上一环节企业的产品和劳务只有下一环节的企业才能对口接收。电视节目制作公司所制作的节目,只能卖给电视台或者视频网站。只有经过电视台或者视频网站播出并获得一定口碑基础的节目,才有进一步开发衍生品的价值。

在电视产业链中,电视台扮演了至关重要的整合角色。自中华人民共和国第一家电视台开播以来,在之后近 40 年的时间里,电视台集制、播、评为一体,以一己之力囊括了整个电视产业链。不过,制、播、评一体模式的弊端很快显现出来了。尤其是在党的十二大将影视服务业纳入第三产业之后,制、播、评一体导致的制作能力僵化、评估模式不科学的问题日渐突出。1999 年,国家广播电视行政主管部门开始着手推进制播分离改革,鼓励电视台通过市场化手段把制作力量推向市场,推进制作与播出的双向选择。同年,中央电视台与索福瑞公司合资成立收视率调查公司——央视 - 索福瑞,面向全国电视台提供收视率调查服务。虽然改革之后制作和评估等环节从电视台内部剥离,但实际上并没有脱离电视台的控制。从市场层面来看,在视频网站出现之前,电视台是电视节目的唯一播出平台,制作公司的节目必须销售给电视台,调查公司只能调查电视节目的收视情况。电视台可以通过合同等方式对节目制作公司的产品导向等方面进行干预。从政策层面来看,广电集团化改革使策划、制作、包装、播出、营销等环节从电视台内部释放出来,以子公司与母公司、子公司与子公司等关系存在于一家广电集团内部,电视台仍然是其中的中心环节。

如果没有产业链上下游企业的支持,作为一个播出平台,无论是电视台还是视频网站,均难以生存。即使回到制播合一的模式,也要面临如何激活内部生产力的问题。电视台的产业链整合能力是有目共睹的,那么网络视频是否能像电视台一样整合节目产业链呢?

对于该问题的答案,笔者当前报以谨慎的乐观。乐观的是,网络视频具有电视的一切功能,在理想的环境下是可以完全取代电视的,自然也能代替电视台在节目产业链中的角色。事实上,近年来网络视频产业发展的一些新动向也佐证了这一点。2014 年被多家视频网站认为是"自制元年",这一年许多视频网站宣布要加大对自制内容的投入,树立自身的自制品牌。优酷出品、搜狐制造、爱奇艺出品、乐视自制等成为关注度极高的行业热词。此后,视频网站自制节目逐渐走出网站,走向电视。2015 年 7 月,搜狐视频网络剧《他来了,请闭眼》反向输出到东方卫视,开启了网络剧反向输出一线卫视的先例。爱奇艺与安徽卫视合作推出《蜀山战纪》,先后在爱奇艺和安徽卫视播出。2016 年 7 月,腾讯视频自制网络剧《九州·天空城》在江苏卫视周播剧场开播。同年,爱奇艺自制剧《老九门》在东方卫视播出,该剧在互联网平台获得了百亿级的播放量,同时以 1.138% 的平均收视率稳居同时段收视榜榜首。"IP 热"更是体现了网络视频的"流量生产者"角色,一部作品一旦改编为网络视频并实现热播,就有可能被热闹的投资者一拥而上进行衍生品开发。网络视频传播力评估近年来也有进展,北京大学视听传播研究中心以评论量和好评率为基础指标的网络视频满意度评价体系、市场调查公司美兰德的移动视频传播效果评估体系等都是其中的代表。就连一直深耕电视收视率的央视-索福瑞公司,在2017年也推出了针对网络视频点击量的评估体系,开展跨屏收视研究。国家广播电视行政主管部门自2013年起开始评选优秀网络视听节目;中国传媒大学设立了优秀网络视听节目"学院奖"——金藤奖;上海国际影视节在2018年专门设立网络视频子版块,评选出当年的优秀网络视频作品。

谨慎的是,网络视频整合电视节目产业链的客观条件是否会长期存在。尽管网络视频在功能上已经可以超越电视,但是网络视频之所以能够整合电视节目产业链的上下游企业,原因在于电视台放松了对上下游的控制。从1979年至1999年,中国广电实现了飞跃式的发展:从纯粹的事业属性转向"事业属性、企业管理"的混合模式,从全额依靠财政拨款到部分实现自给自足,从节目自产自销到建立节目购销网络。然而,在这翻天覆地的变化中,制播合一的模式阻碍了节目人才和节目资源的大范围流动,成为束缚生产力发展的因素。因此,广电总局从20世纪90年代末开始推行制播分离改革,思路是将制作环节与播出环节分别由两个不同的主体承担,播出平台可以自主选择优质节目播出,而不再像过去一样制作团队做什么播出平台就播什么。在实际操作中,电视台的制作力量有的以独立制片人制的形式与播出平台分离,有的以台办公司的形式与事业机构分离,还有的电视从业者脱离电视台成立独立的电视节目制作公司或影视剧制作公司,完全与电视台脱离。实践证明,制播分离的确推动了电视节目市场的繁荣,近五年来脍炙人口的好节目几乎都是制播分离模式的产物,还带动了光线传媒、灿星制作等民营电视节目制作机构的发展。然而,制播分离对电视台有益的前提是电视市场上仅存在电视台一家播出平台,虽然"分离"但电视台对制作环节依然具有控制力。可是,视频网站出现后,市场上就存在了两个播出平台。由于视频网站背后大多是大型互联网上市公司,融资能力比较强,因此在节目制作、购买、营销等环节的投入比电视台要更灵活,客观上吸走了原本属于电视台的优质节目资源,导致了电视台制作力量日益空心化。面对民营视频网站的竞争,电视台提出,应从政策层面支持电视台将制作力量留在台内,同时要求在电视台内部推行市场化改革,将制播分离"内部化"。在这一模式下,网络视频将弱化乃至失去对产业链上游的控制。如果这一模式再推广到营销领域,那么网络视频对产业链的整合能力会更弱。

除此之外,即使制播分离的政策依然奏效,但相较于电视台,网络视频在产业链整合方面依然有缺陷——网络视频难以整合新闻节目。根据《互联网视听节目服务管理规定》,从事广播电台、电视台形态服务和时政类视听新闻服务,以及从事主持、访谈、报道类视听服务的,须持有互联网新闻信息服务许可证。该许可证包括采编、转载和传播平台三项业务,其中采编业务只对新闻单位(含由新闻单位控股的单位)或新闻宣传部门主管的单位开放——基本对民营视频网站关上了大门。

3.2.3 保持网络视频的优势

在 3.2.1 和 3.2.2 中,笔者一直在论述网络视频取代电视在视听产业中的地位所面临的挑战。如果说以上挑战来自市场、来自政策,那么本节要把思考的方向转向网络视频产业自身:网络视频一旦取得了电视在视听产业中的地位,是否还能保持曾经的优势?

民营视频网站相较于电视,根本的优势在于机制灵活。虽然机制灵活是传播平台的先进性、融资手段的多样性、内容来源丰富性的必要不充分条件,但这一优势是大多数电视台和国营视频网站所不具备的。从改革开放以来,电视领域进行了多轮改革,总的方向是建立灵活的经营机制、提高经营效益。这边电视台在孜孜不倦追求灵活的机制时,那边的民营视频网站"先天"就是完整的市场主体,可以在法律和政策允许的范围内开展一切有利于提升经营效益的活动。一些电视台不断强调要克服的问题,如产权制度改革、人事制度改革、制播制度改革等,对于民营视频网站来说根本不存在。所以,民营视频网站在经营中可以放开包袱有所作为,但电视台(甚至部分国营视频网站)还要纠缠于产权、人事、制播分离等老问题。正如有文章评论道:"(产权)这个简单得像一加一等于二似的道理,中国(电视)竟折腾了 40 年才悟出来。"[1]

那么,是什么因素导致电视台"后知后觉"? 早在 10 年前,就有学者将之归因于产权不清晰。[2] 产权不清晰为"人治"留下了巨大的空间,导致经营决策缺少敏

---

① 陆地. 中国电视产业启示录[M]. 上海:上海交通大学出版社,2007:4.

② 陆地. 中国电视产业启示录[M]. 上海:上海交通大学出版社,2007:5.

锐性和科学性,同时也会带来国有资产流失。此外,产权不清晰还会导致企业发展的活力和动力不足。"由于不知道自己的行为对自己有什么好处,或者知道与自己的利益关系不大,所以,无论是个人或者电视台在行为上都不会认真地按照经营和市场的规则行事。"①此外,中国传媒业"机关、事业、企业"的三种属性导致了媒体的"机关式管理、事业单位要求、企业化运作",而三重属性的内在冲突,又导致了媒体在经营和管理上的结构失衡、竞争失序、运作失规和管理失范。② 国营视频网站(有一段时间曾被称为"网络电视台")虽然也是视频网站,但其市场影响力远远比不上民营视频网站,甚至还不如电视台。究其原因,是"拿办电视台的思路办视频网站",自然变成了"四不像"。

上文提到的"网络视频代替电视成为视听产业的主要形态",其中的网络视频既包括民营视频网站也包括国营视频网站,总体来说还是指代表了先进生产力和传播力的节目生产与传播形态。从理论上看,这种先进的节目生产与传播形态,可以由民营视频网站来承担,也可以由国营视频网站来承担,但从目前来看民营视频网站要走得更远一些。笔者的担心在于,一旦民营视频网站为了成为"视听产业的主要形态"而经历这样或那样的改造,是否初心仍在? 换言之,网络视频是否会为了获得市场的合法地位而完全体制化,成为体制内的机构,进而也在"机关、事业、企业"的三种矛盾中纠缠。

需要澄清的是,笔者并不是说体制内的视频网站就不能实现"传播平台的先进性、融资手段的多样性、内容来源的丰富性",而是说民营视频网站由于相对独立的市场主体地位和相对完善的市场竞争环境更容易实现以上目标。事实上,的确有国营视频网站取得了接近民营视频网站的经营业绩。从 2014 年芒果 TV 开始"独播"自有版权内容以来,芒果 TV 的移动端用户从零增长到 5 亿,IPTV 运营商业覆盖用户已超过 0.55 亿人,互联网电视终端激活用户数为 0.65 亿,经营创收从 2014 年的 6 亿元增长到 2017 年的 35 亿元。芒果传媒(原湖南广播影视集团)旗下的湖南快乐阳光互动娱乐传媒有限公司审计报告及财务表显示,芒果 TV 在 2015 年和 2016 年连续处于亏损状态,但 2017 年芒果 TV 的盈利情况有所好转,预计可全面实现盈利。同时,芒果 TV 三分之二的收入来自非版权分销业务,比如广告和会员付费。根据中国网络视听节目服务协会的调查,芒果 TV 已经与爱奇艺、

① 陆地. 中国电视产业启示录[M]. 上海:上海交通大学出版社,2007:5.
② 陆地. 中国电视产业启示录[M]. 上海:上海交通大学出版社,2007:169.

腾讯视频、优酷网同属我国网络视频市场第一阵营。不过,不是每一家国营视频网站都能取得芒果 TV 的成绩,就像不是每一家省级卫视都能达到湖南卫视的水平一样。

3.3　网络视频产业发展战略的动力来源

明确了中国网络视频产业发展战略的主体、客体与目标,接下来就要分析促成主体制定战略、实施战略以及客体执行战略的动力来源。需要区分的是,战略实施主体与战略实施客体关于发展战略的动力来源虽然并不一定一致,但促进网络视频产业向前发展的方向是一致的。国家广播电视行政主管部门作为战略的实施主体,其动力来源应是全局性的和公益性的;各个视频网站作为战略实施的客体,其动力来源不排斥局部性与营利性。这是分析动力来源之前需要明确的一个前提。

3.3.1　电视产业深化改革的需求

如果以开放电视广告业务作为第一轮电视改革的标志,那么中国电视至少经历了引入广告业务、四级办电视、产业化、制播分离、集团化五轮改革。当前的中国电视,正处于以融合发展为主题的第六轮改革之中。在这一轮改革中,中国电视产业面临着如何处理电视网与互联网的关系、如何应对互联网的挑战、如何增强电视在"大视频时代"①的传播力与引导力、如何遏制电视台人才流失趋势、如何通过互联网再造电视节目制播体系等一系列问题。中央全面深化改革领导小组将这一系列问题的答案寄托于"融合发展",然而融合发展只是指出大概方向的顶层设计,具体如何操作,还需要一个现实的抓手。

所谓"抓手",就是说要能"牵一发而动全身",能够把与融合发展相关的问题串起来,提供一揽子的解决方案。换言之,通过解决"抓手"的问题,可以带动其他一系列问题的解决。对于电视而言,网络视频就是这样一个"抓手"。从当前中国

---

① "大视频"有两重含义:第一重含义是视频播放终端从小屏向大屏(电视)演进,即电视也被纳入视频的范畴;第二重含义是视频无处不在,任何一个屏幕上的内容都可以以视频的形式呈现。

网络视频产业发展的现状来看,电视所遇到的一系列问题在网络视频的语境里都是不存在的——因为这些问题对于电视而言是机制改革,但对于视频网站而言是正常的经营活动。实现传统媒体与新兴媒体融合发展,并非是要一方取代另一方,而是传统媒体借助新兴媒体的优势实现跨越式发展。电视没有解决的问题依靠新兴媒体来解决,新兴媒体没有解决的问题由融合发展来解决。从推动电视产业进一步改革发展的角度来看,发展网络视频产业是一个有效的抓手。

3.3.2 市场空间的欲求

中国网络视频产业发展壮大的主要原因,不一定是技术进步或者政策推动,更可能是市场的需求。伴随着中国互联网的快速普及,网络视频作为一种互联网内容消费形态,其市场空间也越来越大。网络视频市场空间的"天花板"在哪里,这影响了中国网络视频产业发展战略的宏观导向和微观行动。上文曾分析,网络视频是介于互联网与电视之间的融合型内容产品,那么判断其市场空间,也必须考量互联网用户规模和电视观众规模两方面的因素。图3.1展示了中国电视节目综合覆盖人口及其增长率、互联网用户规模及其增长率、网络视频用户规模及其增长率六个指标在2008—2017年第二季度的变化情况。①

图3.1显示,电视节目综合覆盖人口、互联网用户规模和网络视频用户规模十年来均实现了增长。其中电视综合覆盖人口基数最大,增长幅度最小,互联网用户规模和网络视频用户规模的增长趋势基本一致,在2010年、2011年、2016年和2017年第二季度甚至增幅大略相同,相关性比较强。互联网是网络视频的基础设施,互联网用户可以转化为网络视频用户,同时网络视频用户的增长也能带动互联网用户的增长。但是,虽然如今许多文章称网络视频用户规模巨大,但相较于电视接近100%的人口覆盖率,网络视频的用户规模还显得小得多。截至2017年第二季度网络视频用户的规模尚不足电视节目综合覆盖人口的一半。

---

① 数据来源:《中国广播电视年鉴》(2008卷至2016卷)、第23至第40次中国互联网络发展状况调查报告。

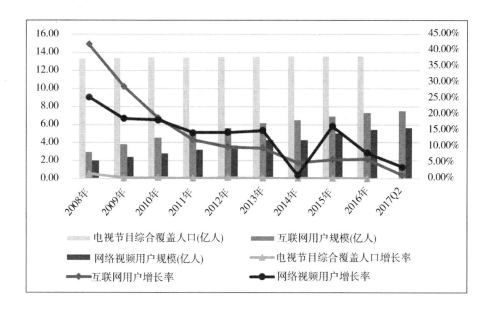

图 3.1　2008—2017 年 Q2 中国电视节目、网络视频与互联网的

覆盖人口与覆盖人口增长率情况①

中国电视节目综合人口覆盖面从 0 到 13 亿人,是中国电视产业不断发展壮大的历史,也是电视快速普及的时期。正像广播时代"新媒体的新颖性和强大的推销活动在美国历史上产生了一个对新产品的强烈需要"②一样,电视覆盖人口的扩大得益于电视机销售量和覆盖人群的扩大,网络视频用户规模的增长得益于互联网的普及面扩大。从当前我国互联网产业发展政策和包括电脑、智能手机在内的智能设备制造等产业的发展情况来看,互联网在我国的普及面将进一步扩大。这将刺激网络视频用户规模继续增长。至于增长的"天花板",不妨参考电视目前的水平——综合人口覆盖率在 99% 以上。这就是中国网络视频产业当前和未来的市场空间。

虽然互联网用户规模的增长率和网络视频用户规模的增长率近年来有所放

---

① 　需要说明的是,之所以选择 2008 年作为图表数据的起点,是因为从 2008 年开始国内才有比较权威的网络视频发展状况统计(由中国互联网络信息中心发布);《中国广播电视年鉴》只有电视节目综合人口覆盖率,本书以 2015 年中国人口总数 13.75 亿人作为基数,计算出每年的电视节目综合人口覆盖情况。

② 　罗伯特·L.希利亚德等.美国广播电视史:第 5 版[M].秦珊,等译.北京:清华大学出版社,28.

缓,但对比电视节目综合覆盖人口的增长率仍然是比较快的。不过,网络视频用户规模的增长到达了边际效益快速降低的区间,在没有新的显著刺激的情况下,网络视频用户规模虽然仍持续增长,但增长速度会继续放缓。

3.3.3 社会资金的诉求

自"十二五"到"十三五",规划文本中都指出要将文化产业作为国民经济的支柱产业来扶持。国民经济五年发展规划作为国家的顶层设计,一旦出台,相应的配套政策就会跟进发布,资本也会闻风而动,涌入相关行业。在 2014 年,中国传媒投融资总额超过了 4000 亿人民币。虽然 2015 年我国宏观经济形式相对严峻,但传媒产业投融资总额依然增长了 12.5%,约为 4500 亿元。这些对外投资绝大部分投给了互联网和移动互联网领域的新媒体。2016 年的投融资数据与 2015 年大体相当。① 而根据 wind 资讯的数据,2014 年、2015 年、2016 年传媒业的融资规模分别为 340.95 亿人民币、1108.07 亿人民币和 644.54 亿人民币。虽然不如房地产、金融、材料、硬件制造等热门产业,但已经比能源、保险、制药、半导体、电信等传统行业高出不少。

如此多的资本涌入传媒领域,有三方面的因素:密集的支持政策,传媒企业较好的业绩支撑,新生产技术的刺激。这三方面的因素目前依然存在,仍然存在大量的社会资金等待进入传媒市场。其中,网络视频行业对资金较为敏感,同时社会关注度较高,社会资金的投资需求比较大。截至 2017 年底,中国网络视频企业绝大多数都与证券市场有比较紧密的关联:乐视网是 A 股上市公司,优酷网和土豆网曾经是美股上市公司、如今是阿里巴巴集团的子公司,腾讯视频、搜狐视频和爱奇艺的母公司也都是上市公司。从阿里巴巴(美股)、腾讯科技(港股)、百度(美股)、搜狐(美股)的财报来看,网络视频均被列为公司的业务增长点,被寄予了厚望。推动网络视频产业的整体繁荣,对于作为个体的视频网站来说也是重要的利好,是公司股东愿意看到的并且抱有较高期待的。

3.3.4 互联网产业链的渴求

如果说电视产业链是非常明显的链式结构,那么互联网产业链就是形状不规

---

① 张向东. 媒体融合与转型背景下的中国传媒投资[J]. 南方电视学刊,2017(1).

则的树形结构,旁出斜逸。当前互联网领域的一大热词是流量。所谓流量,是指可转化为广告到达率或者用户付费的有效访问量。流量的作用不仅在于盈利,更在于获得足够的用户数据。然而,流量就像人流,是需要靠"入口"聚合起来的。流量"入口"的形式不拘一格,只要能够吸引有效的访问就可以称为"入口"。搜索引擎、输入法、移动操作系统、智能设备应用等是常见的流量"入口",也是各家企业投入精力努力争抢的一片"红海"。近年来,网络视频用户数量增长迅速。网络视频已经成为互联网前三大应用之一。网络视频的流量价值越来越受到重视。"视频+电商"就是网络视频向电子商务网站导流的措施之一。有报道称,阿里巴巴集团之所以收购年年亏损的优酷网,就是看中了优酷网在当时(2015年)拥有行业第一的用户规模。这对于拥有淘宝网、天猫等大型电子商务平台的阿里巴巴集团来说,是一个非常大的流量入口。此外,芒果TV还与阿里巴巴集团开展合作,在内容、流量、用户、营销等方面有所保留地打通。2016年底,阿里家庭娱乐与芒果TV达成战略合作,双方将联合电视厂商推出基于二者独家合作内容的新款互联网电视,同时打通双方的会员体系,推出互联网电视用户专属的会员服务。对于拥有了内容和技术的芒果TV来说,流量是与其他视频网站竞争的短板。芒果TV与阿里巴巴合作,可以将阿里巴巴在电子商务和网络视频领域的流量导入自己的网络视频平台,积累更多的用户数据。

第四章　中国网络视频产业规制现状

　　中国领导层不可避免地面临着双重任务。一方面,它不得不实施有效的政策来推动信息技术的快速发展;另一方面,它又不得不控制、监管和最小化由新技术带来的政治风险。但是,这两种任务并不总是协同的,更多的情况下,他们是冲突的。

——郑永年《技术赋权:中国的互联网、国家与社会》

　　在一统体制中,(权力、资源向上集中与有效治理)这一矛盾无法得到根本解决,只能在动态中寻找某种暂时的平衡点。中国国家治理逻辑在很大程度上是针对这一矛盾而演化发展起来的,体现在一整套制度设施和应对机制上。

——周雪光《中国国家治理的制度逻辑》

　　规制作为治理的一种形式,是对话与妥协的产物。即使如封建王朝,君权还要受到相权的掣肘,以及文官集团的道德约束。实际上,绝大多数研究中国规制(无论是宏观规制还是微观规制)的文献,都承认中国的规制是矛盾中的双方相妥协的产物。只不过,在矛盾中势均力敌不是常态,此消彼长才是规律。

　　从2006年中国民营网络视频元年算起,网络视频产业的每一个重要的事件,都离不开规制与资本。在当前的中国传媒生态中,规制相对于资本又具有第一性,对网络视频产业的影响更大。尤其是近5年来,针对网络视频领域的规制出台频率越来越快、涉及的项目越来越细,对视频网站的经营战略和策略产生明显的影响。因此,研究中国网络视频产业需要关注规制,尤其是行业规制与行业发展现实两者之间充满张力的关系。

规制处于产业经济学和新闻传播学两个领域的概念交集之中。在产业经济学中,规制相对于政策而言,是指政府或者社会对产业经济主体及其行为所采取的限制、约束和规范等措施,属于产业管理的范畴。① 由于中国的行业协会均接受政府主管部门的领导,与政府决策的关系非常密切,因此行业协会的公约在许多行业的实践中也扮演了规制的角色。新闻传播学中有一个与此相似的概念——管制。"管制是指政府和相关部门对媒介组织、媒介内容、媒介传播方式等方面,以国家法令和法律的形式进行监督和控制的行为,是媒介制度的具体实施和操作。"②对于网络视频而言,规制即全国人大、国务院、国务院部委和行业协会对视频网站经营行为的限制、约束和规范,是中国传媒制度的具体化。

当前关于网络视频规制的研究主要集中在版权保护的议题上,但网络视频规制在实践中的范畴要大得多,如行业准入、行政许可、经营行为支持与约束等。网络视频规制研究需要回应实践中方方面面的关切。网络视频规制既包括了传媒规制的普遍性,如版权保护、许可证制度等,也具有自身的特殊性。这一特殊性在于网络视频是脱胎于互联网的媒体,而国家对于互联网媒体的规制存在一个认识上的变化过程。如果把规制分为内容规制、接入规制和安全规制的话,由于早期中国互联网的主要功能是实现点对点的快速交流,国家对于互联网规制的态度也停留于接入规制和安全规制。当互联网的功能从人际交流向大众传播转变时,互联网的媒体属性才显现出来。在国内的传媒生态中,只要是大众媒体,就难免面临内容方面的规制。"前互联网时代"的传媒内容规制方式是基于身份的约束,即媒体都是事业单位或国有企业,其重要负责人任免、财政拨款等均需要政府许可。但是,彼时扮演大众传媒角色的门户网站,却大多数是民营企业,政府不能通过行政手段影响主要负责人任免。虽然之后政府通过建立"主流新闻网站"③的方式扶持了一批定位于大众传媒的国营门户网站,但其影响力不能与民营门户网站相提并论。政府以购买股票的方式获得民营门户网站控制权也为时已晚,从 20 世

① 苏东水 . 产业经济学[M]. 北京:高等教育出版社,2000:376.
② 童兵,陈绚 . 新闻传播学大辞典[M]. 北京:中国大百科全书出版社,2014:120.
③ "主流新闻网站"是宣传系统文件中常用的提法,主要是指由党报、党刊、电视台、广播台、国家通讯社等主办的新闻网站,在中央层面主要指的是人民网(人民日报社主办)、新华网(新华社主办)、央视网(中央电视台主办)、中国网(国家外文局主办),在地方层面则包括千龙网(北京)、华龙网(重庆)、红网(湖南)等。

纪 90 年代末开始国内互联网企业纷纷进入证券市场,其市值如今已经十分可观,政府通过购买股票获得大股东地位进而拥有控制权的经济成本很高,而且企业的大股东是否愿意出让足够多的股份也得打上问号。如何对民营网站的内容进行有效规制成为了一个比较棘手的问题。民营视频网站作为民营网站的一种,自然也面临相似的境遇。

网络视频虽然带来了内容监管的难题,但网络视频不仅是新兴的媒体形态,也是广播电视与互联网相互融合的"接触面",更是互联网商业的主要流量来源,其政治价值、文化价值、经济价值不言而喻。这就是说,网络视频规制不应只是限制,还包括支持性措施。例如,《电影产业促进法》属于电影产业规制的范畴,但其中的支持性举措远多于限制性要求。网络视频产业规制也应在限制与支持之间寻找平衡。

自 2003 年以来,国家广播电视行政主管部门就先后出台了一系列调控网络视频产业的规制。这些规制在行业治理方面颇有成效,但也难免有这样或那样的不足,而且有些问题还涉及网络视频产业发展的基础领域,因而难以称之为"理想"或者"圆满"。不过,这并不妨碍它们作为现状分析的对象与下一步研究的基石,为网络视频产业规制探索提供资料与经验。

4.1　当前网络视频产业规制的形式

根据《中国广播电视年鉴》、国家新闻出版广电总局网站、中国网络视听节目服务协会网站和"北大法宝"数据库(以"视听节目"为检索关键词)的信息,本书将我国先后出现的网络视频产业规制进行汇总(见表 4.1)

表 4.1　中国网络视频产业规制简表

序号	名　称	时间	发布主体	备注
1	互联网等信息网络传播视听节目管理办法	2003 年	国家广电总局	15 号令
2	互联网等信息网络传播视听节目管理办法	2004 年	国家广电总局	39 号令
3	关于加强播放机构和互联网等信息网络播放 DV 片管理的通知	2004 年	国家广电总局	
4	互联网视听节目服务管理规定	2007 年	国家广电总局、信息产业部	56 号令

续表

序号	名　　称	时间	发布主体	备注
5	关于加强互联网传播影视剧管理的通知	2007 年	国家广电总局	
6	关于做好《信息网络传播视听节目许可证》申报审核工作有关问题的通知	2008 年	国家广电总局	
7	关于加强互联网视听节目内容管理的通知	2009 年	国家广电总局	
8	互联网视听节目服务业务分类目录	2010 年	国家广电总局	2017 年修订
9	关于开办网络广播电视台有关问题的通知	2010 年	国家广电总局	
10	关于加强互联网开展影视剧评奖活动管理的通知	2011 年	国家广电总局	
11	关于促进主流媒体发展网络广播电视台的通知	2012 年	国家广电总局	
12	中国网络视听节目服务自律公约	2012 年	中国网络视听节目服务协会	
13	关于进一步加强网络剧、微电影等网络视听节目管理的通知	2012 年	国家广电总局、国家互联网信息办公室	
14	关于进一步完善网络剧、微电影等网络视听节目服务管理的补充通知	2014 年	国家新闻出版广电总局	
15	关于加强通过移动互联网开展视听节目服务管理有关问题的通知	2014 年	国家新闻出版广电总局	
16	关于进一步落实网上境外影视剧管理有关规定的通知	2014 年	国家新闻出版广电总局	
17	关于进一步加强网络原创视听节目规划建设和管理的通知	2016 年	国家新闻出版广电总局	
18	专网及定向传播视听节目服务管理规定	2016 年	国家新闻出版广电总局	
19	关于加强网络视听节目直播服务管理有关问题的通知	2016 年	国家新闻出版广电总局	

序号	名　称	时间	发布主体	备注
20	网络表演经营活动管理办法	2016 年	文化部	
21	关于进一步加强网络视听节目创作播出管理的通知	2017 年	国家新闻出版广电总局	
22	网络视听节目内容审核通则	2017 年	中国网络视听节目服务协会	
23	关于加强广播电视节目网络传播管理的通知	2017 年	国家新闻出版广电总局	
24	关于加强网络视听节目领域涉医药广告管理的通知	2017 年	国家新闻出版广电总局	

从表 4.1 可见,我国网络视频产业规制主要以行政规章为主,有少部分的行业公约,没有成文的法律。在行政规章部分,制定主体以国家广播电影电视总局(后并入国家新闻出版广电总局)为主,而国家互联网信息办公室、信息产业部(后并入工业与信息化部)、文化部等也有参与。行业公约的发布主体只有中国网络视听节目服务协会。总体来看,网络视频规制的主要供给方是国家广播电视行政主管部门。即使是行业协会,也是在国家新闻出版广电总局的领导下开展工作。①

通过分析以上规制的互相引用情况,《互联网视听节目服务管理规定》《互联网视听节目服务业务分类目录》被引用的次数较多,是居于主干位置的规制。这两份文件确定了许可证制、节目审查、分类管理、行业门槛等行业管理的基础性问题。其他规制(《网络表演经营活动管理办法》除外)均是以上两份文件在某一方面的强调、细化、微调和更新,它们调控的行业现象包括:网络剧和微电影、境外影视剧、网络电视台、网络直播、移动互联网、网站评奖、网络综艺、网台关系等。调控的方式有支持(如《关于促进主流媒体发展网络广播电视台的通知》支持党报、党刊、电视台、广播台、国家通讯社等开办网络电视台)、限制(如《关于进一步落实网上境外影视剧管理有关规定的通知》限制境外影视剧引进播出和《关于加强互

---

① 中国网络视听节目服务协会简介：www.cnsa.cn/2014/05/22/ARTI140075027988 3214. shtml。

联网开展影视剧评奖活动管理的通知》限制网络评奖活动主办方的身份)和规范(如《关于进一步加强网络剧、微电影等网络视听节目管理的通知》对网络剧和微电影在准入管理和审看监看等方面的规定)三类。

4.2　当前网络视频产业规制的渊源

这里的渊源,使用的是法学领域的词义,即法产生的资源、进路和动因。① 举例来说,法学界公认的中国法律的渊源包括立法、国家行政机关的决策和决定、司法判例和法律解释、国家和相关社会组织的政策、国际法、习惯、道德规范和正义观念、社会规章和民间合约、外国法、理论学说特别是法学理论。规制的含义,比法要广泛,自然规制的渊源也要比法的渊源更加多样。如果以成文的规制作为本书的研究对象,那么中国网络视频规制的渊源至少包括以下几方面。

4.2.1　法律

虽然目前网络视频领域尚无一部专门的法律,但并不妨碍法律成为该领域规制的渊源。现有的规制主要从法律中吸收版权保护、人身权益保护、国家安全保护、社会秩序维护等方面的内容。以 2007 年《互联网视听节目服务管理规定》中关于版权保护的规定为例,该《规定》要求:危害国家安全和统一、扰乱社会秩序、诱导未成年人犯罪、侮辱或诽谤他人等内容不得播出;未采取版权保护措施,将被给予包括警告、罚款在内的行政处罚。该条文的第十五条要求:

> 互联网视听节目服务单位应当遵守著作权法律、行政法规的规定,采取版权保护措施,保护著作权人的合法权益。

该条文的渊源是《著作权法》(对应 2001 年版)第十条第十二款对信息网络传播权的规定:

> 信息网络传播权,即以有线或者无线方式向公众提供作品,使公众可以在其个人选定的时间和地点获得作品的权利……

---

① 张文显．法理学[M]．北京:高等教育出版社,2007:89.

《信息网络传播权保护条例》(对应2006年版)第十条第四款进一步细化了《著作权法》中对信息网络传播权保护的规定:

> 依照本条例规定不经著作权人许可、通过信息网络向公众提供其作品的,还应当遵守下列规定:
>
> ……
>
> (四)采取技术措施,防止本条例第七条、第八条、第九条规定的服务对象以外的其他人获得著作权人的作品,并防止本条例第七条规定的服务对象的复制行为对著作权人利益造成实质性损害;
>
> ……

对比2004年《互联网等信息网络传播视听节目管理办法》第十八条:

> 通过信息网络传播视听节目,应符合《著作权法》的规定。

该《管理办法》未明确通过信息网络传播视听节目需要采取版权保护措施。而且,这一看似有"缺陷"的规定实际上并不违背当时的《著作权法》,因为规定要提供版权保护措施的《信息网络传播权保护条例》在该《管理办法》实施两年后才出台。

此外,2007年《互联网视听节目服务管理规定》还规定危害国家安全和统一、扰乱社会秩序、诱导未成年人犯罪、侮辱或诽谤他人等内容不得播出。追根溯源,这些规定的渊源是《刑法》《治安管理处罚条例》《民法通则》等法律文本。

4.2.2 "党管媒体"思想

"党管媒体"来自"坚持党性原则"的党报传统,党报传统首要的一个方面即坚持党对报纸的绝对领导。① 这一思想还被写入了《中共中央关于加强党的执政能力建设的决定》。"党性原则"可以追溯到毛泽东的宣传思想,强调媒体"无条件地接受党的领导"。② 网络视频规制中的许多细节均可以溯源到"党管媒体"思想。例如《关于开办网络广播电视台有关问题的通知》第三条列举了申请开办网络广播电视台应具备的条件,第一款即指出网络电视台只能由依法设立的广播电视播出机构创办。2007年《互联网视听节目服务管理规定》第九条要求,在互联

---

① 蒉国政,杨锦章. 发扬优良传统认真办好党报[J]. 新闻战线,1991(11):18-20.
② 刘海龙. 宣传:观念、话语及其正当化[M]. 北京:中国大百科全书出版社,2013:230.

网上以自办频道方式播放视听节目需要地(市)级以上广播电台、电视台、中央新闻单位提出申请。这些规定将许多网络视听节目服务业务的开办资质限定在已有的广播电视和新闻管理系统内,而该系统原本就是"党管媒体"——"党管媒体"思想借助行业准入的限制从传统媒体领域延伸到网络视听媒体。这一思想是网络视频规制的动因性渊源。

4.2.3　中央领导批示

2003 年与 2004 年的两份《互联网等信息网络传播视听节目管理办法》的一个明显差异是后者明确规定"外商独资、中外合资、中外合作机构,不得从事网络传播视听节目业务"。这一规定在 2007 年《互联网视听节目服务管理规定》中更新为申请主体须满足国有独资或国有控股的条件:

第八条　申请从事互联网视听节目服务的,应当同时具备以下条件:

(一)具备法人资格,为国有独资或国有控股单位,且在申请之日前三年内无违法违规记录;

……

至今我国网络视频行业的准入门槛仍然保留了这一限制。这一规定的直接来源是 2004 年国家广电总局"为落实中央领导同志对外资试图进入我国网络电视等问题做出的批示……防止境外公司进入我传媒网络领域"。① 这一批示,是网络视频领域相应规制的动因性渊源。

4.2.4　行政法规

2007 年《互联网视听节目服务管理规定》中关于许可证申请主体须"为国有独资或国有控股单位"的要求,其渊源一方面是 2004 年《互联网等信息网络传播视听节目管理办法》中外资不得进入该行业的限制,另一方面来自 2005 年的一部国务院规范性文件《关于非公有资本进入文化产业的若干决定》。其中有要求:

第九条　非公有资本不得投资设立和经营通讯社、报刊社、出版社、广播电台(站)、电视台(站)、广播电视发射台(站)、转播台(站)、广播电视卫星、

---

① 中国广播电视年鉴编辑委员会. 中国广播电视年鉴(2004)[M]. 北京:中国广播电视年鉴社,2005:54.

卫星上行站和收转站、微波站、监测台(站)、有线电视传输骨干网等;不得利用信息网络开展视听节目服务以及新闻网站等业务;不得经营报刊版面、广播电视频率频道和时段栏目;不得从事书报刊、影视片、音像制品成品等文化产品进口业务;不得进入国有文物博物馆。

同时,该《决定》还要求,文化部、广电总局、新闻出版总署根据本决定,制定具体实施办法,明确国家鼓励、允许、限制和禁止投资的产业目录,引导非公有制文化企业持续快速健康发展。2007年广电总局的《互联网视听节目服务管理规定》,应为该规范性文件的"具体实施办法"。

4.2.5　国家部委规章

通过分析表4.1列举的24份文件,笔者不完全列举出这24份文件相关规定所依据的规章:《关于进一步加强互联网管理的意见》(中办2004年32号文)(涉及电信部门与广电部门在管理上的分工),《广播电视管理条例》《广播电台电视台审批管理办法》(涉及网络电视台等的设立条件),《电视剧发行许可证》《电影公映许可证》《电视动画片发行许可证》(涉及电视剧、电影、动画片的传播平台资质),《广播电视节目制作经营管理规定》(涉及内容制作许可证),《互联网新闻信息服务管理规定》(涉及互联网新闻业务的从业资质)等。

此外,一些部门规章作为行政法规的具体化,也影响网络视频领域的规制。例如,关于外资(包括外商独资、中外合资、中外合作机构)不得进入网络视频领域,除了中央领导批示,其渊源还包括一份部门规章——《外商投资产业指导目录》(国家发展改革委员会、商务部公布)。该目录分为鼓励投资、限制投资和禁止投资三类,一共有1995年版、2002年版、2004年版、2007年版、2011年版、2015年版和2017年版7个版本。从电信增值业务的广义概念来看,网络视频是它的子概念。那么,从2002年第二版《外商投资产业指导目录》起,网络视频此类电信增值业务就被纳入了限制投资类别,要求:

　　　自2001年12月11日起允许外商投资,外资比例不超过30%;不迟于2002年12月11日允许外资比例不超过49%;不迟于2003年12月11日允许外资比例达50%。

从2007年版的指导目录开始,网络视听节目服务被纳入禁止外商投资的类别。同期增值电信业务依然在限制外商投资的类别。

这些规定,是网络视频领域相应规制的资源性渊源和进路性渊源。

4.2.5　行业公约

在网络视频产业规制中,除了行政规章,也有两项重要的行业公约(见表4.1)。这两项行业公约的公布方均是中国网络视听节目服务协会。根据该协会网站上的信息,协会成立于2011年8月19日,是我国网络视听节目服务领域唯一的国家级行业性组织……接受业务主管单位中华人民共和国国家广播电影电视总局的业务指导和监督管理。公约缔结单位"如违反本公约约定,中国网络视听节目服务协会可以书面或口头形式提醒或质询,并视情况给予警示或向社会公布。"公约的精神内核总体上与《互联网视听节目服务管理规定》保持一致,但在《规定》不适合调节的领域(如具体的审查标准、内部组织架构)等做了更加细致、具体的表述。这里的公约也是一种资源性渊源和进路性渊源。

4.2.7　社会习惯

社会习惯是大部分规制的当然渊源,网络视频领域的规制也是一样。《中国网络视听节目服务自律公约》规定:

> 第七条　不传播法律法规禁止的节目,共同抵制腐朽落后的思想文化,不传播危害未成年人身心健康、违背社会公德、损害民族优秀文化传统的节目内容。

《关于加强互联网视听节目内容管理的通知》要求互联网视听节目不得含有诱导未成年人违法犯罪和宣扬暴力、色情、赌博、恐怖活动的内容,对于宣扬婚外恋、一夜情的视听节目要进行剪接和删除。社会习惯属于典型的资源性渊源。

4.2.8　科研课题

理论也是规制的重要来源,例如在立法的调研和起草过程中都会邀请法学研究人员参与。网络视频作为广播电视研究的一个分支领域,缺少直接的理论研究成果,广播电视研究只能提供间接的支持。网络视频规制只能在一边探索一边研究中制定和实施。国家新闻出版广电总局每年都会进行部级社科基金招标,从2006年起就有关于网络视听节目监管的课题立项,如中国互联网视听节目内容行业自律标准(2007年)、新媒体管理政策研究(2007年)三网融合下的广播电视新媒体监管体系建设研究(2010年)、互联网视听节目内容建设与管理政策研究(2011年)、三网融合下的视听新媒体监管体系建设研究(2012年)等。"行业自我管理模式""公众参与式管理"等立项课题中提及的理念在之后的网络视频规制中落地成为现实。

4.3　当前网络视频产业规制的特征

4.3.1　以许可证制为核心的动态管理

从2003年的《互联网等信息网络传播视听节目管理办法》开始,网络视频的规制都离不开许可证制这个核心。这里的许可证,是指《信息网络传播视听节目许可证》(在2003年的15号令中,称为《网上传播视听节目许可证》)。许可证的申请要求,在15号令(2003年)、39号令(2004年)、56号令(2007年)中几经变化,现行的申请要求是2007年的版本。该许可证的有效期为3年,若持证机构在许可证有效期内从事特定的违规活动,将被吊销许可证。申请单位在申请许可证的前3年若有任何的违法违规记录,就有可能在新一轮申请中被拒绝。

这里对违法违规行为的定性,不像刑法那样"从旧兼从轻"①,而是"新旧兼顾、从重优先"。所谓"违法违规",既包括《互联网视听节目服务管理规定》出台之前存在的法律、法规和规章,也包括之后出台的新要求。例如,在管理规定出台之前并没有对视频网站引进境外剧有明确限制,然而一旦总局发布了相关禁令,违规引进境外剧就构成了"违法违规",这样可能会被吊销许可证,或者不能申请新一期的许可证。这种机制使许可证制成为行业行政管理的核心,管理的灵活性有所增强——新规章仅需考虑如何应对当前行业存在的问题,而新问题可以通过继续出台规章的方式解决。

不过,虽然规章的制定权掌握在广播电视行政主管部门手中,但并不意味着被管理者毫无话语权。2007年《互联网视听节目服务管理规定》的许可证申请条

---

① 从旧兼从轻原则是一个刑法适用原则,指除了对非犯罪化(除罪化)、弱化惩罚或有利于行为人的规定之外,刑法不得有溯及既往的效力。

件中关于"国有独资或国有控股"的限制,使成立于2005年和2006年的一批经营颇具规模的视频网站陷入尴尬的境地——要么拒绝国有资本的收购变成非法机构,要么接受国有资本的收购失去一定的商业利益和公司控制权。不过,广电总局紧接着又出台了《关于做好<信息网络传播视听节目许可证>申报审核工作有关问题的通知》,提出在新规出台之前获得许可证的机构,如无违法违规行为,可以继续持有和申请许可证。于是,一批较早成立的民营视频网站得以继续经营,但该规定也意味着之后不会再有新的民营视频网站出现(除非收购持有牌照的公司)。这样客观上使中国网络视频市场份额高度集中在几家老牌的视频网站手中。

4.3.2 以电视规制为标准的比照管理

电视领域的许多行政规章是网络视频规制的重要渊源,主要体现在网络视频从电视管理中借鉴了不少经验,甚至形成了"路径依赖"和"制度惯性"。这一管理模式最早表现为合法的网络视听节目服务不包括网民自制内容,例如,2003年的《互联网等信息网络传播视听节目管理办法》要求:广播电台、电视台、广播电视台以外的机构开办……视听节目网络传播业务,一般只能传播广播电台、电视台、广播电视台制作、播出的节目。这一模式的第二发展阶段表现为网络上传播的广播电视节目要符合广播电视管理规定,如《互联网视听节目服务管理规定》中要求从事电视台形态的网络视听节目服务须持有广播电视播出机构许可证。第三发展阶段的特征是网络视频的新业务不能和已有的广播电视管理规定冲突,如广播电视领域原先就存在对境外剧引进的限制,但网络视频领域不存在这一限制,然而《关于进一步落实网上境外影视剧管理有关规定的通知》将这一限制延伸到网络视频领域。第四发展阶段的特征是网络视频与电视的制作、播放标准一体化。《关于进一步加强网络视听节目创作播出管理的通知》要求,网络视听节目要坚持与广播电视节目同一标准、同一尺度,把好政治关、价值关、审美关,实行统筹管理。

总体来看,规制中电视与网络视频的关系处在变化的过程中。最早的行政规章和行业公约的文本中尚有电视与网络视频的双重标准,如《关于进一步加强网络剧、微电影等网络视听节目管理的通知》中尚有"鼓励……制作适合网络传播的网络剧、微电影"的表述,并且在2013年、2014年中国优秀网络视听节目中评选标准的加分项就包括"适合网络传播"。《互联网视听节目服务管理规定》要求:未经批准,任何个人和机构不得在互联网上使用广播电视专有名称开展业务。《关于加强互联网开展影视剧评奖活动管理的通知》原则上禁止网站举行影视剧评奖活动,潜台词是只有电视台才有资格进行影视剧评奖。这种双重标准,既有对电视台的优势"顾影自怜"的意味,又有对网络视频的优势"有所青睐"的想法。不过,这种观念上的双重标准客观上导致了内容审查标准上的差异,使市场竞争中电视台与视频网站的地位不对等。《关于进一步加强网络视听节目创作播出管理的通知》要求电视台和网络视频同标准播出,客观上不再区分电视和网络视频的差异。

4.3.3 重国营轻民营的非对称式管理

这里的"国营",是指在资本来源上为国有独资或国有资本控股的媒体,如各级电台、电视台、报社、杂志社和这些媒体所办的新闻网站。从广播电视和报刊的管理规定来看,我国不存在真正意义上的民营媒体,虽然都市报、娱乐频道等媒体的经营与管理引入了市场因素,但仍然是国营媒体。互联网进入中国后,这一形势发生了改变。互联网是一个开放的平台,可以实现多种多样的功能,如电子邮件、社交、娱乐等。从中国的传媒体制来看这些领域无须国有资本控股,但是随着互联网功能日渐丰富,其媒体属性逐渐显现出来。因此,尽管我国没有民营媒体,但是存在具有媒体性质的民营网站,如视频网站和门户网站。这里的"民营",即民营视频网站,如优酷网、乐视网等。

最早表现出"重国营轻民营"特点的规制,在2007年《互联网传播视听节目管理办法》中关于申领许可证需要"国有独资或国有资本控股"的规定中。该规定以及之后的补充通知将国内民营视频网站的规模限制在2007年时的水平,而2007年之后民营视频网站几乎停止增长,而且其中一些网站因为经营不善等原因相继关停。2010年《关于开办网络广播电视台有关问题的通知》和2012年《关于促进主流媒体发展网络广播电视台的通知》明确了对网络广播电视台的发展指导、政策支持、项目支持、财税支持、金融支持。在这一政策利好的支持下,国营视频网站的数量明显增加:2009年全国仅有1家网络电视台,2013年这一数字增长到27家(不含城市网络电视台联盟的数据)。截至2017年,央视网、芒果TV和新蓝网等已经形成了较为独特的竞争优势,在节目制作能力、品牌影响力等方面并不弱于民营视频网站。但是大部分以网络电视台为代表的国营视频网站的访问量和营收能力较低,和民营视频网站的实力不在一个梯队。

4.3.4 重事后轻事前的非平衡式管理

表4.1列举的规制中的公约和审查通则属于事前管理,《互联网视听节目服务管理规定》中列举的通行禁止性规定(如不得危害国家安全、民族团结和社会秩序)也属于事前调控。其他规制大多数属于事后调控。例如《关于促进主流媒体发展网络广播电视台的通知》旨在改变"主流媒体"发展新媒体业务动力不足的问题,《关于进一步加强网络剧、微电影等网络视听节目管理的通知》重点调控网络剧、微电影等新兴网络节目形态的制作标准、审查标准和退出机制,《关于加强网络视听节目直播服务管理有关问题的通知》则专门针对2015年至2016年的行业热点进行专项管理。虽然这些规章均未脱离许可证制的大框架,但均是针对当时出现的新现象进行的专门调控。

这种以许可证制为核心的事后调控,兼具合法性和灵活性。对于网络视频这种尚处于快速发展阶段的新兴媒体形态,灵活的管理方式便于应对新事物、新现象所带来的不安定因素。这是一种成本比较低的管理方式。但是这种管理方式的弊端在于给企业发展增加了不确定性,使得今天处于风口的行业热点明天就有可能被新出台的规章"扑灭",影响企业长期发展战略的稳定性、短期发展策略的有效性,并显著增加投资风险。该方法虽然具有合法性,但在合理性层面有所欠缺,而且管理方的灵活性客观上限制企业发展的稳定性。相反,以行业公约和负面清单为代表的事前管理,虽然给了企业发展较大的活动空间,但这种管理模式既需要较强的"立规"技术,确定若干可以类推、演绎的原则以应对之后可能出现的新事物、新现象,又需要解决惩戒措施偏软偏松、威慑力不强的问题。两种管理模式皆有长处,且都有不足,目前网络视频规制呈现出事后调控多、事前调控少的非平衡特征。

4.3.5 多规章少法律法规的行政管理

通过表4.1可知,目前我国网络视频领域的规制主要以行政规章为主,还有少部分的行业公约,没有法律和法规。① 这三者的法律效力和制定过程的复杂性的排序均为法律大于法规大于规章,这种差异使法律和法规在权利保护的平衡性、全面性、长期性方面比规章要更加突出。一些针对新事物、新现象的调控若尚不足以上升到法律层面,可以由国务院出面以法规加以调控(可参考 2001 年版《著作权法》与 2006 年《信息网络传播权保护条例》的立法过程)。规章是由国务院部委制定和发布的,其决策参与面小,效力弱,容易带来决策过严、过松和惩戒执行不到位的问题。

《中国电影产业促进法》于 2017 年 3 月 1 日起实施,《广播电视法》的立法工作也被列入工作计划。以法调节是视听领域管理的发展方向,目前网络视频领域的现实显然还未朝这个方向迈步。

4.3.5　多他律少自律协商的被动管理

推进网络视频行业自我管理可以追溯到 2007 年《互联网视听节目服务管理规定》第五条:互联网视听节目服务单位组成的全国性社会团体,负责制定行业自律规范……2007 年广电总局还专门就网络视听节目公众管理模式研究进行课题招标。不过,目前可查的网络视频行业公约性文件只有两份(见表 4.1),另有若干倡议书。中国网络视听节目服务协会的成立是网络视频行业管理的一大进步,协会组织的从业人员培训、作品评奖评优等活动推进了行业治理的规范化。随着网络视频领域的新事物、新现象不断涌现,网络视频行业的自我管理仍然处于追赶状态。其在管理的覆盖范围、时效性等方面远远落后于行政规章。此外,除了行业协会,行业自我管理也需要大公司的参与。大型公司发挥着行业局部管理的功能。② 目前网络视频行业中的大公司虽然不少,但发挥局部管理的功能比较有限。网络视频行业整体的管理模式尚处于"禁令—整改—新禁令—新整改"的被动状态。

---

① 法律的制定主体是全国人民代表大会及其常委会,法规的制定主体是国务院,行政规章的制定主体是国务院各部委以及各省、自治区、直辖市的人民政府和省、自治区人民政府所在地的市以及设区市的人民政府。

② 苏东水.产业经济学[M].北京:高等教育出版社,2000:418.

4.4 当前网络视频产业规制的影响

4.4.1 有高峰无高原的国营视频网站

1. 国营视频网站与互联网"貌合神离"

虽然最早的一份网络视频行政规章就鼓励电视台开办网络视听服务,且又有2009 年中国网络电视台成功试水的经验和一系列的政策支持,但是由电视台培育视频网站的政策导向导致超然性与超越性的缺失,网络电视台继承电视台的优势不多,传习下来的问题不少——基本上对于电视改革的期待,网络电视台都没有完成。从访问量排名和品牌影响力等方面来审视,时至 2017 年能与民营视频网站相提并论的只有湖南广播电视台的芒果 TV、中央电视台的央视网和北京电视台新近参与投资的"北京时间"。占国营视频网站群体大多数的其他省级电视台设立的网络电视台,则走上了地区门户网站的"老路":自制视频供应不足,电视节目直接搬到网络上播出;网络传播力不足,母台的品牌节目需要借助民营视频网站传播;用户群建设能力不足,衍生品开发、产业链延伸等方面成果不多。总体来看,大部分的国营视频网站尚处于"前视频时代",虽然建设了网站,但是远没有进入网络视频的生产体系中,在网络视频新节目形态(如微电影、网络剧、直播、短视频)研发上处于落后或者追赶角色,与整个网络视频生态"貌合神离"。

2. 网络电视台与电视台"暧昧纠缠"

根据表 4.1 中与网络电视台有关的两份文件,网络电视台是建立在新兴信息传播载体上的电视台,由电视已有的网络视听节目服务平台扩建而来。那么,网络电视台和电视台究竟是一个台还是两个台? 如果是一个台,那么未来的发展重点是网络电视台还是电视台,是否存在重复建设和资源浪费的问题? 如果是两个台,那么两个台的区别在哪里? 传播媒介的区别是天然的,那么在内容上是否也要做区分? 如果不做区分,网络电视台能否完全代替电视台,或者电视台完成新一轮革新使网络电视台难以替代? 遗憾的是,目前的规制、理论和实践都没有给出明确的答案。芒果 TV 近些年关于"版权内容独播"的探索颇有成效,节目在电视台播出后视频网站提供全程回看和点播功能,并配之分享和推荐等社交元素。电视台与网络电视台形成了两个传播的"窗口"——电视台首播获得收视率和品牌影响力,网络电视台点播培养用户群并进一步吸引广告投放。这是目前芒果 TV 和中国网络电视台运营模式的比较合理解释。然而,电视台的"窗口"功能,网络电视台通过轮播也能实现。所以,这种解释依然没有回答"一个台还是两个台"的问题。在这种"暧昧纠缠"的关系中,大多数网络电视台只能选择原地踏步或者被动进步,而处于探索和创新状态的网络电视台依然是少数。

3. 国营视频网站与资本市场"偶有往来"

2010 年《关于开办网络广播电视台有关问题的通知》就指出:"在确保国有控股的前提下,可以通过多种渠道拓展资金来源。"一般认为募集资金的最有效方式是进入证券市场,在此之前可以通过吸引风险投资或者合作的方式形成一定规模。芒果 TV 业务被打包进入同为湖南广播电视台旗下公司的快乐购(A 股上市公司)。"北京时间"是有奇虎 360 与北京新媒体集团合资成立的新公司,负责经营北京电视台和奇虎 360 的新媒体资源。除了芒果 TV 和"北京时间",其他网络电视台与资本市场几乎没有来往。

4.4.2　有集中少特色的民营视频网站

1. 民营视频网站"媒介集中"问题突出

"媒介集中"是传播政治经济学中的一个概念,是指:"越来越少的企业比从前变得更大,大到控制更多的媒介市场。"[1]"媒介集中"带来的问题表现在政治和经济两个层面。媒介市场高度集中于若干家企业,必然会造成行业垄断,使提供差异化服务的小企业难以生存。由于极少部分企业掌握了绝大部分市场,这些企业几乎控制了媒介内容的生产、分配和交换,进而限制了社会可获得的信息和娱乐的多样性。马克思在《伦敦 <泰晤士报 > 和帕麦斯顿勋爵》中论述英国报业集中的垄断趋向时说:"由于几种规律在报业中起着比在纺织业中更快的作用,伦敦《泰晤士报》登上了英国国家报纸的地位,在其他国家面前成了所谓英国舆论的代表。"[2]根据中国互联网络信息中心给中国网络视听节目服务协会做的专项调研,位于行业市场份额前三位的爱奇艺、合一集团(含优酷网和土豆网)、腾讯视频占

---

① 文森特·莫斯可. 传播政治经济学[M]. 胡春阳,黄红宇,姚建华,译. 上海:上海译文出版社,145.
② 童兵,陈绚. 新闻传播学大辞典[M]. 北京:中国大百科全书出版社,2014:22.

据的市场份额均超过了 30%,其中爱奇艺的市场份额超过了 50%。① 其他民营视频网站的市场份额大多在个位数,民营视频网站市场形成了非常典型的幂律分布②特征,即传播政治经济学所批判的"媒介集中"。

民营视频网站"高度集中",若干家网站在市场竞争面前自觉地在内容导向上行动一致,形成了主导网络视频市场的审美模式,如"IP 剧""美女直播""玄幻剧"等。一些小众的但社会发展所必需的视听节目(如少儿类、科技类)却难以找到生存空间:市场上遭遇行业巨头的垄断,政策上面对许可证制的限制。虽然互联网看似给了每一位网民上传自制视频节目的机会,但由于网络视频领域主要的流量入口在几家企业手中,因此使那些没有进入企业"选择框"的节目沉寂在互联网的角落。

2. 民营视频网站的媒介功能单一化

民营视频网站作为企业存在,其首要的任务是实现盈利。经历了若干年的探索,除了乐视网通过内部资源调控的方式以高负债为代价实现了报表上的盈利,其他视频网站均处于亏损的状态。当视频网站盈利无望时,企业的股东开始谋求下家接盘,将股权变现以另作投资。视频网站不盈利的原因在于该行业的成本中心在视频网站内部,利润点则在视频网站外部(广告主与流量购买者),必须打通网络视频与其他产业的联系才能将网络视频的流量资源变现。阿里巴巴于 2016 年收购合一集团,所看重的正是作为网络视频这一互联网第一应用的流量价值和处于行业第一阵营的优酷网的流量管理能力。优酷网将积累的用户资源向阿里巴巴旗下的其他产业(如电商、影视、金融)导流,提升其他产业的盈利能力,以此弥补网络视频业务的支出。

如此一来,虽然民营视频网站通过融入产业链实现了经济价值,但是它的媒介功能在这个过程中是在退化的。虽然关于媒介功能的观点随社会发展而变化,但对此依然不乏一些基本的共识,如信息呈现功能、社会协调功能、文化传承功能和娱乐功能。如果视频网站仅作为互联网产业的一个流量入口,那么在资本市场的"丛林法则"之下,前三种功能由于缺少存在的必要性而逐渐退化。民营视频网

---

①　中国网络视听节目服务协会、中国互联网络信息中心. 中国网络视听发展研究报告 (2015),147.

②　伯纳多 A. 胡伯曼. 万维网的定律——透视网络信息生态中的模式与机制[M]. 李晓明. 北京:北京大学出版社,2009:53.

站将仅剩下娱乐功能。回顾网络视频在中国发展的历史,民营视频网站扮演了"闹钟""鲶鱼""水鸭"等多重角色。① 曾经为中国网络视频产业开山辟路的"探路者",如今深陷"安乐窝",不禁令人唏嘘。

3. 民营视频网站新业务"昙花一现"

不知何时起,网络视频行业开始有年度"热词",如各种各样的元年。这些年度"热词",大多来自民营视频网站的新业务,如自制剧、境外剧、直播、网生综艺等。民营视频网站在新闻资源被电视台和网络电视台绝对垄断的情况下,只能向娱乐节目和电视剧"要用户",于是开发出一系列迎合某一细分市场的产品。以境外剧为例,境外剧引入国内并配上"官方"的字幕再到电视播出所需时间较长,因此国内电视观众难以收看到海外近期热播电视剧。民营视频网站把互联网上的字幕组资源与境外剧资源结合在一起,组织专门的字幕组快速翻译新近境外剧,几乎可以使国内观众隔天就能看到海外电视剧。但是这一行为早在2003年的《互联网等信息网络传播视听节目管理办法》中就是被禁止的,且此后一直未放开。因此搜狐视频"境外剧元年"的口号刚一喊出,行政主管部门的禁令随之来到。

网络直播的经历与境外剧大体类似。2015—2016年网络视频直播成为整个互联网行业的热点,并且培育了一个新兴职业"网红"。虽然网络视频直播中一些低俗、恶俗、庸俗的内容的确有违社会公序良俗,但这一新业务总体上的成功又给中国电视业提供了借鉴和思考。② 不过,《关于加强网络视听节目直播服务管理有关问题的通知》把网络直播纳入网络视听节目服务的管理框架中,一项项的禁令和限制给"热词"泼了一盆冷水。对比中国互联网络信息中心第39次《中国互联网络发展状况统计报告》(数据截至2016年12月)和第40次统计报告(数据截至2017年6月),网络直播用户占网民总体的比例已经由47.1%下降到45.6%。

从网络视频的发展历史来看,如今的民营视频网站与5年前相比,除了视频传输的码率提升和新增弹幕等锦上添花的功能以外,并没有其他明显的变化。这个过程中确实不乏民营视频网站探索的新业务,但是这些新业务与行业规制之间相处得并不友好,许多新业务在热闹一阵之后就销声匿迹了。

---

① "闹钟"是指提醒者,"鲶鱼"是指激励者,"水鸭"是指先知先觉者。
② 靳戈. 网络视频直播不是电视台的"终结者"[J]. 视听界,2016(6).

4.5 其他产业管理方式

在产业规制的上层概念——产业管理中,包括了产业政策、产业规制和行业协会与大企业三项内容。这三项内容分别对应了宏观、中观和微观三个层面。从实践来看,网络视频产业对规制最为敏感,受规制的影响也最为直接,因此本书重点分析了网络视频产业的规制现状。本节主要介绍另外两种产业管理的方式,作为规制研究的补充。

4.5.1 产业政策

产业政策是指一个国家的中央或地区政府为了其全局和长远利益面主动干预产业活动的各种政策的总和。① 通常产业政策是为了弥补市场失灵的缺陷、实现超常规发展、促进产业结构合理化、增强产业的国际竞争力、在经济全球化过程中趋利避害等而制定的,但是产业政策并非对所有产业都具有同等的作用,存在着实施效果受多方面因素影响、保障难度较大、具有失败的风险等局限性。相较于产业规制,产业政策调控的范围更加宏观,且不具有强制性,但是产业政策往往成为产业规制的重要渊源。

对于网络视频产业而言,产业政策可以分为直接和间接两类。直接性产业政策是指专门调控网络视频产业的政策性文件,目前尚没有出台。间接性产业政策是指其他产业政策中包含了与网络视频有关的内容。间接性产业政策的来源非常广泛,网络安全、文化产业、网络信息服务、电视产业等领域的政策都可以归为网络视频产业政策。笔者仅整理了2017年出台的与网络视频有关的产业政策,就有10部之多(如表4.2所示)。

---

① 苏东水. 产业经济学[M]. 北京:高等教育出版社,2000:330.

表4.2　2017年中国网络视频产业政策简表

序号	名称	制定方/发布方
1	国家网络安全法	全国人民代表大会常务委员会
2	关于加强文化领域行业组织建设的指导意见	中共中央办公厅、国务院办公厅
3	国家"十三五"时期文化发展改革规划纲要	中共中央办公厅、国务院办公厅
4	新闻出版广播影视"十三五"发展规划	国家新闻出版广电总局
5	关于促进移动互联网健康有序发展的意见	中共中央办公厅、国务院办公厅
6	关于进一步扩大和升级信息消费持续释放内需潜力的指导意见	国务院
7	推进互联网协议第六版(IPv6)规模部署行动计划	中共中央办公厅、国务院办公厅
8	新一代人工智能发展规划	国务院
9	促进新一代人工智能产业发展三年行动计划	工业和信息化部
10	关于规范和促进4K超高清电视发展的通知	国家新闻出版广电总局

　　由于网络视频处于互联网与电视的融合领域,互联网和广播电影电视领域的产业政策均会涉及网络视频,故而网络视频产业政策数量非常多。受制于篇幅,笔者在此不一一列举。这些产业政策,有的是客观上支持网络视频基础设施建设,如《推进互联网协议第六版(IPv6)规模部署行动计划》;有的为网络视频产业的新方向提供支持,如《促进新一代人工智能产业发展三年行动计划》;有的重在调控网络视频的外部环境,如《国家网络安全法》和《关于促进移动互联网健康有序发展的意见》;有的偏向于引导现有网络视频产业的发展方向,如《新闻出版广播影视"十三五"发展规划》和《关于加强文化领域行业组织建设的指导意见》。通过对2017年网络视频产业政策的简要归类,可以发现网络视频产业受惠于互联网产业政策关于技术设施的支持措施,也要服从国家对互联网治理调控的大环境,同时行政主管部门也将发展网络视频纳入电视和文化的发展规划。在这三项发现中,前两者易于理解,也易于落实,但是电视的发展规划是否与网络视频产业的发展利益相一致,就是有待讨论的问题。总的来说,网络视频产业政策研究的关键点,还在于网络视频与电视的关系。

4.5.2　行业协会与大企业

通过对网络视频产业规制的分析,不难发现产业发展的需求与政府规制的导向存在不一致的可能。这并非网络视频产业的个别现象,市场行为与政府意愿的二元矛盾几乎存在于各个产业。政府采用规制的方式表达意愿,市场中的企业则组织起来形成协会组织与政府谈判。

行业协会是西方资本主义兴起阶段城市商人和手工业者为保护行业和行业成员利益而建立的管理组织,最早称为行会。① 一般产业经济学的观点认为,最初的行会具有两个方面的作用:第一,壮大了城市商人和城市手工业群体的力量,形成了在政治上、经济上、军事上的自卫与抗衡能力;第二,促进了行业技艺的传播与交流,行会成员之间,对外形成了利益共同体,并且为了壮大行会的力量自觉或不自觉地在一定范围进行技艺交流。第二次世界大战以来,欧美国家行业协会得到了空前的发展。日本的行业协会比比皆是,被称为"行业管理治国"。以上无论是行会还是行业协会的概念,都来自西方的资产阶级革命。这一语境中的行业协会是建立在自由竞争观念上的,故而美国《经济学百科全书》将行业协会定义为"一些为达到共同目标而将资源组织起来的同业或商人团体"。我国行业协会的产生条件与外国的行业协会不同,因而具有自己的特点。我国的行业协会是政府职能转变的产物,大多数是从政府部门分离出来的职能与人员,具有半官方和自上而下的色彩。

中国网络视听节目服务协会是我国网络视频领域的行业协会。该协会成立于 2011 年,受国家新闻出版广电总局网络视听节目管理司的领导。在该协会成立之前,也存在一批行业协会性质的组织,如搜狐网、优朋普乐、激动网、华夏视联四家企业联合成立的"中国网络视频反盗版联盟"。虽然反盗版联盟制定了"反盗版公约"、完成了行业版权意识的启蒙,但从该联盟的具体行动来看,成员企业存在"抱团"起诉非成员企业(2009 年优朋普乐和搜狐网连续起诉优酷网和土豆网)、成员企业利用版权优势在市场上挤压后来企业(2010 年联盟成员召开新闻发布会控诉迅雷网、起诉百度网)等情形。"中国网络视频反盗版联盟"作为一个企业自行发起的组织,其组织宗旨、行动目的和行动方式缺少系统性和全局性,在

---

① 苏东水. 产业经济学[M]. 北京:高等教育出版社,2000:421.

实践中变成企业之间的竞争工具,没有发挥其作为行业协会在研究问题、制定规则、统一行动等方面的作用。对于尚处于草创期的网络视频行业来说,缺少可靠的发展模式,企业间的竞争尚不成熟,再加上国家缺少有效的和有针对性的法律和调控手段,单靠市场的力量进行自我组织,很容易引发企业间的恶性竞争。理想中反盗版联盟应该以推动行业版权保护为宗旨,提升整个行业的版权保护意识,打击侵害网络视频内容版权的行为。但是,网络视频侵权行为主要来自行业内部,因此反盗版联盟的行动矛头也自然指向内部。如此这般,联盟作为一个行业协会的合法性就被质疑——因为它并没有兼顾行业中每个企业的利益,而是形成了多数企业对少数企业的"专制"。

在"中国网络视频反盗版联盟"采取"自下而上"行动的同时,广电总局曾指导央视网等八家中央网站发起成立"中国互联网视听节目服务自律联盟","自上而下"组织网络视听节目内容审核人员培训和编写内容审查参考手册。中国网络视听节目服务协会成立后替代了这一联盟的职责,负责视频网站内容审核员培训、网络视听节目评优评先等工作,并参与制定行业规范。原中央人民广播电台台长杨波担任协会会长,广电总局网络司负责人和中央电视台、中央人民广播电台、中国国际广播电台的新媒体业务负责人担任副会长(数据截至 2017 年)。根据公开资料,截至 2017 年中国网络视听节目服务协会共推出了《中国网络视听节目服务自律公约》《网络视听节目内容审核通则》等文件。从隶属关系、主要职能和人员来源来看,中国网络视听节目服务协会依然未能摆脱我国行业协会普遍存在的"半官方"属性。与"中国网络视频反盗版联盟"相比,它并不是企业自发组织的,而是由政府部门设立的,关注点不在于某家或者某几家企业利益的得失,而是如何把政府的行业管理规制贯彻落实并在政府规制无法发挥、不便发挥功能的领域扮演政府"代言人"的角色。实际上,从中国网络视听节目服务协会的工作内容来看,其完全可以划入国家新闻出版广电总局网络视听节目管理司。在这样的格局下,民营视频网站依然难以通过协会实现与政府对话的目的——协会只能收集企业的意见,但最终的决策还是基于政府的意志。

理想中的网络视频行业协会,应至少发挥以下三种功能:形成行业规范,惩戒轻微违规,代表行业与政府对话。目前网络视频行业出现的具有行业协会性质的机构,均无法同时实现以上三种功能——要么是聚焦于企业之间的利益争夺,要么是政府职能的替身。笔者认为,形成理想中的行业协会,需要行业中的大企业发挥组织者的作用。

关于行业管理中大企业的作用，产业经济学认为公司是形成行业的最重要实体，而大企业则发挥了集中行业资源和聚合行业联系的作用。经过市场的长期竞争与发展，尤其是企业之间经过了纵向、横向等各种形态的合并，公司的经营规模不断扩大，资本和生产不断向行业中发展规模较大的公司集中。生产集中的同时，生产的社会化程度也在提高，分工日益精细，客观上给中小企业的生存提供了空间。这些中小企业聚集在大公司的周围，形成了产业集群。在集群中，大公司发挥了聚合作用，把大量分散的中小企业联合起来，组成一张生产技术紧密联系、协同配合的网络。正是因为大企业的这种功能，使大企业不自觉地肩负起行业管理的使命。"行业管理的成败，很大程度上取决于大型公司这一行业最重要的企业实体的作用如何发挥……大公司发挥着局部行业管理的职能。"①

大公司的集中性和聚合性的特征，意味着大公司在产、供、销的组织和管理上的重大决策，都会在一定程度上影响行业的发展，且由于在经济上的优势地位，大公司在行业政治中也更有话语权。行业协会发挥管理功能离不开大公司。

中国的网络视频行业分为网络电视台和民营视频网站两个阵营。在前者的阵营中，除了中国网络电视台（2014 年后并入央视网）和芒果 TV 以外，并无可以称得上是"大公司"的企业。而后者的阵营，则集聚了行业中最主要的大公司：合一集团（优酷网和土豆网）、爱奇艺、腾讯（腾讯视频）、乐视网、搜狐（搜狐视频）等。但无论是从历史还是现实，行业中的"大公司"发挥的行业管理功能非常有限。2009—2010 年一些大公司"立山头"形成"联盟"，采用舆论和起诉等手段应对行业竞争者。在"联盟"内部，"大公司"之间也存在矛盾。中国网络视听节目服务协会成立后，大公司"私立山头"的行为明显减少，但是由于协会的半官方性质和近年来趋于严格的行业规制，"大公司"在以当前以行业协会为主导的行业管理中缺少足够的话语权，以至于参与行业管理的积极性有所降低。强势的行业协会与弱势的大企业，使前者的功能发挥不充分、后者的功能发挥不出来，不得不走上过分依赖行业规制的行业管理模式。然而，行业规制在实践中亦非万能，一些领域规制难以调控，协会和大企业的功能缺位，产生了网络视频行业"新现象变成新乱象、新乱象导致新规制、新规制带来新轮回"的怪圈。以兴起于 2015 年和

---

① 苏东水．产业经济学［M］．北京:高等教育出版社,2000:418.

2016 年的网络直播现象为例,在网络直播兴起时各类网站一拥而上,各类直播网站层出不穷。行业中的大企业也跟风参与,对于其中的乱象放任自流。直到 2016 年 9 月广电总局《关于加强网络视听节目直播服务管理有关问题的通知》出台后,网络直播迅速遇冷,成为"昨日黄花"。这种轮回,从 2005 年民营视频网站兴起以来出现过多次,至今整个行业仍然在其中周而复始地探索、跟风直至被限制、被整顿。虽然其中的原因是多方面的,但市场自我调节与政府刚性规制之间缺乏有效的缓冲地带是不能忽视的一项重要因素。

4.6　网络视频产业规制的调整方向

不同的行业顶层设计,意味着不一样的规制思路与实践。而顶层设计的方向,又由时代的政治氛围决定。因此,当谈论网络视频规制的完善与优化时,绕不开当下的政治语境。然而,一旦涉足政治语境这个变量,规制研究的许多思路就会被"预制",而且还会遇到"思维的天花板"。笔者在此从行业现象入手,尽量不涉及政治价值的宏大叙事框架,讨论一个中观层面的问题:如何通过规制的调整,调动网络视频产业的生产力积极因素。

4.6.1　提升规制的层次

当前网络视频规制停留在行政规章的层次,电影领域已经推出了《电影产业促进法》,广播电视法的立法工作也提上了日程。法与规章除了制定过程、调控范围、法律效力等表面区别,更深层次的差异体现在立法需要考量权利与义务的关系,但规章在制定过程中处理的并非博弈关系,而是管理效率问题。换言之,考虑被调控方可能受到的影响,是法律出台的必要条件,而对于制定规章来说这并非必需。例如,在保护知识产权的立法中,不仅要考虑版权所有人的利益,还要研究如何防止权利人滥用权利,从而影响知识成果的正当传播。而且,对违法行为的惩戒力度要高于违规,通过立法规范行业秩序能够形成强大震慑力,同样也能提升行业管理效率。

表 4.1 中的部分规章在执行过程中因受到来自行业的"抵抗"而做出调整,一些规章中反复强调的要求屡屡被挑战。作为行业公约的节目审核通则中对同性

恋题材的审核要求还引起了舆论的争议。这些问题肯定有来自技术层面的因素，但更为根本的原因是规制的层次偏低，影响调控的有效性。

对于当下的中国网络视频行业来说，设立相应的法律可能是"远水解不了近渴"，毕竟立法的过程是慎重且漫长的。但是作为试验和探索，可以先以法规的形式颁布试行方案，从解决一部分问题做起。

4.6.2　调整规制的渊源

政策一直是规制的重要渊源，但是在网络视频规制的若干渊源中，产业政策的地位并不显著。网络视频是文化产业的子领域，中央出台了一系列的政策推进文化产业大发展大繁荣。《中共中央关于深化文化体制改革、推动社会主义文化大发展大繁荣若干重大问题的决定》（十七届六中全会文件）全文提到了 42 次"产业"，指出束缚文化生产力发展的体制机制问题尚未得到根本解决等问题，要求建立充满活力、富有效率的文化管理体制和文化产品生产机制，形成以公有制为主体、多种所有制共同发展的文化产业格局。十八届三中全会关于全面深化改革的文件也对深化文化体制改革提出要求。作为文化产业的子领域，网络视频所获得的政策利好十分有限，而且政策对行业内部的惠及程度也有差异。总体来看，目前网络视频规制并没有明显体现产业政策带来的利好。

另外，网络视频规制的部分渊源性思想和文件已经显现出落后的态势，到了需要更新的时候。此时，规制不妨有选择地进行改革。

4.6.3　处理好"两对关系"

1. 电视台与网络电视台的关系

根据表 4.1 中的文件，网络电视台是国家发展网络视听服务业务的重要着力点。同时，网络电视台也是媒体融合这一国家级顶层设计的重要参与方。如何处理电视台与网络电视台的关系，需要理论创新、观念创新、实践创新，最直接的是规制创新。从功能的多样性来看，网络电视台已经可以覆盖电视台的所有功能，电视台的品牌优势、节目资源优势和人员优势也可以平移到网络电视台。得益于长期坚持的"村村通"工程，电视的覆盖率远高于网民——这可能才是目前电视在技术层面上的优势。虽然行政主管部门大力推进网络电视台建设，然而行业发展的现实是网络电视台处于电视台的附属地位。网络电视台的发展思路跳不出电视台的模子。如此一来,"主流媒体"如何能"占领"网络舆论场的高地?

从顶层设计的角度来看,电视的优势在于管理模式成熟,网络视频的优势在于贴近观众、机制灵活。如何把二者的优势结合起来,是当前媒体融合研究的核心问题。笔者认为,网络电视台在满足用户需求方面比电视台更有优势,可以采用产业化的办法进一步激活生产力;电视台在未来一段时间内可以作为公益性事业存在,满足偏远地区观众的需要。

2. 国营视频网站与民营视频网站的关系

网络电视台比电视台"矮一头",民营视频网站又比网络电视台"矮一头"。表 4.1 中的规制中尚有承认网络电视台在满足观众文化需求、繁荣文化产业方面的论述,但基本没有提及民营视频网站的价值。从中国网络视频产业发展历史来看,虽然电视台早在 2005 年之前就已经开始办网站,但是网络视听节目服务却是被民营视频网站定义、带动和发展起来的。民营视频网站在内容生产(UGC、PGC、购买、自制)、互动分享、社区构建、营销策划、资本运营、盈利模式、多屏互联等方面的步伐一直比网络电视台要快,在用户访问量上也要明显领先于网络电视台。国家决定设立网络电视台,就是民营视频网站快速发展的一个客观结果。但是,民营视频网站由于定位、经营、规制等多方面的原因,常有一些不良内容出现。这些不良内容成为民营视频网站名誉的"污点"和行政主管部门的行业治理重点。尽管如此,也不能否认民营视频网站对于中国网络视听行业发展的推动作用,民营视频网站良性发展需要合适的规制配套。

网络电视台相对于民营视频网站的优势是母台的节目资源,这也是央视网和芒果 TV 能够比肩部分民营视频网站的原因。从整体上看,网络电视台的劣势在于网络传播力不足,在节目营销推广、用户群维护与培养、衍生品开发等方面不如民营视频网站。《北平无战事》《琅琊榜》《欢乐颂》等近年热播的网络播出平台主要依靠民营视频网站而不是母台旗下的网络电视台,两者的网络传播力强弱不证自明。

笔者认为,网络视频规制应重视和尊重民营视频网站在经营方面的优势,将这一优势发挥出来促进网络视频行业的整体繁荣。不能因为民营视频网站内部管理的"落后性"就否认其传播模式的"先进性"。同时,应正视民营视频网站盈利模式的特殊性,看到其对资本高度依赖的特征,避免国营电视台完全套用民营视频网站的发展模式。规制应引导国营视频网站发展成为公共电视台,弥补民营视频网站产业化、资本化带来的市场空白。

4.6.4　推进行业自治改革

发挥市场在资源配置中的决定性作用(见十八届三中全会公报),需要尊重市场的正常调节行为。为避免企业间的盲目竞争,在社会分工日益细致的现代社会,行业自治成为市场调节的重要手段,是市场调节与政府宏观调控的过渡地带。根据产业经济学的定义,行业自我管理包括行业协会和大企业示范两个方面。其中行业协会发挥总体治理的作用,大企业扮演局部治理的角色。

目前,我国已经成立了中国网络视听节目服务协会,而且发展网络视听节目行业自治已被写入行业规制。协会自成立以来,在行业公约、评优评先、节目审看等方面发挥了政府不便发挥、不能发挥的许多功能,成为网络视频治理体系的重要部分。但是,仅凭协会一己之力还难以实现行业自治。如何凝聚企业的共识、凝聚企业和政府的共识,如何惩戒违规成员,如何处理协会与行政主管部门的关系,如何发挥大企业在行业治理中的作用,这些问题都有待探索。可以说当前网络视频的行业自治还是低层次的、不成熟的,需要进一步改革和完善,以适应网络视频行业不断发展壮大的现实需要。

第五章 中国网络视频产业经营现状

企业设计中的"价值获取"是指公司为客户创造价值的时候,如何得到回报?传统的方式是,企业通过出售产品和收取服务费来获取价值……今天,公司采取比从前更加广泛的获取价值的方式:提供融资、提供辅助产品、提供解决方案、在价值链下游的合作、价值分享、许可证经营,以及许多其他方式。

——斯莱沃斯基《发现利润区》

依托优质内容和创新平台,开发付费服务市场。创新广告经营模式,在融合发展领域培育新的广告经营增长点。面向市场深度挖掘版权内容价值,延伸版权内容产业链,实现长尾效应。借助社交网络的交融混合传播力,着力经营节目和产品的粉丝圈,深耕不同粉丝社群的潜在价值,延伸服务空间和产业价值。依托广播电视节目丰富的信息承载能力,开发从线上到线下的各类新型业务,力争从信息服务、电子商务、实体经济等多个领域获取收益。

——国家新闻出版广电总局《关于进一步加快广播电视媒体与新兴媒体融合发展的意见》

在产业经济学中,评估产业经济效益时一般会用到产业经营的概念。严格来说,论述产业经营必须占有以产业为统计对象的数据,如电影产业发展统计报告、高新技术产业发展统计报告等。当前缺少关于网络视频产业的整体数据,官方的年鉴只有部分国营视频网站的数据,民营视频网站中的上市公司的年报中会披露财务数据,研究机构的各类"皮书"和研究报告也会有一些零星的数据。且不说这些数据的统计口径不一样,即使把统计口径统一起来,以上三种数据相加也不是产业经营的全貌。因此,受制于资料的准确性与有限性,本章以三个代表性企业为案例来研究网络视频产业的经营现状。

本章所选的三个案例分别是乐视网、优酷网和央视网。如此选择的考虑有以下三方面:第一,案例企业须要有充足的资料可供研究。乐视网和优酷网是上市公司,按规定披露的企业年报提供了较为丰富的数据。而且根据《证券法》,上市公司数据造假属于违法行为,比一般的造假行为的违法成本要高得多。央视网的经营状况在1997年以来历年《中国广播电视年鉴》中均有记载,且《中国中央电视台年鉴》中有更具体的说明。第二,案例企业必须具有"阵营"代表性,即既有民营视频网站又有国营视频网站。第三,案例企业必须具有"业绩"代表性,即必须有一定的业绩支撑,不能是不温不火、不声不响的小网站。

5.1 乐视网:大起大落

如果把日历翻回到2015年末,乐视网还是互联网领域、传媒领域和金融领域的"跨界明星"。作为一家互联网公司,乐视网的三项主营业务(广告、终端销售和会员增值服务)同比增速为62.48%、162.23和60.99%。根据乐视网2015年第三季度财报,业绩增长的主要原因在于"平台 + 内容 + 终端 + 应用"的全产业布局的高协同性,具体表现在以《何以笙箫默》、自制内容《十周嫁出去》和乐视体育独家版权赛事直播内容带动主视频网站(www.letv.com)日均独立访客(Unique Visitor,UV)量相较于2014年同期增长了18%。从直接影响来看,假设免费用户规模基本稳定,独立访客量增长意味着付费用户的规模在增加。从间接影响来看,假设付费用户规模基本稳定,独立访客量上升意味着更强的广告吸引能力。这不仅对于互联网公司来说是令人羡慕的,对优质内容高度依赖的传媒行业来说这也是十足的利好。更为关键的是,这种高度资金密集的经营模式背后是一个市值占据中国创业板总市值10%的上市公司——乐视网(截至2017年4月)。虽然早在1992年中共十四大就确立了传媒行业可以参与市场竞争,且1993年第一支传媒股东方明珠在上海证券交易所上市,但乐视网进入证券市场依然具有一个重要的特殊性:乐视网是唯一一家民营的、包括影视制作与传播两部分业务的传媒上市企业。其他的传媒上市企业,要么具有国资背景,如电广传媒、百视通,要么只占有制作和传播其中一方面,前者如华策影视,后者如歌华有线。

一年之后,乐视网从"跨界明星"变成了"千夫所指"的"赖账人"。多家处于供应链上游的企业(主要涉及乐视手机生产)称乐视相关企业拖欠原材料款或加工款。不仅是拖欠供应链上游企业的资金,而且新业务的巩固与拓展也停滞——乐视体育难以支付高昂的赛事转播费用。"乐视系"的资金短缺的问题初现端倪。2017年6月之后,由于乐风移动香港有限公司(乐视控股旗下公司)等公司未及时归还招商银行等商业银行的贷款本息,这些商业银行向所在地人民法院申请财产保全,冻结了乐风移动、乐视控股和乐视控股实际控制人贾跃亭名下的部分银行存款。此后,更多关于乐视系公司由于拖欠银行贷款本息而发生诉讼的消息浮出水面。虽然从公司股权结构的角度来看,乐视网和乐视控股、乐风移动等公司仅是关联方(控股人存在交叉),不存在直接的法律责任与义务,但是"乐视系"作为一个盘根错节的公司群,乐视网无疑也要承担这些消息的负面影响。乐视网的股价从2015年12月4日的58.8元①高位滑坡到2017年4月14日的30.68元,跌幅47.82%,此后一直处于停牌状态。② 在此期间,乐视网所在的创业板指数从2692.16跌至1887.46,跌幅28.89%,明显低于乐视网的跌幅;沪深300指数从3677.59跌至3486.51,跌幅5.20%,远低于乐视网的跌幅。如此大的跌幅对比,投资者已经对乐视网失去了信心。

为什么一年的时间,乐视网从"资本明星"变成了"过街老鼠"?持续盈利的乐视网(也是国内唯一财报显示盈利的视频网站)为什么会失去投资者的信心?所谓的"乐视生态"对乐视网意味着收益还是负担?乐视网在"乐视生态"中扮演什么角色?关于乐视网,有太多的问题值得研究。这不仅是笔者的感知,国内研究者也持同样的态度。在中国知网上以"乐视"作为检索词,匹配选项选择"篇名",可以检索到2530条结果(截止2017年9月19日),但以相同的检索条件搜索"优酷"仅能获得955条结果(截止2017年9月19日)。

关于乐视网的研究之所以多而复杂,是因为与乐视网平行的还有一系列非上市公司,乐视网和这些非上市公司共同组成了"乐视系"公司群。在"乐视系"内部存在着比较重要的业务关联和资金往来,乐视网作为"乐视系"中的上市公司扮演了中枢的角色。乐视网的许多业务,是为了扶持非上市公司;乐视网的许多收

---

① 如无特别说明,本书中所有的"元"均指人民币。
② 截至2018年1月本书初稿完成,乐视网已经复牌,股票价格约为4元人民币左右,且乐视网已经不再是创业板的成分股。

益,来自非上市公司。如果只分析乐视网本身,就无法理解乐视为什么能够在其他视频网站长期亏损的情况下在账面上实现盈利。如果只分析"乐视系",难以具体地回答视频网站的经营特征。因此,对于乐视网的理解,需要从乐视网和"乐视系"两个层面出发:从乐视网分析作为个体的视频网站的经营状态,从"乐视系"分析视频网站在整个乐视商业生态中的作用。

5.1.1　乐视网经营分析

分析一个公司的经营情况,方法多种多样,可以基于供应链管理能力、品牌影响力、市场占有率等外部指标加以分析,也可以从公司财务数据出发进行研究,可谓"条条大路通罗马"。但对于乐视网这样一家上市公司来说,其外部指标与"乐视系"其他公司的关联度较高,无法通过这些指标来分辨纸面上的业绩究竟是乐视网创造的还是"乐视系"其他公司创造的。比如许多期刊论文在研究乐视网时均提到了乐视体育、乐视影业在乐视网内容自制中的作用,但实际上乐视体育和乐视影业是独立于乐视网的公司(虽然公司名称中都有"乐视"二字),故而乐视体育和乐视影业所制作的内容不能算乐视网的自制,这两家公司的盈利模式也不能算到乐视网头上。如果不对乐视网与"乐视系"其他公司加以区分,就会对乐视网的评价出现偏差——过高地估计乐视网的能力(比如自制),或是过低地估计乐视网的战略(比如简单地归纳为"付费模式")。所以,对乐视网的分析需要一个独立性更强、解释力更强的指标。

财务数据主要反映某一公司的负债、资产、现金流、综合损益、股票收益率和所有者权益的情况,基本涵盖了特定公司经营的方方面面。而且,乐视网是中国A股创业板上市公司,按照证监会的规定需要定期披露财务数据,且财务数据需经第三方会计师事务所审计,因而财务数据可信度较高。此外,由于上市公司财务数据均有固定的格式,且部分数据格式与海外股票市场一致,所以不同公司的财务数据可以非常方便地进行对比。综合来看,作为上市公司的乐视网,其财务数据具有客观性、可测量性、可比较性和通用性等若干特征。[①] 因此,本书选择从财务数据着手分析乐视网的经营情况。

A股上市公司年度报告中主要的财务数据体现在资产负债表和综合损益表

---

① 王耀. 网络视频产业的竞争战略和盈利模式研究. 云南财经大学,2015.

两张表格内,还有一些其他的财务数据体现在历史分红表、主营业务收入表、研发支出表和无形资产摊销表等表格中。其中资产负债表将合乎会计原则的交易科目细分为"资产"和"负债及股东权益"两大版块(其中,资产 = 负债 + 所有者权益,即"会计平衡原则"),反映的是企业在特定时期的全部资产、负债和所有者权益情况,是企业经营活动的静态呈现。综合损益表反映的是某一时期该公司经营成果及其分配情况的数据,记录的是该段时间的销售收入、销售成本、经营费用和税收情况,体现为公司的利润或亏损。

1. 资产负债表分析

资产负债表包括 100 项科目(含合计类科目),其中资产类科目 32 项,负债类科目 18 项,所有者权益类科目 11 项,合计类科目 8 项,其他类科目 31 项。研究分析的重点是资产类科目、负债类科目和所有者权益类科目。本书采用的分析方式是基于资产配置的科目分析方法,将资产类科目、负债类科目和所有者权益类科目按照资产配置的方式重新组成新的科目类别,再进行不同科目类别、不同科目之间的横向对比和科目类别与科目之间的纵向对比。

(1)基于资源配置类型的资产负债表分析

根据不同研究设计的分析需要,资产负债表中的 100 项科目可以按照符合逻辑和实际的方式重新分类,以反映企业经营的不同方面。基于资源配置类型(即利润产生机制)的资产负债分析,用于分析企业资源的配置方向,是将资产负债表中的科目按照货币资金、经营性资产、生产性资产和投资性资产,形成不同的科目群作为新的分析单元。

表 5.1　乐视网资产负债表分类示意图(按资产配置类型)

资产配置类型	对应科目
货币资金	货币资金
经营性资产	应收票据、应收账款、预付款项、其他应收款、存货
生产性资产	固定资产、无形资产、开发支出、商誉、长期待摊费用、递延所得税资产
投资性资产	应收利息、可供出售金融资产、长期股权投资

根据表 5.1 的分类方案,对乐视网 2007 年①至 2016 年② 10 年的资产负债表

---

① 2007—2009 年的财务数据均包含在 2010 年乐视网上市的招股书中。

② 截至 2018 年 1 月本书初稿完成时,乐视网尚未公布 2017 年业绩报告。

进行重新整理,按照不同资产配置类型占总资产的比重进行计算,得到的数据如表5.2所示。

表 5.2 乐视网 2007—2016 年资产负债表按资产配置类型分类结果

科目占比	2016 年	2015 年	2014 年	2013 年	2012 年	2011 年	2010 年	2009 年	2008 年	2007 年
货币资金占总资产	11.38%	16.07%	5.65%	12.12%	6.67%	7.52%	52.67%	14.19%	26.37%	2.57%
应收票据占总资产	0.02%	5.35%	0.13%	1.08%	0.17%	0.05%	0.00%	0.00%	0.00%	0.00%
应收账款占总资产	26.95%	19.78%	21.38%	18.93%	12.79%	9.99%	6.77%	8.62%	17.18%	11.76%
预付款项占总资产	1.92%	3.05%	3.37%	5.39%	8.51%	16.99%	5.26%	3.98%	7.69%	0.94%
存货占总资产	2.93%	6.71%	8.29%	2.92%	0.92%	0.30%	0.35%	0.50%	0.29%	0.69%
长期投资占总资产	6.42%	0.06%	0.00%	0.40%	0.69%	1.13%	0.00%	0.00%	0.00%	0.00%
固定资产占总资产	3.54%	3.71%	3.88%	3.57%	6.16%	9.33%	13.63%	34.03%	8.18%	3.84%
无形资产占总资产	21.35%	28.74%	37.72%	52.62%	60.36%	49.94%	20.78%	37.42%	34.07%	78.56%
其他应收款占总资产	2.16%	0.98%	0.86%	0.66%	0.32%	0.30%	0.26%	0.91%	6.18%	1.64%
长期待摊费用占总资产	0.00%	0.01%	0.02%	0.00%	0.00%	0.00%	0.00%	0.00%	0.00%	0.00%
可供出售金融资产占总资产	5.24%	0.94%	0.23%	0.00%	0.00%	0.00%	0.00%	0.00%	0.00%	0.00%
递延所得税资产占总资产	2.37%	2.99%	2.22%	0.53%	0.08%	0.10%	0.10%	0.34%	0.06%	0.00%
商誉占总资产	2.32%	4.40%	8.45%	0.00%	0.03%	0.05%	0.00%	0.00%	0.00%	0.00%

续表

科目占比	2016 年	2015 年	2014 年	2013 年	2012 年	2011 年	2010 年	2009 年	2008 年	2007 年
开发支出占总资产	2.16%	2.50%	4.38%	1.31%	1.95%	2.05%	0.19%	0.00%	0.00%	0.00%
其他流动资产资产占总资产	3.81%	1.71%	0.82%	0.46%	1.36%	2.25%	0.00%	0.00%	0.00%	0.00%
其他固定资产占总资产	5.14%	3.01%	2.61%	0.00%	0.00%	0.00%	0.00%	0.00%	0.00%	0.00%
资产配置类型	2016 年	2015 年	2014 年	2013 年	2012 年	2011 年	2010 年	2009 年	2008 年	2007 年
货币资金	12.50%	16.87%	5.85%	12.17%	6.76%	7.69%	52.67%	14.19%	26.37%	2.57%
经营性资产	37.32%	37.65%	35.24%	29.12%	23.01%	28.27%	12.63%	14.01%	31.33%	15.02%
生产性资产	34.86%	44.43%	58.68%	58.30%	69.53%	62.88%	34.70%	71.80%	42.30%	82.40%
投资性资产	12.88%	1.05%	0.23%	0.41%	0.70%	1.15%	0.00%	0.00%	0.00%	0.00%

　　在四类资产配置类型中，虽然 2016 年经营性资产所占比重略高于生产性资产，但仍然无法改变生产性资产占比重较大的整体情况。通过对比四类资产配置类型的方差，生产性资产的方差最大（ Variance = 0.0268 ），说明生产性资产的波动最大。经营性资产占比仅次于生产性资产，且波动较小（ Variance = 0.0094 ）。在生产性资产中，无形资产占比重最大，且在 2007 年和 2012 年有两个高峰。根据乐视网招股书和年度报告，无形资产包括影视剧版权、注册商标、软件著作权、技术专利和域名，其中影视剧版权的货币化①程度最高。**该财务数据表明，乐视网在成立初期所储备的内容版权占总资产比重较大，且长期高位运行。**不过这一数字自 2015 年后有所降低，相对应地应收账款占比和货币资金占比有所上升。这意味着乐视网自 2015 年之后现金量和欠款有所增加，前者增加的原因主要是 2014年、2015 年和 2016 年连续三年增发，后者增加的原因随着乐视网销售规模扩大而同步增加。不过根据乐视网 2016 年财报，乐视网应收账款排名前五位的机构均

---

　　①　货币化是指经济活动中以货币为媒介的交易份额逐步增大的过程。

是乐视网的关联公司。

2007—2016 年间,乐视网货币资金/短期借款的结果分别是:0.02 亿/0.00 亿,0.39 亿/0.00 亿,0.34 亿/0.40 亿,5.43 亿/0.70 亿,1.33 亿/3.40 亿,1.94 亿/5.09 亿,6.08 亿/9.70 亿,5.00 亿/13.88 亿,27.30 亿/17.35 亿,36.69 亿/26.00 亿。自 2011—2014 年乐视网货币资金一直大幅少于短期借款,表示企业短期偿债能力较弱。**一般情况下此类企业的财务策略比较激进,且资金运作能力比较强,才会出现短期偿债能力较弱的情况。**

通过以上分析,可以发现生产性资产占乐视网总资产的比例一直比较大。尤其是上市前三年,生产性资产占总资产的比例分别是 82.40%、42.30% 和 71.80%,一半甚至更多的资产均属生产性资产。在生产性资产中,以影视剧版权为代表的无形资产占比最大。**这一数据反映了乐视网"高版权投入"的经营战略特征。特别是在上市前,这一特征更加明显。**

经营性资产自上市以来增加显著,尤其是应收账款比例较高。按照乐视网年度报告的解释,主要原因是营业收入扩大导致的应收账款增加。特别值得注意的是,自 2014 年以来,乐视网应收账款期末余额前五名中大多数是关联企业,如乐视影业、乐果文化、山西西贝尔通信和网酒网。

(2)基于资源利用类型的资产负债表分析

基于资源利用类型的分类方法主要针对企业资产的利用方式,即利益协调机制,具体为负债和股东权益两种类型,主要分析资金是以何种形式进入公司的。

表5.3 乐视网资产负债表分类示意图(按资产利用类型)

资产利用类型	对应科目
借入资源	短期借款、应付利息、一年内到期的非流动负债、长期借款、应付债券、其他非流动负债
其他利益相关	交易性金融负债、应付职工薪酬、应交税费、应付股利、其他应付款、预提费用、其他流动负债、递延所得税负债
商业信用资源	应付票据、应付账款、预收款项、长期应付款、长期递延收益
股东入资	实收资本、资本公积、少数股东权益
股东留剩	盈余公积、未分配利润、外币报表折算差额

根据表 5.3 的分类方案,对乐视网 2007①—2016 年 10 年的资产负债表进行重新整理,按照不同资产利用类型占总资产的比重进行计算,得到的数据如表 5.4 所示。

表 5.4 乐视网 2007—2016 年资产负债表按资产利用类型分类结果

科目占比	2016 年	2015 年	2014 年	2013 年	2012 年	2011 年	2010 年	2009 年	2008 年	2007 年
应付票据占总负债	1.04%	0.00%	0.36%	0.77%	0.00%	0.00%	0.00%	0.00%	0.00%	0.00%
应付账款占总负债	24.92%	24.54%	29.15%	26.60%	20.12%	33.06%	16.25%	9.56%	6.27%	25.87%
预收款项占总负债	0.84%	13.16%	5.87%	1.51%	0.42%	2.12%	2.25%	0.36%	0.00%	0.06%
短期借款占总负债	11.95%	13.18%	25.20%	32.98%	31.26%	47.40%	75.30%	80.80%	0.00%	0.00%
一年内到期的非流动负债占总负债	12.17%	0.75%	7.28%	9.63%	7.82%	0.00%	0.00%	0.00%	0.00%	0.00%
应付利息占总负债	0.38%	0.40%	0.28%	0.88%	1.28%	0.00%	0.00%	0.00%	0.00%	0.00%
长期借款占总负债	13.90%	2.28%	0.00%	0.57%	2.07%	9.06%	0.00%	0.00%	0.00%	0.00%
应付债券占总负债	0.00%	14.43%	0.00%	13.55%	24.30%	0.00%	0.00%	0.00%	0.00%	0.00%
长期应付款占总负债	0.65%	0.26%	1.49%	0.64%	4.73%	0.00%	0.00%	0.00%	0.00%	0.00%
应付职工薪酬占总负债	0.04%	0.04%	0.05%	0.10%	0.32%	0.55%	1.03%	0.49%	4.26%	10.17%
应交税费占总负债	3.56%	4.39%	7.44%	5.29%	5.30%	5.75%	4.50%	8.70%	83.88%	28.54%

---

① 2007—2009 年的财务数据均包含在 2010 年乐视网上市的招股书中。

续表

科目占比	2016 年	2015 年	2014 年	2013 年	2012 年	2011 年	2010 年	2009 年	2008 年	2007 年
其他应付款占总负债	0.48%	0.15%	0.50%	0.43%	1.34%	1.90%	0.67%	0.10%	5.59%	35.35%
以上总负债占总资产	67.48%	77.53%	62.23%	58.58%	56.11%	40.42%	9.01%	20.93%	3.71%	7.34%
所有者权益占总资产	32.52%	22.47%	37.77%	41.42%	43.89%	59.58%	90.99%	79.07%	96.29%	92.66%
资产利用类型	2016 年	2015 年	2014 年	2013 年	2012 年	2011 年	2010 年	2009 年	2008 年	2007 年
借入资源	44.85%	44.56%	31.93%	33.75%	37.72%	22.82%	6.79%	16.91%	0.00%	0.00%
其他利益相关	2.85%	3.58%	7.35%	7.54%	4.21%	3.38%	0.56%	1.94%	3.47%	5.44%
商业信用资源	18.86%	29.55%	23.25%	17.54%	14.93%	14.99%	1.73%	2.10%	0.44%	4.50%
股东入资	26.17%	13.50%	26.93%	29.04%	30.50%	47.72%	79.91%	60.39%	85.32%	114.41%
股东留剩	6.18%	8.80%	10.85%	12.38%	13.39%	11.86%	11.08%	18.68%	10.98%	-21.75%

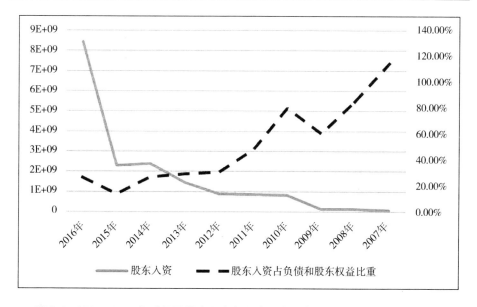

图 5.1 2007—2016 年乐视网股东入资与股东入资占负债和股东权益比重变化图

　　结合表5.4和图5.1,虽然股东入资的资金规模呈现不断增加的总趋势,但是股东入资占负债和股东权益的比重有所下降。经查乐视网的年报,原因是乐视网在2012年和2015年经中国证券监督管理委员会核准以非公开的形式发行了两批公司债券,其中2012年的公司债券共发行两期,共计4亿元(票面利息分别为9.99%和8.50%);2015年的公司债券共发行两期,共计19.3亿元(票面利息分别为8.50%和7.50%)。2012年发行的债券"发行人控股股东及实际控制人贾跃亭先生以个人及家庭全部合法财产为本期债券的还本付息提供无限连带责任保证担保。"①以上两笔公司债发行所筹集的资金,全部作为流动资金进入乐视网,补充了乐视网的货币资金,同时债务利息也被计入乐视网的财务数据。

表5.5　乐视网上市以来分红情况

分红公告日期	2017/8/21	2016/4/26	2015/5/6	2014/5/24	2013/5/30	2012/6/7	2011/5/12
分红实施年度	2016	2015	2014	2013	2012	2011	2010
派现币种	人民币	人民币	人民币	人民币	人民币	人民币	人民币
送股比例 (10 送 X)	–	–	–	–	–	–	2
转增股比例 (10 转增 X)	10		12		9	9	10
股权登记日	2017/8/24	2016/4/29	2015/5/12	2014/5/29	2013/6/4	2012/6/12	2011/5/17
除权除息日	2017/8/25	2016/5/3	2015/5/13	2014/5/30	2013/6/5	2012/6/13	2011/5/18
税前红利(元)	0.28	0.31	0.46	0.31	0.5	0.73	1.5

　　自乐视网2010年上市以来,股东留剩占负债和股东权益比重的方差极小(Variance=0.00059),说明股东留剩变化不大。结合表5.5的分红数据,乐视网每年均分红——这也是股东留剩比例保持不变的原因之一。分红虽然使公司的净资产有所减少,但根据"净资产收益率=净利润÷净资产"的公式,净资产减少可以在净利润保持不变的情况下提升公司净资产收益率。而**净资产收益率是投资者比较关注的财务指标之一,较高的净资产收益率既有利于提升公司股价,在满足证券市场一定的条件后也可以进行定向增发和发行公司债券等再融资。**

　　(3)基于资产配置类型与资源利用类型综合交叉的资产负债表分析

　　综合利润生产机制和利益协调机制两种分类方案,得到数据如表5.5所示。

----

①　详见乐视网信息技术(北京)股份有限公司2012年非公开发行公司债券(第一期)在深圳证券交易所综合协议交易平台进行转让的公告书。

表 5.5 乐视网 2007—2016 年资产负债表按资产配置类型和资产利用类型交叉分析

资产配置类型	2016 年	2015 年	2014 年	2013 年	2012 年	2011 年	2010 年	2009 年	2008 年	2007 年
货币资金	12.50%	16.87%	5.85%	12.17%	6.76%	7.69%	52.67%	14.19%	26.37%	2.57%
经营性资产	37.32%	37.65%	35.24%	29.12%	23.01%	28.27%	12.63%	14.01%	31.33%	15.02%
生产性资产	34.86%	44.43%	58.68%	58.30%	69.53%	62.88%	34.70%	71.80%	42.30%	82.40%
投资性资产	12.88%	1.05%	0.23%	0.41%	0.70%	1.15%	0.00%	0.00%	0.00%	0.00%
资产利用类型	2016 年	2015 年	2014 年	2013 年	2012 年	2011 年	2010 年	2009 年	2008 年	2007 年
借入资源	44.85%	44.56%	31.93%	33.75%	37.72%	22.82%	6.79%	16.91%	0.00%	0.00%
其他利益相关	2.85%	3.58%	7.35%	7.54%	4.21%	3.38%	0.56%	1.94%	3.47%	5.44%
商业信用资源	18.86%	29.55%	23.25%	17.54%	14.93%	14.99%	1.73%	2.10%	0.44%	4.50%
股东入资	26.17%	13.50%	26.93%	29.04%	30.50%	47.72%	79.91%	60.39%	85.32%	114.41%
股东留剩	6.18%	8.80%	10.85%	12.38%	13.39%	11.86%	11.08%	18.68%	10.98%	- 21.75%

从资产的来源和利用两方面来看,2011—2014 年乐视网的借入资源加上股东入资约等于生产性资产。结合表 5.1 和表 5.2,**在生产性资产中无形资产占比重最大,而无形资产又以影视剧版权和技术专利为主,故而 2011—2014 年之间乐视网的借入资源和股东入资主要转化为技术专利和版权资源。**2016 年股东入资加借入资源明显大于生产性资产,同期投资性资产增加显著。结合乐视网年报分析,出现该结果主要是由于该年度乐视网新增对 TCL 多媒体投资 20.24 亿元和新参股投资喜悦动漫、乐视创景和深圳超多维等多家公司所致。

2. 综合损益表分析

综合损益表反映的是企业在某一会计期内的经营成果及其分配情况,又称利润分配表。该表格包括 87 项科目,其中包含七项合计类科目:营业总收入、营业总成本、营业利润、净利润、基本每股收益、其他综合收益、综合收益总额。基于这些直接科目,还可以根据研究的需要将若干种科目重新构建为间接指标,反映企业经营中某一方面的情况。

乐视网能够成为网络视频行业关注度较高的企业,除了经营规模、访问量和品牌影响力等因素之外,"全国第一家实现盈利的视频网站"也是乐视网的一道光环。关于中国网络视频产业研究的许多文献在分析视频网站盈利模式时,常以乐视网为例论证视频网站实现盈利的可能性——毕竟乐视网年报中的净利润数据就是直接的证明。然而,与研究文献中把乐视网作为一个正面案例的态度不同,一些投资研究报告质疑乐视网实现盈利的声音一直都存在。这些质疑的声音来自以下两方面:第一,为什么在其他实力更雄厚、访问量更大的视频网站都在亏损的情况下,乐视网能实现盈利;第二,为什么 2010 年之前名不见经传的乐视网,能够在 2010 年拿出一份连续两年盈利的财务报表。

对于这一问题的回答,关乎现阶段视频网站能否盈利和如何盈利这个产业发展的基本问题。因此,笔者认为有必要选择合适的研究方法对这一问题进行分析。**需要指出的是,乐视网盈利与否并不是数据真与假的问题,因为乐视网作为上市公司,其财务报告必须经过第三方会计师事务所审计和证监会的监督,作假的法律成本非常高。**从会计规则上来看,判断乐视网是否盈利,存在多个层次、多种角度的方法。由于会计科目是人为构建的一套体系,一些经营活动存在"可 A 亦可 B"的情况,这就意味着在合法合规的前提下会产生不同的综合损益结果。换言之,**综合损益表中的利润数据是可以被"操纵"的,即盈余管理**(Earing Management)。如此一来,简单靠净利润评估是比较表面的一种判别方式,容易导致有偏差的判断。本书选用会计领域替代净利润的常用分析指标——自由现金流,通过计算乐视网的自由现金流来判断乐视网的盈利情况。

(1)基于每股自由现金流的分析

如表 5.6 所示,从 2007 年到 2016 年,除了 2014 年和 2016 年以外,乐视网的利润数据均为正。关于 2014 年利润总额下降,乐视网年报中解释是因为乐视网子公司乐视致新亏损所致。关于 2016 年利润总额下降,乐视网年报中解释是因为乐视超级电视业务的亏损所致。总体来看,**10 年来乐视网的大部分财务指标表明公司经营正常,但是每股自由现金流一直为负数。**

表 5.6　乐视网 2007—2016 年综合损益表主要财务指标

	2016 年	2015 年	2014 年	2013 年	2012 年
营业收入(元)	21950951410	13016725124	6818938622	2361244731	1167307147
利润总额(元)	− 328708520.9	74169222.09	72899104.8	246400883	228011729
每股盈利(元)	0.29	0.31	0.44	0.32	0.46
每股净资产(元)	5.254748654	2.055551251	3.97469436	2.60440016	3.04647665
每股自由现金流(元)	− 0.38387644	− 0.51125943	− 1.8015002	− 2.1850129	− 1.0201959
利润总额增长率	− 543.19%	1.74%	− 70.41%	8.07%	38.82%
营收增长率	68.64%	90.89%	188.79%	102.28%	95.02%
净资产收益率	− 2.12%	5.69%	3.85%	11.17%	14.92%
总资产收益率	− 0.90%	1.68%	1.86%	5.87%	8.13%
	2011 年	2010 年	2009 年	2008 年	2007 年
营业收入(元)	598555886.3	238258165.7	145731415	73607120.7	36916305
利润总额(元)	164244470.1	74836620.57	47702286.1	31677235.5	14683477.4
每股盈利(元)	0.6	0.84	0.59	0.57	0.29
每股净资产(元)	4.805030557	9.386622879	/	/	/
每股自由现金流(元)	− 0.198321836	− 0.14047643	/	/	/
利润总额增长率	119.47%	56.88%	50.59%	115.73%	/
营收增长率	151.22%	63.49%	97.99%	99.39%	/
净资产收益率	12.38%	7.47%	23.78%	21.21%	24.63%
总资产收益率	9.33%	11.06%	23.13%	28.48%	/

自由现金流(Free Cash Flow)是指在不危及公司生存与发展的前提下可供分配给股东和债权人的最大现金额。这部分现金可以用来分红、回购股票和再投资,是公司的"可自由支配收入"。自由现金流以企业永续经营为前提,可以用来评估公司在未来的成长空间——较多的自由现金表明企业的还本付息能力和在投资能力较强。通常来看,某一公司的自由现金流越多对公司发展越有利。自由现金流 = 息税前利润 × (1 − 税率) + 折旧 + 摊销 − 营运资本变动 − 资本支出。将自由现金流除以总股本,即得到每股自由现金流。

从2010年起,乐视网每股自由现金流这一指标一直为负数,且除了2011年和2010年以外每股自由现金流的绝对值均大于每股盈利,这意味着大多数年份乐视网每股盈利不足以覆盖为负数的每股自由现金流,公司缺少用以分红的现金。**从每股自由现金流来看,乐视网缺少持续经营的能力。**

（2）关于乐视网"盈利"数据的分析

根据乐视网2010年的上市招股书,公司运营成本主要由三个方面组成:影视剧版权、带宽费用和其他运营支出（办公、营销等）。其中,带宽费用和其他运营支出属于日常开支,毫无疑问应计入营业成本。影视剧版权则比较特殊,从经营角度分析,购买版权的费用属于营业成本;从资产积累角度分析,版权属于无形资产,购买版权的费用应计入无形资产。由于版权占乐视网无形资产的比重较高,因而版权费用究竟归于哪一类会计科目,对于最终损益表的数据影响较大。而且,无形资产与营业成本的区别还在于,前者可以摊销以降低当期公司所承受的成本,后者不能摊销只能计入当期成本。**从乐视网的招股书和年报来看,版权费用被纳入了无形资产这一科目下,归为研发支出,且按照直线摊销法进行摊销。**

表5.7中研发支出资本化即无形资产被摊销的部分。表格中的数据显示,自2012年开始乐视网资本化研发支出占研发投入的比例一直在40%以上,大部分年份甚至在50%以上,2016年更是达到了63.35%。同时,资本化研发支出占当期净利润的比重也处于高位,尤其是在2014年和2015年,资本化研发支出已经超过了当期净利润的三倍。如果计算年度损益,资本化支出由于计入了无形资产而没有被计入当期的成本,但计算每股自由现金流时资本性支出作为扣减项存在。在这计入和不计入之间,就造成了乐视网净利润为正但每股自由现金流为负的结果。

表5.7　乐视网2010—2016年研发支出情况表

	2016 年	2015 年	2014 年	2013 年
员工总数（人）	5389.00	4885.00	3501.00	1931.00
研发投入金额（元）	1859563100.69	1224120437.18	805571804.76	373971798.29
研发投入占营业收入比例	8.47%	9.40%	11.81%	15.84%
研发支出资本化的金额（元）	1178084159.69	731874814.33	482539370.55	202575271.20

	2016 年	2015 年	2014 年	2013 年
资本化研发支出占研发投入的比例	63.35%	59.79%	59.90%	54.17%
资本化研发支出占当期净利润的比重	/	337.09%	374.65%	87.17%
	2012 年	2011 年	2010 年	2010 年
	1286.00	1004.00	/	/
	237607802.89	99227737.76	/	/
	20.36%	16.58%	/	/
	96546387.52	0	/	/
	40.63%	0.00%	/	/
	50.82%	0.00%	/	/

此外,摊销也会对企业利润带来影响。企业资产在资产负债表中被分为有形资产和无形资产,网络视频等传媒企业的无形资产(版权、品牌等)、要远比有形资产有价值。有形资产资本化时,纳入折旧科目;无形资产资本化时,纳入摊销科目。一般有形资产由于存在固定的使用年限,所以折旧时间有可参照的标准。如果无形资产的使用年限能够确定,则摊销方法与有形资产相同。如果使用寿命无法确定,则在期末做减值测试。

在乐视网的招股书中,专门对公司影视剧版权的摊销原则做了说明:"由于发行人的'影视剧库'长期为公司提供服务,因此作为一项整体无形资产,应当为'使用寿命不确定的无形资产',其账面价值不应摊销,而应当每年进行减值测试。但由于发行人的影视剧版权采购行为将始终持续,'影视剧库'的价值不断增长;并且采购并不均衡,如采用前述会计处理方法,则当影视剧版权授权期结束需要从'影视剧库'账面价值中转销时,部分版权的集中转销会导致发行人利润产生巨大波动。因此为了更合理地体现经营成果,使各期经营成果具有可比性,发行人对无形资产中'影视剧库'采用账面价值分期摊销的会计处理方法。根据……的规定……无法可靠确定预期实现方式的,应当采用直线法摊销。因此,发行人对'影视剧库'的账面价值采用直线法摊销。"①

---

① 乐视网首次公开发行股票并在创业板上市招股说明书,224.

表5.8　乐视网2007—2016年无形资产情况

项目		2012年	2013年	2014年	2015年	2016年
总资产（元）		2,901,149,532.04	5,020,324,966.22	8,851,023,247.13	16,982,154,558.91	32,233,826,009.07
非流动资产（元）		2,009,743,263.07	2,933,977,881.21	5,266,144,846.25	7,870,358,350.97	16,364,659,640.94
无形资产	非专利技术（元）	74,490,771.49	129,010,759.82	197,993,878.40	638,104,007.38	1,019,944,288.47
	非专利技术占无形资产比例	4.25%	4.88%	5.93%	13.08%	14.82%
	系统软件（元）	42,400,809.77	172,717,776.47	229,226,861.36	411,439,130.48	787,513,287.69
	系统软件占无形资产比例	2.42%	6.54%	6.87%	8.43%	11.44%
	影视版权（元）	1,634,223,885.32	2,339,785,721.11	2,911,321,166.30	3,830,289,308.12	5,074,560,478.32
	影视版权占无形资产比例	93.32%	88.58%	87.20%	78.49%	73.74%
	合计（元）	1,751,115,466.58	2,641,514,257.40	3,338,541,906.06	4,879,832,445.98	6,882,018,054.48
无形资产占非流动资产比例		87.13%	90.03%	63.40%	62.00%	42.05%
无形资产占总资产比例		60.36%	52.62%	37.72%	28.74%	21.35%

时间	2007 年	2008 年	2009 年	2010 年	2011 年
总资产（元）	64,337,456.24	148,161,210.49	236,509,318.57	1,031,621,057.21	1,774,387,093.37
非流动资产（元）	53,016,126.92	62,677,692.90	169,812,508.79	357,958,064.82	1,110,654,755.08
无形资产 非专利技术（元）	45,390,100.00	38,827,700.00	27,656,900.00	22,031,014.97	16,406,074.97
非专利技术占无形资产比例	89.80%	76.93%	31.25%	10.28%	1.85%
系统软件（元）	3,283,000.00	2,950,700.00	13,024,900.00	15,006,322.27	14,080,802.89
系统软件占无形资产比例	6.50%	5.85%	14.72%	7.00%	1.59%
影视版权	1,870,800.00	8,693,300.00	47,822,100.00	177,326,583.44	855,564,205.55
影视版权占无形资产比例	3.70%	17.22%	54.03%	82.72%	96.56%
合计（元）	50,543,900.00	50,471,800.00	88,503,000.00	214,363,920.68	886,051,083.41
无形资产占非流动资产比例	95.34%	80.53%	52.12%	59.89%	79.78%
无形资产占总资产比例	78.56%	34.07%	37.42%	20.78%	49.94%

表 5.8 的数据显示,从 2007 年到 2016 年乐视网无形资产占总资产比例的平均值为 42.15%,最高值为 78.56%(2007 年),最低值为 20.78%(2010 年);10 年来每年无形资产占非流动资产的比例的平均值为 71.26%,最高值为 95.34%(2007 年),最低值为 42.05%(2016 年)。在乐视网的无形资产中,除了 2007 年和 2008 年以外,影视版权占无形资产的比重均超过了 50%,10 年的均值为 67.55%。10 年来影视版权平均占无形资产的 48.14%,平均占总资产的 28.47%,相比较来说影视版权占乐视网资产的比重非常大。**因而影视版权的会计科目归属和摊销方法会显著影响乐视网的财务数据**。

关于摊销年限,乐视网的招股书解释如下:"由于发行人的'影视剧库'中不断有新增节目购入,购买节目也无统一的价格,如将'影视剧库'作为一项整体无形资产进行摊销则面临摊销原值和摊销期限无法确定的困难,因此在此项无形资产的摊销过程中,发行人按照单部影视剧版权的购买价格和授权期限进行摊销。"①

根据已有研究的观点,直线法摊销不适合影视剧版权类无形资产。因为影视剧的热播具有阶段性,版权分销收入基本发生在播出当年,之后很少会再有版权分销收入。同时,无论该影视剧在播出当年是否受欢迎,都会使当年的利润虚增,但给之后摊销的年份留下了沉重的摊销负担。"该摊销方法造成当期利润高估,透支了未来盈利能力。"②换言之,**乐视网在财务报表中对版权的处理方式和摊销方法,是向未来借钱实现当期的盈利**。

这种模式作为一种资源调配方式存在无可厚非,但该模式实现永续经营的前提是公司业绩一直保持较高的增长速度且中国证券市场保持稳定发展的态势。乐视网采用直线法摊销还存在一个假设:今后版权费用将会逐渐提高以至于每年的版权采购费用将不断增加,如果版权数量达到垄断水平之后,其市场垄断地位将会使公司长期收益。毫无疑问,这是一种高风险的模式。表 5.9 的数据显示,从 2011 年起,乐视网本期摊销计提一直大于本期净利润,2014 年之后摊销计提已经接近净利润的 3 倍。可见乐视网的经营收入已经受到直线法摊销带来的消极影响。

---

① 乐视网首次公开发行股票并在创业板上市招股说明书,225.
② 王耀. 网络视频产业的竞争战略和盈利模式研究. 云南财经大学,2015.

表 5.9 乐视网 2010—2016 年摊销与净利润情况

	本期摊销计提(元)	净利润(元)
2016 年	1,899,726,815.01	554,759,227.43
2015 年	1,433,763,989.63	573,027,173.33
2014 年	999,876,496.11	364,029,509.12
2013 年	570,419,893.50	255,009,694.82
2012 年	372,713,406.18	194,194,142.39
2011 年	119,572,687.17	131,121,130.75
2010 年	23,682,391.19	70,099,429.37

5.1.2 从乐视网到"乐视系"

国内资本市场习惯将由某个个人或财团控制的一系列公司称为"系",比如"复星系""联想系""明天系",分别指复兴集团、联想控股和明天控股背后的一系列实体。这些"系"中既有上市公司也有非上市公司,公司与公司之间的关系可以是子母公司,也可以是相互独立的企业法人,但是都由某个个人或某个财团控股。在资本的纽带下,这些公司结成相互配合、相互支持的统一行动体,但由于公司之间并不完全是子母公司的关系,所以这点与一般的企业集团有区别。

乐视网也属于一个"系"——"乐视系"。"乐视系"所包含的公司是动态变化调整的,每年的情况都不大一样。以乐视网 2016 年年度报告为例,截至当年 12 月 31 日,合并财务报表范围内的子公司有 15 家(含当月失去控制权的乐视电子商务有限公司),其中乐视新媒体文化(天津)有限公司和东阳市乐视花儿影视文化有限公司为发行股份购买资产的方式取得,其他均为投资;联营公司 2 家;其他关联方 68 家,其中 54 家与乐视网由同一控制人(贾跃亭)控制。以上数据不包括由非上市公司控股或参与投资的企业,如乐视控股子公司对酷派的投资。在"乐视系"的这 85 家公司中,比较著名的有乐视网(A 股上市公司)、乐视致新(主要生产乐视电视)、东阳市乐视花儿影视文化有限公司(收购花儿影业后更名而来)、乐视影业、乐视体育、山西西贝尔置业有限公司、北京西伯尔通讯科技有限公司等。其中乐视致新和东阳市乐视花儿影视文化有限公司是乐视网的子公司,其他均为乐视网的关联公司,在法律上与乐视网没有关系。整体来看,"乐视系"的结构图如图 5.2 所示。

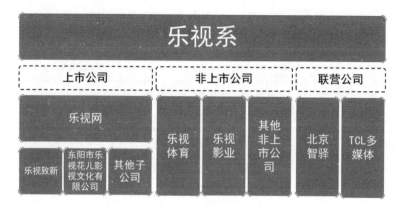

图 5.2 "乐视系"结构图

1. "乐视系"中乐视网的作用

如图 5.2 所示,乐视网是乐视系中唯一的国内上市公司。公司上市意味着获得更加廉价的融资渠道和更加多样的融资方式,同时由于公司上市后成为一家公众企业,自然或不自然地就会受到社会的关注,同时对于提升公司品牌影响力和公司信用等级都有积极影响。这还仅是直接影响,间接影响还包括改善公司管理方式、更加灵活的并购与合并方式(如换股、债转股、发行股份购买资产等)和更加丰富的激励形式(如股票激励和期权激励)。虽然上市也存在出现消极结果的可能,比如控制权流失的风险、由于公司经营数据必须公开而暴露经营意图、昂贵的上市费用等,但总体来说上市对于大部分企业来说是利大于弊的。相较于普遍意义上的企业,传媒类公司对于上市的愿望更加强烈,这来自传媒行业特殊的生产模式:

第一,传媒资产"轻量化"。资产"轻量化"与轻资产(Asset – light)不同,后者是指一种运营模式,即企业紧紧抓住核心业务而将非核心业务外包,对于外围性资源"使用而不占有",前者是一种资产属性的判断。在企业经营状况评估中将企业资产分为固定资产和无形资产,二者的主要区别在于前者有实体形式而后者没有。没有实体形态的无形资产即"轻量化"资产。传媒企业一般不需要不动产和大型设备投入(影视基地企业和影视设备租赁企业除外),其核心竞争力主要在于著作权、分销网络和签约演员。按照通行会计准则,著作权毫无疑问被纳入无形资产。2016 年文化部出台的《文化企业无形资产评估指导意见》将分销网络和签约演员(作家)也纳入文化企业无形资产的范畴。但是虽然是"轻量化"的无形资产,价格却不一定比固定资产低。在 2011 年前后网络视频行业的版权大战中,

《甄嬛传》等电视剧价格一度涨至每集 400 万元;而两年前《新三国》的每集价格才 15 万元。① 2017 年 9 月国家新闻出版广电总局等五部委联合发布《关于支持电视剧繁荣发展若干政策的通知》,其中专门就演员片酬过高的现象进行调控——这从一个侧面说明当前我国传媒企业购置无形资产的资金压力较大。

第二,传媒生产"有时差"。无论是绘画、文艺作品还是影视剧,传媒内容生产均需要一个相对比较长的创作过程。在这个过程中,制作方处于资金净流出状态,基本没有任何的收入来源,但是创作的支出在不断增加。作品创作完毕进入营销环节后,如果市场反响较差,销售收入无法弥补成本,那么整个项目将处于亏损的状态,而且无法通过实物商品常用的促销方式回笼资金;如果市场反响较好,那么无论是扩大销售还是启动第二轮销售,作品将以极低的成本被复制和传播,但作品的销售价格却不因较低的复制成本而有所折扣。这种反差极大的境遇,在创作阶段是难以预料的。所以传媒生产,尤其是影视作品生产,不仅存在创作和营销阶段资金流向完全相反的"时间差",还存在受欢迎作品和不受欢迎作品收益情况完全相反的"空间差"。这种资金在传媒内容生产过程中分布不平衡的现象,使传媒企业在特定时期和特定阶段对资金的需求量非常大,需要足够低成本和灵活的融资渠道。

基于传媒企业的以上两方面特征,无论是国营媒体还是各类网站,都在积极谋求上市。截至 2017 年 12 月,我国排名比较靠前的视频网站,要么是单独上市的公司(如乐视网和 2015 年之前的优酷网和土豆网),要么是依附于大型上市公司(如爱奇艺之于百度、腾讯视频之于腾讯)。乐视网于 2010 年在 A 股上市,相较于土豆网(2011 年)、优酷网(2010 年)、酷 6 网(2009 年),乐视网上市时间并非最早,也不是最晚,但是是唯一一家在 A 股上市的视频网站。根据中国证监会《首次公开发行股票并上市管理办法》,申请在主板上市的公司需满足"最近 3 个会计年度净利润均为正数且累计超过人民币 3000 万元"的要求。根据中国证监会《首次公开发行股票并在创业板上市管理办法》,申请在创业板上市的公司需满足"最近两年连续盈利,最近两年净利润累计不少于一千万元;或者最近一年盈利,最近一年营业收入不少于五千万元"的要求。但在与中国创业板属性和功能类似的美国纳斯达克证券市场上市,则可以不计净利润情况。即使是相当于中国 A 股主板的

---

① 陆地,靳戈.中国网络视频史[M].北京:中国广播影视出版社,2017:100-101.

纽约证券交易所,其上市规定中也只有关于税前收入的要求,而没有净利润的标准。土豆网、优酷网、酷6网在上市之前均连续亏损且短期没有扭亏为盈的可能,因此只能选择上市门槛较低的纽交所或者纳斯达克上市。乐视网在2007年、2008年、2009年三年实现盈利,符合A股创业板上市的要求,这是乐视网与其他民营视频网站在融资方面的重要区别。融资平台不同,使得乐视网经营模式明显有别于其他民营视频网站。关于乐视网实现盈利的若干种解释,在本章前文中已有分析。

作为上市公司的乐视网,带给了"乐视系"哪些资源和便利?

首先是现金资源。乐视网自2010年上市以来,通过增发的形式至少募集了69.59亿元(截至2016年12月),另外还有23.3亿元的公司债券,合计融资92.89亿元。这还不包括贾跃亭及其亲属从股票市场上套现并重新投入"乐视系"的资金。这些现金,除了被乐视网用于购买版权、带宽等企业发展所用之外,更大一部分被用于投资乐视网子公司和购买"乐视系"其他公司的产品与服务。在乐视网2016年年度报告中列举的15家子公司里,仅有乐视新媒体和东阳市乐视花儿影业通过发行股份与现金相结合的方式取得的,其他13家公司均通过投资的方式取得(其中11家的持股比例为100%)。自乐视网创立以来,关联交易的情况一直存在。甚至有研究认为,之所以乐视网能在视频网站整体亏损的情况下实现盈利,主要原因就是乐视网与关联方之间以关联交易为名的"资产腾挪",将亏损的业务纳入非上市公司、将盈利业务注入上市公司。从乐视网2016年年报来看,乐视网从关联方购进的商品和服务金额为74.98亿元,占当年营业成本的41.13%;向关联方出售的商品和服务金额为117.85亿元,占合并财务报表中营业收入的54.43%。其中,2016年乐视网关联方应收账款增加总计49.49亿元,坏账准备增加1.28亿。这些关联方应收账款,既有与经营业务有关的费用(对应"应收账款"),也有与经营业务无关的费用(对应"其他应收款"),还包括与关联方的借贷往来(对应"应收利息"和"贷款")和其他非流动性资产。而乐视网关联方应付账款仅有10.22亿元,明显少于关联方应收账款。

其次是杠杆能力。所谓企业管理中常用的"杠杆",是指当某一财务变量以较小幅度变动时,另一相关财务变量会以较大幅度变动。比如通过融资融券协议,以较少的资金购买较大规模的资产。对于乐视网来说,尤其上市公司身份的存在,它可以通过增发的形式向特定的自然人或法人发行股票。由于股票存在价格且可以交易,所以向特定的自然人或法人发行股票,相当于获得了现金。比如,2013 年乐视网以 9 亿元的价格收购东阳市花儿影业文化有限公司,其中现金仅占交易对价①的 30% ,即 2.7 亿元;另外 70% 的交易对价由发行股份的方式支付,总发行股份数位为 2130.54 万股。② 在这笔交易中,乐视网仅用 2.7 亿元现金就撬动了 9 亿元的收购。

最后是品牌背书。如前文所述,公司上市意味着进入公众视野,无须支付广告费用就能获得一定的曝光量。而且由于中国股票市场发行审核制的存在,公司上市均需要通过中国证监会的审核。在这种机制的影响下,公众很容易在"上市"与"优秀公司"之间画等号,客观上增加了公司品牌的美誉度。"乐视系"把乐视网这个上市公司的招牌用得很充分,绝大多数的关联公司名称均可以联想到"乐视",如乐风控股、乐卡汽车、法乐弟、乐帕营销。还有直接以乐视作为公司名称关键词,比如乐视影业、乐视体育、乐视手机、乐视投资等。即使是在 2017 年后半年,当"乐视系"和"乐视系"实际控制人贾跃亭已经成为负面词汇的时候,作为乐视网新控制人的孙宏斌依然在公司名称中保留了"乐视"字样。

乐视网带给了"乐视系"如此多的利好,可谓"乐视系"的中枢公司。概括地说,乐视网是"乐视系"的"**取款机**",通过 IPO、套现、公司债等形式从民间获得了百亿规模的现金。乐视网是"乐视系"的"**变速器**",采用杠杆收购的方式以较少的资金取得重要的经营性资产。乐视网也是"乐视系"的"**交换机**","乐视系"中非上市公司的优质资产可以并入乐视网(如乐视网拟收购乐视影业),一些暂时需要培育的资产也可以从乐视网剥离进入非上市公司体系(如乐视体育)。乐视网还是"乐视系"的"**广告牌**","乐视系"中非上市公司大多未进入公众视野,提升品牌知名度和美誉度需要一定的广告投入,但有了上市公司乐视网,依托乐视网自身的社会关注度和营销投入,其他"乐视系"的公司可以搭顺风车获得社会的关注。

2. "乐视系"与"乐视生态"的关系

本书的本意并非研究"乐视系",但乐视网作为"乐视系"的中枢,研究乐视网的经营方式和经营战略需要将其置入"乐视系"的大环境中,一些孤立来看被遮蔽

---

① 交易对价是指一方为换取另一方做某事的承诺而向另一方支付的金钱代价或得到该种承诺的承诺。
② 详见《乐视网信息技术(北京)股份有限公司第二届董事会第十六次会议决议公告》。

的问题就会显现出来。"生态""生态化反"等已经成为"乐视系"的标签。"乐视生态"在 2010 年乐视网的招股书中就已经显现雏形。在阐述公司竞争优势时,乐视网称:"公司一直坚持'合法版权＋用户培育＋平台增值'三位一体化的商业模式。"概括地说,这一商业模式通过购买版权内容为视频收费服务铺路,通过免费用户和付费用户差异化的产品策略培育用户群,使用户群在视频网站这一平台上增值,实现盈利和持续经营。在这一"生态"的雏形中,网站已经被定义为一个"增值平台",而版权购买和用户培育则被划入内容领域。

到 2012 年,"合法版权＋用户培育＋平台增值"的三位一体变为"内容＋平台＋终端＋应用"四位一体。按照乐视网的解释,通过优质内容吸引客户,视频网站作为内容增值的平台发挥版权的商业价值,多终端的布局提升用户体验,以应用商店(LETV Store)为基础培育集应用下载、广告营销和使用反馈的开放性商业平台。与"三位一体"相比,"四位一体"中质的变化在"终端"环节——这意味着新商业领域的加入,在内容生产和网络传播的基础上增加了硬件生产。"3D 云视频播放机是公司在硬件领域的战略级产品,目前推出了 T1 和 C1 两个系列。"①

乐视网的年报中最早出现"乐视生态"的提法是在 2014 年。"内容＋平台＋终端＋应用"中的前两个元素交换了一下位置,变为"平台＋内容＋终端＋应用"。"乐视生态系统"代替了"四位一体"成为以上模式的名称。"……以内容为基础,加强相关增值服务的开发及应用,在多屏领先技术优势与乐视生态的垂直产业链的整合布局支持下,通过……多屏终端为用户带来极致的体验。"②以上年报中的话虽然有不少夸张的用词,但基本反映了"乐视生态系统"的两个特点:垂直产业链整合、多屏终端。所谓垂直产业链整合,即在经营中为了实现自制而向产业链上下游的延伸。同年,乐视体育从乐视网剥离成立单独的公司,突出版权内容在产业布局中的地位;收购花儿影业和乐视新媒体,向上游电视剧制作和发行领域整合资源;"乐视 TV·超级电视"开始销售,内嵌 LetvUI。乐视网的这一布局,将自己的竞争对手从视频网站扩大到硬件厂家和具有"构建生态能力"的互联网公司。如果从面临的竞争对手的共同性来看,乐视网的重要竞争对手是小米公司(即北京小米科技有限责任公司),因为后者通过"米家生态链"获得硬件生产能

---

① 乐视网信息技术(北京)股份有限公司 2012 年度报告,25.
② 乐视网信息技术(北京)股份有限公司 2013 年度报告,51.

力,又通过 MIUI 和搭载了 MIUI 的各类智能硬件获得了"信息入口"①,进而成为"具有'构建生态能力'的互联网公司"。

"乐视生态"在 2016 年年报中再加一员——"软件",即"内容 + 平台 + 终端 + 软件 + 应用"。"软件"主要指的是各类终端上的"乐视视频"客户端。从 2015 年开始,"乐视生态"中的"平台"就不仅仅是视频网站,而是扩展为云计算平台、电子商务平台、大数据平台和广告平台。在 2016 年年报中,以上四个平台的提法被整合为"乐视云平台"。但是,关于什么是乐视云平台,年报中并没有详细的解释。从"乐视云"的产品形态来看,"乐视云平台"应该是一个包括内容分发网络平台、视频平台服务(Video Platform as a Service,Vpaas)、计算平台、存储平台、客户端开发平台和直播平台的技术解决方案的集合。这个解决方案的集合,是以流媒体视频技术为中心的,其他的技术均是解决流媒体播放的外围非独占技术。"终端"在 2015 年亦有所扩展,乐视手机第一代于 2015 年 4 月 4 日发布,不过该手机并非由乐视网或者其子公司设计生产,而是由关联公司乐视移动智能信息技术(北京)有限公司(即乐视移动)负责。

此外,"乐视生态"在 2016 年还显现出 O2O 模式的苗头,乐帕营销、乐视移动、东方车云(即易到用车)和 Le Corporation Limited(向海外销售智能终端的公司)都是乐视网 O2O 模式的重要组成部分。"通过乐视移动智能旗下的乐视超级手机产品带动公司乐视影视会员的销售,这既为公司乐视影视会员拓宽了销售渠道、增加了销售收入,也同时有助于培养终端用户付费观看公司影视内容的习惯。"②乐视网年报中的表述,基本解释了"乐视生态"中的元素与"乐视系"下各公司之间的关系,即"乐视生态"中的每一个环节,都由"乐视系"下的公司承担,而乐视网处于"乐视生态"的中枢位置。

通过梳理"乐视生态"的流变过程,不难发现"乐视生态"与"乐视系"之间的对应关系,并非一成不变的——"乐视生态"不断丰富的同时,"乐视系"也在不断壮大,反之亦然。不过,如果要判断先有"乐视生态"还是先有"乐视系",以本节的资料恐难判断,需要引入其他视角。假如从乐视网上市前的关联方情况来看,当时乐视网的实际控制人贾跃亭手中拥有一家新加坡上市公司(SINOTEL TECH-

---

① 信息入口是指将众多用户的潜在需求与能够满足相关需求的提供方连接起来,并落地展现甚至固化为用户习惯的能力。

② 乐视网信息技术(北京)股份有限公司 2016 年度报告,22.

NOLOGIES LTD.）和移动通信设备生产公司（山西西贝尔、北京西伯尔）、广告公司（乐视流媒体）和影视投资公司（乐视娱乐），而这些公司彼时已经构成了"乐视系"。那时"乐视系"内部已经存在关联交易的情况，如2005—2007年乐视网与北京西伯尔发生经常性关联交易，这些关联交易构成了最早的"乐视生态"。但如果从乐视网发展战略的角度来看，则是先有"乐视生态"，后有"乐视系"。乐视网要发挥"乐视系"的"取款机""变速器""交换机""广告牌"功能，就必须保持上市公司的身份，也就意味着必须有为正数的净利润，用好关联交易是"修饰"净利润数据的可用方法之一。所以，也有研究认为，"乐视系"在2013年至2015年先后推出互联网电视机顶盒、电视机、手机、自行车乃至争论不断的汽车，是为了增加乐视网的公众曝光量、增强投资者的信心，同时也是为了尽可能多地从各种终端向乐视网导入流量，提升乐视网的经营表现。所以，从流变的角度来看，所谓"乐视生态"，就是"乐视系"下各公司之间以乐视网为中枢的关联交易。

3. 乐视网发展战略与"乐视系"的关系

关于乐视网发展战略的研究，可谓是网络视频研究的热点。使用中国知网高级检索工具，以"and"逻辑连接主题词"乐视网"和"战略"，可以检索到116条命中结果。① 使用相同的检索方法处理比乐视网市场地位略高的优酷网，仅得到77条结果。乐视网之所以受到研究者的较高关注，一方面如前文所述，是因为其作为国内上市公司在社会关注度方面比海外上市公司有语言和文化优势，另一方面是因为乐视网"首家实现盈利的视频网站"的标签是其他视频网站所没有，许多研究者希望从乐视网的案例中探索视频网站实现盈利的方式，进而分析视频网站发展战略。笔者简单浏览中国知网上的命中结果，发现已有的关于乐视网发展战略的研究，主要围绕价值链、垂直整合、全产业链、大数据、云视频等关键词。笔者认为，现有研究所使用的材料停留在乐视网的"表象"，即乐视网的各种宣传材料和新闻报道，并未触及乐视网发展战略的根基——乐视网与"乐视系"的关系，对乐视网经营历史和现状以及整个网络视频行业各种现象的解释力有限。

对于乐视网个体而言，**从财务数据来看，乐视网面临的无形资产压力较大，需要不断通过用户群培养和产品线建设取代以版权为核心的竞争思路，降低无形资产的比重，从资产"轻量化"的公司转变为轻资产公司。**但由于乐视网所处的A

---

① 数据日期：2017年10月15日。

股市场对上市公司净利润为正的要求,所以乐视网在实现转型的过程中还必须保证净利润为正,以免被退市。鉴于以上两方面的制约(尤其是第二点),乐视网的发展不可避免地需要调动内外部因素保证净利润,故而有本章前文中所提到的比较突出的研发费用资本化和关联交易两种现象。**这两种现象一方面在短期有助于乐视网的净利润表现,但长期看来会对未来的公司经营形成较大的财务压力。一旦资金链断裂,甚至是某个重要关联公司的资金链出现问题,都会影响乐视网手中的现金,进而影响净利润。**乐视网在2016—2017年所遇到的现金危机和由现金危机带来的连锁反应,即为以上风险的结果之一。

乐视网是"乐视系"的中枢,因而保住乐视网上市公司的身份对于"乐视系"至关重要。故乐视网的发展战略,应以保住上市公司的身份为第一要务,之后的重点目标是业绩表现突出、股价上涨、提升融资能力、提升资源配置能力等。然而这些非首位的重点目标,又与"乐视系"的发展战略密不可分。当"乐视系"处于前期高投入阶段时,乐视网的战略目标应是争取更大规模的融资;当"乐视系"处于中期攻坚阶段时,乐视网的战略目标应是提升资源配置能力;当"乐视系"处于后期巩固阶段时,乐视网的战略目标应是保持"乐视"品牌的知名度和美誉度,为"乐视系"的重要战略决策提供信用支持。相反,为了乐视网能够实现以上目标,"乐视系"应全力保证乐视网能够保持上市公司的身份并提升其业绩表现。

总之,在战略分析时,乐视网与"乐视系"紧密联系在一起:没有"乐视系",乐视网就失去了产业链支撑;没有乐视网,"乐视系"的资产就无法盘活。从2017年1月初开始融创中国董事长孙宏斌逐渐接手乐视网,直至同年7月21日乐视网董事会上孙宏斌当选乐视网董事长,乐视网的"新东家"也保持着乐视网和"乐视系"的紧密关系——融创中国所购买的股份,除了乐视网,还包括乐视致新(经营乐视超级电视)和乐视影业等业绩表现较好的非上市公司。至于处于经营不善状态的乐视体育、乐视手机乃至乐视汽车,与本次交易无关。新的乐视网已经在有意抛弃"乐视系"中的包袱,虽然前途未卜,但已经摆出了轻装前进的姿态。

5.2　优酷网：游子归来

与乐视网备受关注的"盈利"和"生态"相比,优酷网①的争议要少得多。无论是从公开搜索引擎的搜索结果还是中国知网这类专业数据库的检索结果来看,关于优酷网的文章虽然不少,但数量远比不上乐视网。那么,以优酷网作为案例的价值何在?

首先,优酷网是目前少数持续经营时间超过十年且仍比较活跃的视频网站。在持续经营时间与活跃程度两个维度上能与优酷网相提并论的只有乐视网。曾经优酷网的同行者土豆网、56 网、酷 6 网、激动网,其访问量和广告吸引力都明显下降,获得的热播资源和独播资源也越来越少。与优酷网和乐视网相比,这些网站的主页显得相当冷清。根据中国网络视听节目服务协会和中国互联网络信息中心联合发布的报告,优酷网与爱奇艺、腾讯视频处于民营视频网站的第一梯队。②

其次,优酷网作为案例的综合性较强,可供分析的角度比较多。2005 年 9 月优酷网的创始人古永锵在开曼群岛（Cayman Islands）注册了合一有限责任公司（1Verge Inc.）,2006 年 12 月合一公司的在线网络视频服务（Online Video Service）上线运营,网站名称为优酷网（youku. com）,2008 年合一公司更名为优酷有限责任公司（Youku Inc. ,以下简称"优酷公司"）,2010 年优酷公司通过 VIE 结构（详见后文）在纽约证券交易所上市,2012 年以 100% 换股的方式与土豆股份有限公司（Tudou Holdings Ltd. ）合并组建优酷土豆股份有限责任公司,2015 年从纽交所私有化退市、被阿里巴巴集团收购成为后者的全资子公司。优酷网的经历可谓是视频网站中最丰富的。

再次,优酷网作为在美国上市的公司无须考虑净利润为正的要求,财务数据和公司战略更加接近网络视频公司的原貌。实际上,大多数视频网站由于盈利方

① 本章所指的优酷网,包括 2006—2012 年的优酷网、2012—2015 年由优酷网和土豆网合并而来的优酷土豆股份有限公司、2015 年之后的合一集团,具体所指在上下文中会另行说明。

② 中国网络视听节目服务协会、中国互联网络信息中心,《2016 年中国网络视听发展研究报告》,27.

式不明晰,叠加前期高昂的带宽成本和版权成本,难以实现连续的盈利,故而通常选择海外上市。在新加坡股市、香港股市、日本股市和美国股市这几个中国公司常选择的上市地点中,美国股市的制度比较健全、衍生工具比较丰富、社会资金量比较大,因而成为上市地点的第一选择。土豆网、酷6网等视频网站均在美国纳斯达克上市。2018年2月28日,爱奇艺向美国证券交易委员会提交了IPO申请;3月2日,哔哩哔哩也提交了IPO申请,计划赴美上市。相较于国内A股市场,美国证券市场不看重净利润指标,比较看重营业收入和商业模式,所以才出现了亚马逊公司上市近20年不盈利但股价表现持续强势的情况。在美国的证券市场中,优酷网的财务数据不必像乐视网一样通过研发费用资本化提升当期净利润表现、将财务风险在未来累加;也不必成立各类关联公司通过"资产腾挪"的方式形成庞大的关联交易额。故而优酷网的财务数据表现更接近行业的真实情况。

最后,优酷网和乐视网一样也处于更大的"商业生态"之中。虽然优酷网在财务数据处理方式上代表大多数视频网站,与乐视网迥异,但随着阿里巴巴集团收购合一集团(由优酷土豆股份有限公司2015年更名而来),优酷网的网络视频业务成为阿里巴巴商业生态的一部分,这又与乐视网所处的"乐视生态"具有可比较的地方。2016年6月,阿里巴巴集团将2015年收购来的合一集团和阿里影业、阿里音乐等组成阿里大文娱版块,形成了包括创作环节、投资制作环节、发行环节、票务环节、放映环节、金融环节和数据环节的影视娱乐产业链。这其中既包括内容(如阿里文学),也包括平台(如华数传媒、大地院线和优酷网、土豆网),还包括终端(如天猫魔盒、优酷客户端以及作为关联方的魅族手机),应用和软件更是阿里巴巴集团"长袖善舞"的领域。可以说,优酷网所处的阿里大文娱版块是乐视网所处的"乐视生态"的复杂版,"乐视生态"也是可以与阿里大文娱版块对比研究的近似案例。而优酷网与乐视网的比较,则是研究所谓"互联网娱乐生态"的切入点之一。

相较于乐视网A股上市、特殊会计方法和自建"生态",优酷网则是另一条道路:境外上市、常规性会计方法、被收购。那么,对优酷网的分析,也应围绕以上三方面。

5.2.1 优酷网境外上市模式分析

上市是企业做强做大的一种发展模式,许多国际知名商业公司同时也是上市公司。成立时间比优酷网早一年的土豆网在 2009 年就向美国证监会提交了招股申请书,2010 年 8 月 12 日乐视网在 A 股上市,8 月 17 日酷 6 网在纳斯达克上市。加上优酷网自身的资金压力和来自股东的压力,上市成为优酷网的必然选择。

但是,优酷网由于连续多年亏损,无法达到国内中小板和创业板的上市要求。如果直接赴美国纽交所或者纳斯达克上市,则会受到国内一系列规制的限制。如第三章所述,根据 2007 年版的《外商投资产业指导目录》,"网络视听节目服务"属于禁止外商投资的领域。优酷网招股书中也对此做了说明:鉴于中华人民共和国关于境内电信增值服务和广告业务对外商投资的法律限制,我们基本通过国内统一的隶属实体运作生意(原文如下:Due to PRC legal restrictions on foreign ownership and investment in value – added telecommunications services and advertising businesses in China, we operate our business primarily through our consolidated affiliated entities in China. ①)。"consolidate affiliated entities"即优酷网上市的关键,称为 VIE(Variable Interest Entities,可变利益实体)结构。

VIE 结构在国内最早的实践案例是新浪网。中国互联网企业自 20 世纪 90 年代诞生以来,正赶上了中国政府高度重视信息化建设的时代,信息门户、聊天室、论坛、即时通信等互联网业务在大陆如火如荼地开展。社会对互联网服务的强烈需求,吸引互联网企业不断扩大经营规模以提供更多服务、获得更高利润。上市成为许多互联网公司募集资金扩大经营规模的选择。但彼时中国股票市场对于中小型创业公司并不"友好",对经营时间、股本总量、资产规模、净利润数据要求高,中小型创业公司很难达到在国内上市的条件。事实上,直到 2004 年深圳证券交易所才在主板下设中小企业板,直到 2009 年被称为"中国纳斯达克"的创业板才上市。门槛更低的"新兴战略板"一直"犹抱琵琶半遮面",消息时有时无。何况相较于美国资本市场,中国资本市场的规模小、限制多,影响上市公司的盈利能力。因此,以新浪网为代表的一系列民营门户网站意欲赴美国上市。但是,一旦赴美国上市,就变成外资公司,彼时无论是《电信市场管理办法》还是《外商投资产业指导目录》,均限制外资进入互联网增值服务和广告业务。在这种上市需求与现实限制的矛盾下,新浪网通过 VIE 结构绕过国内规制,成功在美国上市。这种海外上市的模式,由于首先被应用于新浪,也被称为"新浪模式"。

---

① Prospectus of Youku on SEC (Form F – 1),p111.

　　新浪网的经营主体——北京四通利方信息技术有限公司(以下简称"北京四通利方")首先将主营业务剥离,在国内成立了两家由自然人持股的内资公司(即北京新浪互联信息服务有限公司和北京新浪互动广告有限责任公司),以这两家公司的名义申请各类电信增值业务牌照和广告业务准入资格。同时,四通利方在开曼群岛注册了四通利方国际有限责任公司,该公司包括四个子公司:香港利方投资有限责任公司、香港新浪有限责任公司、新浪在线(注册地在美国)和新浪有限公司(注册地在英属维尔京群岛)。在整个结构中,四通利方国际有限责任公司是赴美国上市的主体,该公司通过一系列的协议实现对北京新浪互联信息服务有限公司和北京新浪互动广告有限责任公司的控制(非股权控制),通过技术服务协议、采购协议、广告位购买协议、广告代理协议和咨询服务协议,将国内两家公司的财务情况纳入四通利方国际有限责任公司的财务报告,实现了美股上市公司通过合同形成与国内内资公司的财务联系,既将国内内资公司的经营状况装入美股上市公司的财务报表,又迂回绕过了电信行政主管部门对外商投资的限制,该模式即 VIE 结构。VIE 结构实质上是规避法律对外商投资的限制,通过一系列专门的协议将境内公司的利润转移到境外的上市公司。之后,网易、盛大、搜狐、阿里巴巴等公司赴美国上市的路径均是 VIE 结构。这是投资银行与律师事务所共同创造的上市模式,是商业领域的一大引人关注的举措。不过,VIE 结构这种非直接上市的模式,由于环节较多,故而面临一些法律风险。目前有不少文献均对此有所讨论,不过这一话题已超出本书讨论的范畴,在此不予详说。

　　优酷网的上市模式也是一种 VIE 结构,不过相对于"新浪模式"来说要简单一些。如前文所述,2005 年优酷网的创始人古永锵在开曼群岛创立了合一有限责任公司(1Verge Inc.)。2010 年 4 月 27 日,合一有限责任公司获得了香港 Jet Brilliant 广告公司对等利益,这家公司完全拥有北京 Jet Brilliant 广告公司。香港 Jet Brilliant 是合一有限责任公司完全控股的公司。同时,以合一有限责任公司实际控制人古永锵妻子 Qin Qiong 和公司董事、首席财务官、高级副总裁刘德乐的名义设立合一信息技术股份有限责任公司(1Verge Information Technology(Beijing) Co. Ltd.)和 Jiaheyi 广告股份有限责任公司(Jiaheyi Advertising(Beijing)Co., Ltd.)。这两家公司是合一有限责任公司的"控制的关联主体(consolidate affiliated entities)",是内资公司,可以申请互联网增值服务、互联网视听节目服务和广告业务等许可证。通过一系列合同协议,合一有限责任公司与合一信息技术有限责任公司、Jiaheyi 形成了 VIE 结构。整体架构如图 5.3 所示。

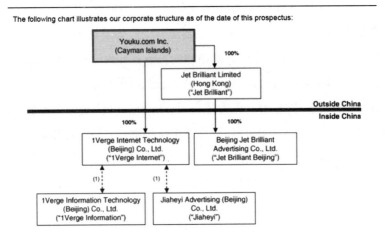

图 5.3　优酷网 VIE 结构图①

　　尽管 VIE 结构如此精巧,但只是权宜之计,采用这种架构的公司仍然面临较大的政策风险。一方面,境外公司与内资公司之间的合同关系是 VIE 结构的薄弱环节。这种合同关系可能面临被外汇部门和税务部门审查的可能,给 VIE 结构增加政策不确定性,而且 VIE 结构里的合同未能解决内资公司实际股东(境外公司的实际控制人)和名义股东(内资公司的名义控制人)之间的利益冲突。在优酷网的案例中,内资公司的第一大股东是境外公司实际控制人的妻子,第二大股东是境外公司的高管,通过家庭关系和重要合作关系提升 VIE 结构的稳定性。

　　另一方面,对于设立离岸投资公司这种"特殊目的行为",有可能纳入国家行政主管部门的监管之下。在新浪网上市 7 年之后,商务部等六部委于 2006 年公布《关于外国投资者并购境内企业的规定》,对特殊目的公司设置了特别的内容,要求境内公司在境外设立特殊目的的公司②,应向商务部申请办理核准手续,并规定了关联方并购的详细条款。不过,优酷网的境外公司合一有限责任公司并非由内资公司成立的,而是早在 2005 年就已经设立,故而不受这一条款的影响。但是,这种政策不确定性的影响对于整个网络视频行业来说依然存在。

---

① Prospectus of Youku on SEC（Form F－1）,p5.
② 特殊目的的公司指的是境内居民法人或境内居民自然人以其持有的境内企业资产或权益在境外进行股权融资(包括可转换债融资)为目的而直接设立或间接控制的境外企业。

　　VIE 结构是中国互联网企业强烈的上市需求与国内证券市场发展不充分、产业市场对外资开放有限三者之间矛盾的妥协产物。换言之,这是律师、投资银行和拟上市企业在行政主管部门默许的情况下钻了政策的"空子"。既然是"空子",就存在被堵上的可能。只不过 VIE 结构的始作俑者新浪网上市的时候恰逢中国申请加入世界贸易组织前夕,中国政府默许了 VIE 结构的存在。之后,采用 VIE 结构赴海外上市的互联网公司越来越多,其中不乏百度和阿里巴巴这样的大型互联网企业。十八大之后中国国家领导人在多个场合表示中国发展壮大必须主动顺应经济全球化的潮流①、中国对外开放不会停滞也不会走回头路②,在这种情况下否定 VIE 结构的合法性似乎与"大势"不符。但 VIE 结构的出现以及之后行政主管部门针对性政策的出台,至少给网络视频企业上市以三点启示。

　　第一,在中国证券市场未迈出深化改革的步伐(主要是指注册制)之前,境外上市是处于亏损状态的网络视频企业融资的理想选择。 由于现阶段在 A 股上市面临比纽交所甚至纳斯达克更高的上市门槛(持续经营时间、总股本、净利润等指标),前期资金需求量较大的网络视频企业很难达到这一目标——从 2005 年算起,至 2017 年止只有乐视网一家通过一定的会计方法达到了 A 股上市的要求。如果 A 股市场改审批制为注册制,那么上市的门槛也将相应降低,这就给了网络视频企业以机会和可能。如果 A 股创业板的上市条件与纳斯达克持平,那么后者对于国内网络视频企业几乎没有吸引力。

　　第二,在中国未向外资开放网络视听节目服务市场之前,赴境外上市的网络视频企业必须采用 VIE 结构才能规避国内外商投资政策的限制。 网络视频是互联网产业和广播电视产业的交叉领域,前者开放程度较高而后者开放程度较低。目前这种交叉关系表现在行业门槛上是"就高"的原则,网络视频的管理方式向广播电视看齐(见第四章),严格限制外资进入。在广播电视产业未有明显向国际开放的趋势之前,网络视频领域的开放也不会启动。

　　第三,VIE 结构的薄弱环节在于境外公司与内资公司之间的合同联系,该合同关系面临一定的政策风险。 这一系列合同均处于规制"未否定"的状态,一旦行政主管部门出台新的规制,那么就存在"被否定"的风险。而根据《立法法》和

---

①　习近平在省部级主要领导干部学习贯彻党的十八届五中全会精神专题研讨班上的讲话. 人民日报,2016 – 05 – 10.
②　习近平在二十国集团工商峰会开幕式上的主旨演讲. 新华社,2016 – 09 – 03.

《规章制定程序条例》,部门规章的制定程序比较简单,由国务院部门起草、国务院法制部门审查(见第五章)。当 VIE 结构中的合同关系未受到法律和行政法律的特殊保护时,就有可能被行政主管部门"否定"。正如优酷网招股书中所说,适用于我们的中华人民共和国法律和法规伴随着不确定性(原文:uncertainties associated with our compliance with various PRC laws and regulations. ①)。

5.2.2　优酷网经营分析

相较于优酷网需要通过各种财务手段保证财务表上净利润为正,优酷网在财务表的处理上比较常规。在版权摊销方面,优酷网在 2010 年之前采用直线摊销法,2011 年之后采用了更适合影视企业持续经营的加速摊销法。以上两方面,使优酷网的财务数据更能代表网络视频企业的一般情况。本书所分析的优酷网的数据,均来自美国证券交易委员会网站(www. sec. gov)。

表 5.10　优酷网② 2007—2015 年 Q3 财务数据③单位:亿元

	2015 年	2014 年	2013 年	2012 年	2011 年	2010 年	2009 年	2008 年	2007 年
净营收	61.33	40.00	30.00	18.00	8.98	3.87	1.54	0.33	0.02
毛利润	7.74	7.81	5.42	2.96	2.30	0.36	−0.63	−1.38	−0.44
净利润	−17.27	−8.89	−5.81	−4.24	−1.72	−2.05	−1.82	−2.05	−0.90
运营支出	26.09	17.00	12.00	7.75	3.84	1.91	1.12	0.65	0.44
带宽成本	12.91	9.17	6.90	5.25	3.25	1.92	1.49	1.32	3.57
内容成本	30.79	18.00	14.10	7.37	2.43	0.83	0.17	0.10	0.03
广告收入	46.97	36.00	27.07	16.17	8.51	3.74	1.41	0.30	0.02
会员业务收入	7.36	1.52	0.26	/	/	/	/	/	/

①　Prospectus of Youku on SEC (Form F − 1),p4。

②　需要指出的是,自 2012 年优酷网与土豆网合并之后,土豆网的财报合并到优酷网的数据中,故此处的优酷网指的是在纽交所上市的股票简称为 YOKU 的公司整体。

③　优酷网 2010 年上市,2015 年 11 月 6 日公布与阿里巴巴的合并计划,2016 年完成私有化从纽交所退市,财报截至 2015 年第 3 季度;2015 年的数据由本年度前三季度的数据估算出,具体方法为:全年数据 = (Q1 + Q2 + Q3) ÷ 3 × 4。

　　需要指出的是,由于优酷网在纽交所上市、按照美国标准会计准则计算财务数据,与 A 股上市公司乐视网有一定的差异,无法直接对比。因此本书对于优酷网财务数据的分析,仅限于优酷网经营状况的历时性对比。

　　从表5.10 的数据来看,优酷网的净营收虽然一直在增加,但净亏损也呈现总体上升的趋势。在 2010 年之前,优酷网的毛利润还一度为负,这意味着收入小于支出的状态。比较净营收、毛利润、净利润和运营支出四个数据,结果如图 5.4所示。

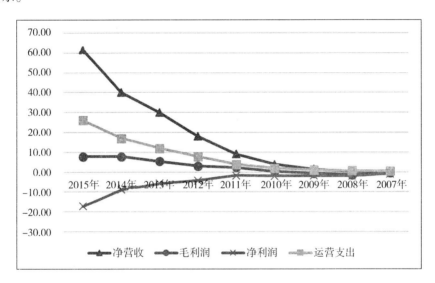

图 5.4　优酷网 2007—2015 年部分财务指标变化情况(一)　单位:亿元

　　图 5.4 直观地反映了 2007—2015 年优酷网四项经营指标的变化情况。优酷网上市之后,各项指标的变化幅度均大于上市之前。在净营收、运营支出和毛利润三者之间,净营收增幅最快,毛利润其次。若三者与净亏损比较,则无论三者如何增加净亏损一直存在,而且毛利润的绝对值小于净利润的绝对值。虽然优酷网一直声称在探索盈利模式,一些研究也假设网络视频可以盈利并以此为前提研究盈利模式,但优酷网连续 8 年的数据并未出现盈利的迹象,反而出现净营收越增长、亏损越扩大的局面。

　　图 5.5 是优酷网 2007—2015 年带宽成本、内容成本、广告收入和会员业务收入的变化情况。总体来看,以上四项财务指标在 8 年间均呈现增长态势。带宽成本的变化情况呈现轻度的 U 字形,2008 年和 2009 年是谷底,之后缓慢上升。出现轻度 U 字形的原因是网络视频对带宽的需求较大、前期投入较多(原文:The pro-

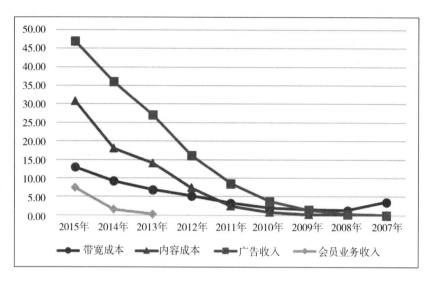

图 5.5　优酷网 2007—2015 年部分财务指标变化情况(二)　单位:亿元

curement of Internet bandwidth has historically accounted for the majority of our cost of revenues. ①),但是带宽规模到达一定临界点(同时伴随 CDN 技术的成熟)后,带宽已经能够支持基本的运营,带宽成本的增加主要用于影视剧库规模扩大和影视节目码率增加而带来的带宽需求,已经不是首要的支出。内容成本则处于持续上升的状态,并于 2012 年超过带宽成本。表 5.11 比较了优酷网 2007—2015 年若干成本子项的变化情况,数据很直观地显现了带宽成本占比逐年下降、内容成本占比逐年上升的情况。内容成本占比在 2012 年超过了带宽成本占比,成为首要成本项。其中大部分的原因是,2012 年优酷网与土豆网合并后,新公司的经营规模迅速扩大,规模效益在带宽成本上显现。虽然内容成本与带宽成本此消彼长,但二者之和占总成本的比重一直稳定在 75% 以上,占了优酷网的绝大部分成本。

---

① Prospectus of Youku on SEC (Form F - 1),p15。

表 5.11 优酷网 2007—2015 年①成本数据表

	2015 年	2014 年	2013 年	2012 年	2011 年	2010 年	2009 年	2008 年	2007 年
税费与附加费（元）	5.08	3.66	2.76	1.69	0.90	0.38	0.17	0.04	0.00
带宽成本（元）	12.91	9.17	6.86	5.25	3.25	1.92	1.49	1.32	0.36
带宽成本占比	25.67%	26.98%	27.56%	34.99%	46.56%	54.64%	68.98%	77.09%	77.43%
设备折旧（元）	1.53	0.99	1.02	0.69	0.39	0.38	0.34	0.25	0.07
内容成本（元）	30.79	20.17	14.23	7.37	2.43	0.83	0.17	0.10	0.03
内容成本占比	61.20%	59.33%	57.20%	49.15%	34.90%	23.58%	7.80%	6.04%	6.74%
合计（元）	50.31	34.00	24.87	15.00	6.97	3.51	2.17	1.71	0.46
带宽成本与内容成本合计占比	86.87%	86.32%	84.77%	84.14%	81.46%	78.21%	76.78%	83.13%	84.17%

内容成本绝对支出和相对占比增加的同时,相应地优酷网广告收入也在增长。表 5.12 显示了 2007—2015 年优酷网广告收入占净营收的比重变化情况。8 年来,广告收入一直占优酷网收入的绝大部分,其他收入和 2013 年后纳入统计会

---

① 2015 年的数据由本年度前三季度的数据估算出,具体方法为:全年数据 = (Q1 + Q2 + Q3) ÷3×4;2015 年的数据来自前三季度的 6－K 表格,该表格中有"其他支出"的子项,处于与先前数据格式一致的考虑,该处并未列出。

员业务的收入占比较低。广告业务一直是优酷网非常重视的收入来源,在 SEC 网站上公布的优酷网 20 - K① 文件中多次提到了广告收入对优酷网净营收的贡献。但是,虽然广告收入快速增长,但仍然无法覆盖运营支出和运营成本(尤其是内容成本和带宽成本)的持续增加。不过,网络视频广告的价值目前亦未得到足够的重视。根据电视和网络视频两方面的最新数据,2015 年网络视频广告总额约为287 亿元,用户规模约为 5.04 亿人,人均广告费用约为 57 元;2014 年电视广告总额为 1116.19 亿元,用户规模约为 13.22 亿人,人均广告费用约为 84 元。② 虽然这一差距相较于 2013 年有所减小③,但网络视频广告价值仍然有进步的空间。不过,当广播电视行业早已开始探索广告收入以外的盈利来源时④,视频网站把实现盈利的希望寄托于单纯的广告收入,是一条行不通的“老路”。表现在优酷网案例中,就是净营收扩大的同时净亏损也在扩大,没有出现盈利的迹象。美国的证券研究者也认为中国的广告主对于网络视频广告的重视程度不如美国(原文:The reason for this is because advertisers in China don't value viewers as much as they do in the U. S.)。⑤ 优酷网的盈利模式不足以支撑宽带、内容和人力等方面的支出,且优酷网相对年轻的用户群较低的收入也影响了优酷网的盈利(原文:From what I see,Youku hasnt even proven their business model to be viable as the combination of high bandwidth costs,high content costs,and young users with small incomes all add up to losses for the company so far.)⑥。事实上,不仅是优酷网,合并之前的土豆网和从纳斯达克退市的酷 6 网的财报均呈现这一特征。这也是为什么乐视网受关注的原因之一:在广告收入之外,乐视网的硬件销售和会员业务收入占净营收比重较大,在纸面上实现了盈利模式的多元化。

不过,虽然会员业务收入占比较低,但增长较快。这得益于 2012 年以来网络视频付费用户规模不断增长(见图 5.6)的宏观环境。究其原因,是因为版权保护

---

① 20 - K 文件是美股外国上市公司的年报数据。

② 网络视频数据来自《2015 年中国网络视听发展研究报告》,电视数据来自《中国广播电视年鉴(2014 年)》。

③ 尤文奎,胡泳.电视的未来[J].新闻爱好者,2014(7).

④ 陆地.中国电视产业发展战略研究[M].北京:新华出版社,1999:249.

⑤ *IPO Gives Chinese Video Site Youku a ＄3.3 Billion Market Cap*:seekingalpha.com/article/240827 - ipo - gives - chinese - video - site - youku - a - 3_3 - billion - market - cap。

⑥ *What Should Youku Really Be Worth?*:seekingalpha.com/article/241092 - what - should - youku - really - be - worth。

力度不断增强的同时影视版权价格水涨船高,视频网站自 2012 年开始从原来的向内容制作机构购买版权转向自制,拥有了大量独家资源,形成了对用户付费意愿的议价能力。

表 5.12　优酷网 2007—2015 年广告收入占净营收的比重变化情况

	2015 年	2014 年	2013 年	2012 年	2011 年	2010 年	2009 年	2008 年	2007 年
广告收入（亿元）	46.97	36.00	27.07	16.17	8.51	3.74	1.41	0.30	0.02
广告收入占比	76.58%	90.00%	90.23%	89.83%	94.81%	96.62%	91.85%	90.91%	100%
会员业务收入（亿元）	7.36	1.52	0.26	/	/	/	/	/	/
净营收（亿元）	61.33	40.00	30.00	18.00	8.98	3.87	1.54	0.33	0.02

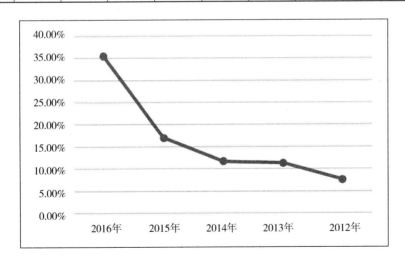

图 5.6　2012—2016 年我国网络视频付费用户占总用户比例的变化情况①

---

① 数据来源:综合《2011 年中国网民网络视频应用研究报告》(CNNIC)、《2013 年中国网络视频应用研究报告》(CNNIC)、《2015 年中国网络视听发展研究报告》(CNNIC、中国网络视听节目服务协会)和《2016 年中国网络视听发展研究报告》(发布单位同上)。

从 8 年的公开经营数据来看,优酷网广告收入的绝对总量在增加,但占净营收的比重从 100% 降低到 76.58%。会员业务则呈现绝对总量与相对占比同时增加的情形。在图 5.6 所示的产业背景下,优酷网既是付费用户占比持续增长的贡献者,也是受益者。只不过由于 2015 年之后优酷网的财务报表被合并入阿里巴巴集团的财务报表,难以分析出近两年的情况。

5.2.3 优酷网产业整合行为分析

优酷网虽然不是第一家上市的视频网站,但是它上市之后在资本市场上的行动频率和关注度却无出其右。2012 年 3 月 12 日,纽交所上市公司优酷网公布了和纳斯达克上市公司土豆网以 100% 换股方式合并的方案,成立以优酷网为主体的新公司——优酷土豆股份有限公司。2015 年 10 月 16 日,纽交所上市公司阿里巴巴集团提议收购优酷土豆,后者于第二年 4 月 6 日完成私有化并从纽交所退市,成为阿里巴巴集团的全资子公司。第一次合并,产生了网络视频行业规模最大的企业;第二次合并,产生了网络视频行业数额最大的收购案。优酷网之所以能够一直位列行业第一阵营,与这两次产业整合行为关系重大——第一次产业整合直接成倍增加了经营规模,第二次产业整合使优酷网通过电子商务环节融入互联网产业链。

1. 乘法:优酷网第一次产业整合分析

优酷网第一次产业整合是指优酷网与土豆网合并成立新公司。2012 年两公司合并时,优酷网和土豆网的市场占有率已经分别位列行业第一和第二。按照企业经营的一般逻辑,占据行业第一的优酷网和土豆网应该继续提升内容质量、营销力度和融资规模,以形成相对的竞争优势。如果优酷网和土豆网均选择了这一策略,那么两家公司的股东将不得不进行更大规模的投资,而且随着投资规模的增加投资风险也同步提升。现实是市值只有优酷网 1/4 的土豆网最先表达合并意愿。2011 年 11 月,土豆网的财务顾问公司摩根士丹利(Morgan Stanley)向土豆网董事会提交了战略建议,其中就包括与其他视频网站合并的选项,优酷网是备选之一。同时,对于优酷网来说,土豆网也是合并的较优对象。经过优酷网原始投资人成为资本(Chengwei Captital)、纪源资本(GGV Capital)等的推动,两家公司的董事会经过几轮商议,在 2012 年 3 月 12 日公布了合并方案。① 从财务建议到合并方案,一共只经历了不到五个月时间。此时,距离土豆网上市不足一年。

这么急于合并,背后是土豆网大股东的推动。根据土豆网的 SEC 文件,其首席执行官王微仅持有公司股份的 8.6%,前四大股东合计持有公司股份的 48.5%且均为机构投资者。原本土豆网计划在 2010 年赶在优酷网之前上市,于是在2010 年 11 月比优酷网早几天向美国证券交易委员会提交了 IPO 申请,主承销商是瑞士信贷和德银证券。但由于王微陷入离婚财产分割诉讼而导致其股权被冻结,延迟了上市进度,被优酷网抢了先机,导致土豆网上市后股价表现不佳、市值较小。土豆网一些早期的投资者是美元基金,其投资期限一般为 5—8 年。2011年土豆网上市,距离公司成立已经过去了 6 年,早期的投资者急于收回投资,故而希望通过与优酷网的合并以实现套现离场。

由于合并的总价为 10.4 亿美元,折合人民币近 70 亿元,当时优酷网的账面现金及其等价物仅为 36 亿人民币。优酷网可以选择举债融资、权益融资等杠杆方式实现合并,但前者会带来明显的债务负担,故而非常不适合网络视频这类资金需求量大的行业。权益融资则可能导致公司控制权的流失。优酷网否定了融资购买的方式,采用换股合并的方案,即土豆网股东以土豆网的股票按照一定比例全部兑换为优酷网的股票,完成兑换后土豆网退市。这种方式无须并购发起方优酷网募集资金,降低了财务风险。按照该方案,优酷网在新公司中占股 71.5%,土豆网在新公司中占股 28.5%。

对优酷网和土豆网合并的效果分析,基于优酷土豆股份有限公司(以下简称"优酷土豆")财务数据的研究成果基本可以证明两公司合并后实现了初步的协同效应,即超越了加法实现了 1 + 1 > 2。② 这些采用经济增加值(EVA)方法的研究文献通过分析优酷土豆的销售费用率、研发费用率、营业收入、应收账款等指标,得出了合并后新公司资产管理效率上升、管理协同效应显现的结论;通过分析营业收入增长率、营业利润增长率、净利润增长率和净资产增长率,得出了新公司成长性提升、显现经营协同效应的结论;通过分析流动资产、现金及等价物、流动负

① 以上信息来自优酷网和土豆网的联合代理声明的 SEC 文件:https://www.sec.gov/Archives/edgar/data/1499599/000104746912007277/a2210270zex‐99_2.htm。

② 闫石.优酷并购土豆协同效应研究.北京交通大学,2016.
莫柳红.优酷网与土豆网合并的价值创造分析.广西大学,2016.
马悦.优酷网与土豆网的并购绩效研究.上海交通大学,2014.

债、经营活动现金流量、资产负债率等数据,得出合并后企业现金流增加、资金利用率增加、偿债能力增加的结论。即使站在 2017 年,回顾 2012 年的这场合并,也并未发现不利于优酷网的影响,而且不但一举"消灭"了当时最主要的竞争对手,还壮大了自己的力量。但是对于土豆网来说,由于在新公司中处于从属地位得不到优先发展的机会,日渐从网络视频门户网站变为垂直的专门视频网站。根据阿里大文娱集团的消息,2017 年 3 月起土豆网转型短视频平台。

2. 并集:优酷网第二次产业整合分析

优酷网的第二次产业整合是指 2015 年被阿里巴巴集团收购,成为后者的全资子公司。早在 2014 年 5 月,阿里巴巴集团以 12 亿美元入股优酷,占优酷土豆总流通股的 18.3%,成为第一大股东。2015 年阿里巴巴追加 44 亿美元购买优酷土豆剩下的股份,后者成为前者的全资子公司。在分析本次产业整合行为之前,有必要对阿里巴巴集团的情况做研究。

根据阿里巴巴向美国证券交易委员会提交的招股书,纳入阿里巴巴上市公司的业务包括阿里巴巴网、淘宝网、天猫网、全球速卖通(AliExpress)、聚划算网和阿里云平台。除此之外,根据公开的新闻报道,阿里巴巴集团至少还有金融业务版块(如蚂蚁金服)、医疗版块和文娱版块等业务。其中,优酷土豆所并入的就是阿里巴巴的文娱版块。在优酷土豆并入之前,阿里巴巴的文娱版块已经包含了游戏(阿里游戏、UC9 游网等)、体育(阿里体育、恒大足球等)、媒体(阿里文学、新浪微博、21 世纪传媒、浙报传媒、南华早报等)、音乐(阿里音乐、虾米网等)、硬件(天猫魔盒、微鲸电视、魅族手机)、影视(阿里影业、华谊兄弟、博纳影业、华数 TV)等子版块,详见表 5.13。对照图 5.7,阿里文娱板块在合并优酷土豆之前,基本已经掌握了除此之外的所有领域,而且在产业链的外部,还有电子商务等也是阿里巴巴业务群的重要组成部分。

对比阿里巴巴集团收购优酷土豆之前的文娱业务布局和网络视频产业链,阿里巴巴集团为什么要收购优酷土豆,而优酷土豆为什么选择被阿里巴巴集团收购。答案一目了然:优酷土豆使阿里巴巴集团文娱业务的产业链更加完善,优酷土豆进入文娱版块后将获得周边业务的流量导入和母公司的资金支持。

表 5.13　收购优酷土豆之前阿里巴巴文娱版块结构表

领域	业务	代表性公司
内容	剧本	阿里文学
	新闻消息	21 世纪传媒、新浪微博、浙报集团等
	体育	阿里体育、恒大足球等
	音乐	阿里音乐、虾米音乐等
	游戏	阿里游戏、UC9 游网等
	视频	芭乐网
制片	影视制片与发行	阿里影业、华谊兄弟、博纳影业、粤科软件等
播放	院线	博纳影业
	电视	华数 TV、芒果 TV、微鲸电视、天猫魔盒等
	移动智能设备	魅族手机、Yun OS 等
	网络视频	空白

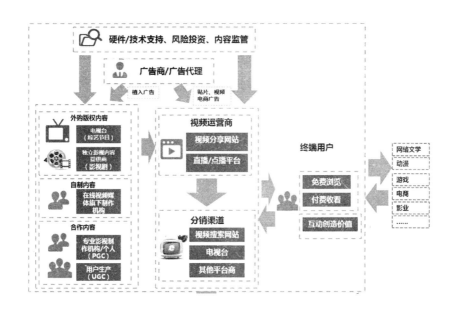

图 5.7　中国网络视频产业链一览①

---

① 中国网络视听节目服务协会、中国互联网络信息中心,《2015 年中国网络视听发展研究报告》,13.

　　文化产业的价值链总体来看是一条增值链,剧本和素材的附加值最低,经过制片、发行、播放等一系列环节形成影视作品,附加值获得了大幅度提升。阿里巴巴文娱版块通过自建和收购等方式集合了以上公司,目标就是构建一条内容增值链。这条增值链的终端在于播放,如果播放反响不好,那么整个前期增值的过程将得不到有效的体现。根据美国电影市场发行的"窗口"经验,一般电影一共有八个发行窗口,分别是:院线、点播院线、有线付费电视、DVD、有线电视、广播电视、地方电视台、视频网站。① 我国的电影市场发行也基本遵循这一模式。新上映的影片最具吸引力,故而大部分的增值收益被靠前的窗口获得。窗口靠后的平台,获得的内容增值收益就少。在美国,Netflix 曾不满窗口靠后而试图超越院线首播电影,称要在 2015 年 8 月 28 日于北美 IMAX 影院和 Netflix 在线同步上映《卧虎藏龙:青冥宝剑》,结果遭到了美国电影协会的抵制。在中国,乐视网曾试图把网络平台播放窗口期提前到与院线同步,其关联公司乐视影业在事先未通知院线的情况下,宣布《消失的凶手》在院线上映的前一天就能够在乐视 TV 上提前观看。乐视网的这一举动损害了院线的利益,各大院线纷纷大幅度降低了该片的排片率——较低的排片率会给电影票房带来非常消极的影响,直接影响电影出品方的收入。该电影的出品方正是安排电影提前在网络平台上播出的乐视影业。

　　阿里巴巴通过在播放渠道的布局,掌握了院线、电视、移动智能设备和网络视频四大平台,基本涵盖了影视作品发行的所有窗口。如此一来,阿里巴巴不但能够在影视作品增值链的各个环节获得利润,还在发行窗口上拥有了较大的话语权,可以调换发行窗口的前后位置,通过类似于国际贸易中"低价倾销"的方式挤压竞争者的市场空间,进而增加在整个影视市场的谈判权。当然,以上分析是发散性的推测,优酷土豆在阿里巴巴的文娱生态中究竟发挥怎样的作用,还要看阿里巴巴的经营实践。也许是超乎我们推测的新布局,也许是不如意料中的乱摊子——毕竟商业经常以实践来"嘲笑"理论。

---

① 靳戈,周铁东. 多尊重规律,少炒作概念——对话新影联影业有限责任公司总经理周铁东[J]. 南方电视学刊,2016(2).

5.3　央视网：电视配角

如第一章所述,中国网络视频产业不仅有乐视网、优酷网等民营视频网站,还包括一些由政府部门、司法机关和事业单位设立的国营视频网站,如最高人民检察院设立的正义网、人民日报社设立的人民电视、国家外文局设立的视讯中国等。这些视频网站由国家出资设立,由于资金来源不同,因此形成了与上述民营视频网站迥异的发展战略和经营思路。同时,政策上对它们倾斜有加,使它们获得了民营视频网站所不具备的竞争优势,形成了中国网络视频产业独特的市场竞争格局。央视网就是其中的代表。

需要指出的是,这里的"央视网"只是对中央电视台所办网站的概括性称呼。事实上,中央电视台所办网站的名称变更了许多次。从1996年12月26日至2018年1月,中央电视台所办的网站经历了若干次转型,每一次转型既有市场导向的动力,更有政策要求的因素。而且,中央电视台作为国家电视台,其所办网站的每一次转型与电视台和民营视频网站的发展状况均存在有张力的联系,既可以作为解读电视台和民营视频网站发展战略的因素,又可以作为研究政府对电视台和民营视频网站发展状况反馈的案例。因此,有必要对中央电视台所办网站的各个阶段加以检视,以分析其每一次转型的政策原因、市场动力和行业影响。

5.3.1　"前"视频时代

虽然中央电视台的网站早在1996年末就接入了国际互联网,但是直到1999年才对外运营。在运营当年,《实话实说》《今日荧屏》《足球之夜》《焦点访谈》《新视听》《今日说法》等栏目上线,表现方式是文字和图片,视频点播资源非常少。第二年,《新闻联播》《新闻30分》《晚间新闻》等中央电视台的品牌新闻栏目采用Real和Windows Media的格式上线点播服务,并且能够实现与电视同步的网页直播。

参考1994年全国四大骨干网建成这一时间节点,中央电视台网站接入互联网的时间并不晚,甚至还要早于一些民营的门户网站。但这个网站放什么内容、如何使用,回答这两个问题消耗了三年的时间。从诞生伊始,中央电视台网站的角色就处在附属的地位——作为电视节目图文化的传播平台。这样的选择,对于彼时的中央电视台来说并不意外。20世纪90年代末经历了以《东方时空》为代表的一轮新闻改革,中央电视台处于发展历史的黄金时期,社会关注度和公信力都非常高。同时,制播分离改革尚未铺开,电视节目制作力量还掌握在中央电视台这样的大台、强台手中,相应地节目资源也集中在这样的电视台。加之互联网带宽的限制和多媒体设备普及率较低的现实,电视相较于互联网毫无疑问是强势媒体,电视台网站之于中央电视台,正如《中国电视报》之于中央电视台一样,是一个围绕电视主业的附属产品。"服务央视,延伸央视,依托央视资源,办出电视特色。"①即使网站上线了中央电视台的电视节目,也只能以图文的形式呈现——由于互联网带宽较小,观众在互联网上观看电视节目的体验较差,需求也不强烈;而且提供流媒体服务对网站服务器管理的要求较高,在市场需求有限的情况下,以图文的形式呈现是比较合适的选择。

"前"视频时代中央电视台网站看起来尚比较"寒酸",这既有自身思想意识不超前的因素,也有客观的带宽限制和多媒体普及率低的影响,但"经验的积累是网站把握未来带宽条件下网络媒体发展的关键"。②

5.3.2　挂牌"央视国际"

2000年3月20日,中央电视台在总编室下设立网络事业发展筹备组,12月26日正式挂牌为"央视国际网络"(简称"央视国际")。该机构负责协调中央电视台节目上网、互联网视听节目策划编辑以及网站的日常技术运营和维护。2006年4月28日,"央视国际"和"央视网络电视"(www. icctv. en,由中视网络发展有限公司运营)合并成为"央视国际网络有限公司",同时运营央视国际网站和央视手机电视两个平台。

"央视国际"这样一个专门协调电视节目上网的部门的成立,意味着网站在中央电视台内容传播布局中的地位有所提升——从整个电视台的层面上看,是希望电视节目上网的。中央电视台内部还专门制作了《中央电视台栏目上网流程、上网管理条例》和《中央电视台节目上网申请表、上网节目备忘录》。③正如"央视国

---

①　中国中央电视台年鉴(2001卷)[M].北京:中国广播影视出版社,2002:152.

②　中国中央电视台年鉴(2001卷)[M].北京:中国广播影视出版社,2002:153.

③　中国中央电视台年鉴(2001卷)[M].北京:中国广播影视出版社,2002:157.

际"的名称所显示的,中央电视台试图通过国际互联网向全球传播中央电视台的
节目。《中国中央电视台年鉴》中关于"央视国际"的部分专门设立了"对外传播"
和"对台传播"的小标题。相较于昂贵的海外落地费用以及相应的政治限制,互联
网全球互联互通的优势是中央电视台扩大国际影响力的替代选择。

　　虽然从2000年起中央电视台网站就已经开始自办栏目(《在线主持》于2000
年开播),之后《电视批评》《线上故事》《网评天下》等多档节目在网站上线,但是
"网民对央视国际网站的印象是网站依托于中央电视台,权威性较高,但不是专业
的新闻门户,优势在于电视节目资源"①。在大多数网民眼中,央视国际只是中央
电视台节目的网络宣传平台和节目查询台,甚至是《中国电视报》的网络版。在网
站自办节目的同时也传播电视台节目的模式中,前者由于制作能力等各方面因素
的限制始终处于边缘地位,反而是互联网扩大了后者的传播面、增强了影响力。
在每年近百万封的网民来信中,索取中央二套(财经频道)、七套(军事·农业频
道)播出的致富信息类节目资料的占据了40%,很多观众询问如何购买中央电视
台已播出节目的影像资料。此类网民来信一方面说明了中央电视台节目的质量
和影响力,另一方面也说明了网民尚未意识到网站的视频点播功能,尚停留在"影
碟机＋光盘"的时代。

　　电视节目在央视国际网站上关注度较高。点击量较高,使中央电视台更加重
视互联网在电视节目传播中的作用。在2006年中央电视台的年鉴中,第一次出
现了"网络电视台"的提法。

5.3.3　更名央视网

　　2008年3月28日,央视国际更名为央视网。此时的央视网,已经不再是单纯
意义上中央电视台的网站,而是中央电视台新媒体业务的统一管理平台。"(央视
网)是中央电视台以电视节目为主的各类信息进行网络传播和推广的独家授权机
构。"②央视网作为新媒体业务统一管理平台,体现在其拥有四张重要的行业许可
证:网络电视许可证、手机电视许可证、IPTV许可证和公交移动电视许可证。如
第四章所言,中国网络视频产业采取的是许可证管理模式,由国家广播电视行政
主管部门根据自己订立的规定有选择地向网络视频企业发放互联网从事视听节

---

①　中国中央电视台年鉴(2006卷)[M]. 北京:中国广播影视出版社,2007:160.
②　中国中央电视台年鉴(2008卷)[M]. 北京:中国广播影视出版社,2009:174.

目服务的各类许可证。总体的趋势是照顾国营视频网站、限制民营视频网站(见第四章)。在这种态势下,央视网作为国家电视台理所应当获得了几乎所有的许可证。再反观 2008 年前后的民营视频网站,在此之前已经成立的尚可不受"国有独资或国有资本控股"的限制,但 2008 年之后由于政策对行业准入门槛的限制,没有再出现新的民营视频网站。

此时的央视网,面临的市场环境与 1999 年的中央电视台国际互联网站和 2000 年的央视国际大不相同。在 1996—2005 年期间,只有少部分网站开设了视频频道,并没有专门的视频网站。加之尚未成熟的制播分离改革,在这种市场环境下,中央电视台作为节目自制方和平台经营方,无论是"闲庭信步"还是"大步快跑",都不会对自身的市场地位产生多大的影响——毕竟中央电视台在两方面均处于垄断地位,产业链话语权极高。但是,随着 2005 年土豆网成立、2006 年优酷网成立,一批民营视频网站通过盗版或者从市场化电视节目制作机构购买等方式建立起视频门户网站,用了不到两年时间就超过了中央电视台网站十年的积累。且民营视频网站身处电信行业,又有脱离了广电行业的节目制作公司支持,电视领域推进艰难的"三网融合"轻而易举地在网络视频领域实现了。视频网站通过电信网络把视听节目通过移动互联网传播,实现了电视台孜孜追求的"手机电视";视频网站在电视机中增加一个解码设备,再连上一根网线,就实现了"互联网电视"。民营视频网站的出现以及之后攻城略地的态势,容不得中央电视台在互联网领域"闲庭信步"。不仅是中央电视台,全国电视台的情况都是一样。这就意味着电视台开展互联网业务,要实现从办网站到办新媒体集成平台的跨越。

5.3.4 中国网络电视台开播

2008 年 11 月,当时分管意识形态工作的中共中央政治局常委李长春到央视网调研时说,要把办好网络电视台作为一项重要战略任务,加快建设体现国家水平、在国际上具有重要影响力的网络电视台,打造全国性网络视频节目播出平台,努力抢占网络电视发展的制高点。同年,央视网开始筹建国家网络电视台。一年之后,国家广播电视行政主管部门批复中央电视台开办中国网络电视台(China National Television,简称 CNTV)。2009 年 12 月 28 日中国网络电视台正式开播。

央视网先前的探索奠定了"网络电视台"的实践基础。中央电视台网站从对外运营开始,就在推动电视台节目上网。从观众来信的反馈看,观众对于中央电视台网站的自办节目并没有过多的关注,反而对网站上提供直播和点播服务的中央电视台节目非常感兴趣。观众这种"厚此薄彼"的表现,无疑使中央电视台的决策者更加相信内容是电视台的绝对优势,并且相信电视台的危机是一种媒介的危机而非生产的危机。换言之,只要把中央电视台搬到互联网上,就能够实现之前实现不了的一些功能,解决之前解决不了的一些难题。于是,电视台节目上网一直是中央电视台网站主推的工作,这项工作的确得到了观众十分积极的反馈。以至于在2006年中央电视台年鉴中就出现了"网络电视台"的提法。

民营视频网站快速发展使电视台感受到了来自另一种媒介的压力。自2005年土豆网在国内上线以来,民营视频网站如雨后春笋出现,在2007年时甚至开始与电视台合作在民营视频网站上开设电视台频道。在这种合作模式下,电视台提供内容资源,民营视频网站提供打包的技术解决方案,广告收入按比例分成。对于政治角色不强的省级电视台来说,这不失为一种增强节目传播面的好方式。但是对于肩负政治使命的中央电视台来说,没有选择与民营视频网站合作。事实上,当各家省级电视台都在与民营视频网站进行版权合作时,中央电视台始终没有参与。但没有参与不代表威胁不存在,从2005年开始网民规模持续增长,而电视开机率和开机时间的增长幅度已经有所放缓甚至略显疲态。电视台一定感受到了来自互联网的威胁,而2008年国家广电总局出台的《互联网视听节目管理办法》中要求视频网站必须"国有独资或国有资本控股"就是佐证。

国际传播的旺盛需求使中央电视台这家传统媒体将目光投向互联网。从《中国中央电视台年鉴》所提供的背景资料来看,中央电视台发展互联网业务的初衷之一就是借助互联网跨国界传播的优势实现国际传播。在电视的技术系统内,中央电视台的节目如果想在海外落地,落地费和政治条件限制是不小的困难。但是在互联网上就不存在以上两个问题。"2008年奥运会结束后,中央领导对央视网的网站建设提出新要求,指示要把办好国家网络电视台作为一项重要的战略任务,以央视网为主体,加快建设充分体现我国国家水平和在国际上具有重要影响力的网络电视台,打造全国性的网络电视播出平台,努力抢占网络电视发展的制高点。"①李长春2008年在央视网调研时也指出,要由国内报道为主向国内国际并重的双向转变。

---

① 中国中央电视台年鉴(2009卷)[M].北京:中国广播影视出版社,2010:197.

以上不仅是中国网络电视台的成立背景,也是之后该网站发展战略的三个出发点。中国网络电视台成立伊始,就加快了中央电视台节目上网的步伐,甚至开始吸引一些省级卫视在中国网络电视台网站上提供点播和直播服务。尽管如此,中国网络电视台自制网络栏目的尝试也一直在继续,《记者归来》《网络春晚》等都是有网站策划制作的节目。不过这些节目大多使用电视台节目的边角料制作,制作水平和最终呈现的效果堪忧。①

除了内容资源经营,中国网络电视台还是一家集成播控平台。中国网络电视台负责经营中央电视台的 IPTV 业务、手机电视业务和公交移动电视业务,这四项业务均以中国网络电视台为中心环节。这是其他民营视频网站所没有的情况。中央电视台在新媒体领域多线出击,形成了 IPTV、视频网站、手机电视等关系不密切但都属于同一领域的业务格局。统领这一业务格局的使命就落在了中国网络电视台肩上。

至此,中国网络电视台至少承担着传输中央电视台节目、制作自制节目、国际传播、中央电视台新媒体业务管理等职能。这同时就是中国网络电视台所宣传的四大基础技术平台:网络视频分享互动应用技术平台、全球镜像站点和内容分发技术平台、多终端的网络视频制作存储技术平台以及多终端的内容集成播控平台。

中国网络电视台开播伊始模仿新闻门户网站设计的频道,开设了新闻、体育、综艺、播客和搜视五个频道。为了显现"电视台"的特色,五个频道均冠以"台"的名称:新闻台、体育台、综艺台、播客台、搜视台。鉴于 2009 年末国内民营视频网站均推出了视频客户端,中国网络电视台作为网络视频的后来者自然补上了这一课。作为电视台和视频网站的混合产物,只有"频道"还不够,中国网络电视台还加入了一些视频分享网站的元素。五个频道中的"播客台",还有另一个用于市场推广的名字——"爱西柚"。所谓"爱西柚",是指用于用户上传自制内容的平台,是中国网络电视台在 UGC 领域的探索。与同期优酷网等民营视频网站的 UGC 业务比起来,"爱西柚"在技术条件上不一定落后,但是在制造话题视频的能力上要差不少——笔者翻阅当时各类科技媒体和娱乐媒体的新闻报告时,常见民营视频网站的热门 UGC 作品,几乎见不到来自"爱西柚"的内容。"搜视台"是体现"网

---

① 陆地. 网络视频自制节目发展的特点与空间[J]. 新闻与写作,2014(3).

络电视台"名称中电视台元素的频道,它集合了中央电视台和地方卫视的品牌栏目,提供直播、点播和回看服务。之后,中国网络电视台相继上线了阿拉伯语台、西班牙语台等外语频道。

中国网络电视台诞生于民营视频网站激烈竞争的前夜,它的发展过程恰巧遇到了网络视频市场"狂飙突进"的阶段。那边民营视频网站在版权囤积、移动互联网布局和资本运作等领域频频有动作,这边中国网络电视台如果还不能置身其中,就有可能脱离网络视频市场的话语体系。中国网络电视台资本运作的空间不大,中央电视台的内容资源既是"宝库"又是"城墙"(中国网络电视台难以购买非央视来源的内容),于是只能在跨媒体布局上动脑筋。在民营视频网站推行会员制、开发移动客户端、推广互联网电视机顶盒时,中国网络电视台提出了"一云多屏、全球传播"的口号。所谓"云",并非热闹一时的"云计算"(cloud computing),而是指存储在中国网络电视台服务器上的内容(包括中央电视台自有节目,中国网络电视台原创节目,用户上传内容和第三方合作内容)。所谓"屏",是指中国网络电视台负责运营的多种视听终端,如互联网电视平台、户外传媒平台、手机电视平台、IPTV 平台、智能平台应用、CNTV 微博和 CNTV 网站。该体系的技术方案并不复杂,但提供了一个很有"时代感"的广告营销亮点。

中国网络电视台不是一个孤立的个案,它与 2008—2014 年国家网络视频行政管理的一些系列构成了该时段网络视频行业的"国家意志":

第一,网络视频是一种新型的电视业务,理应遵循电视的管理规范,如"国有独资或国资控股";

第二,电视台融入互联网的方式是开办网络电视台,电视内容依然是网民信息获取与娱乐体验的重要来源,把电视内容上传到互联网上就能够形成网络电视台的竞争优势;

第三,开办网络电视台要处理好与原有电视台网站的关系,最好是能在原有电视台网站的基础上发展而来。

与中国网络电视台配套的是国家广播电视行政主管部门之后的两份行业规制:《关于开办网络广播电视台有关问题的通知》《关于促进主流媒体发展网络广播电视台的通知》。这两份文件以中国网络电视台为样本向全国电视台推介该模式。在 2015 年之前,新蓝网(浙江广播电视集团)、芒果 TV 等可以视为中国网络电视台的"省级模式"。

5.3.5 重回"央视网"

那边中国网络电视台吸引众多目光、后来居上,这边的央视网"门庭冷落马蹄稀"。在中国网络电视台存续期间,央视网并未完全消失,但由于定位上与中国网络电视台有冲突,且宣传和营销的主流是后者,故而存在感不强。但是,2016 年版的《中国广播电视年鉴》"新媒体传播"部分关于中央电视台新媒体业务的标题,由之前保留多年的"中国网络电视台发展概述"变为"中央电视台网站综述",记载的是央视网的发展情况而非中国网络电视台。经向中央电视台研发中心求证,中国网络电视台已于 2015 年并入央视网。截至 2018 年时,中国网络电视台的网站(www. cntv. cn)直接转向了央视网(www. cctv. com)。由于《中国中央电视台年鉴》目前仅更新至 2013 年版,且原中国网络电视台的主干团队已经分流到其他部门,笔者目前难以确认中国网络电视台停播的原因。笔者大胆猜测,受惠于政策的中国网络电视台,停播的原因大概率是政策导向的变化。

2012 年中国共产党第十八次全国代表大会之后,中国传媒业的发展环境发生了巨大变化。最显著的改变是,原先关于文化发展从"解放思想、转变观念、抓住机遇、乘势而上"①的论述,改为"我只讲一点,就是要坚持导向"②。对于宣传思想文化中亮点与特色的判断,也从"文化体制改革"③转向"加强党对意识形态工作的领导"④。在中央文献出版社出版的《习近平关于社会主义文化建设论述摘编》一书中,关于文化事业与文化产业的论述只有 12 页,占全书的 5.6%(全书八个章节),是篇幅最小的章节。当文化产业改革失去了政策背书时,作为 2009 年文化产业改革尝试的中国网络电视台,也自然失去了政策的支持。何况,经过了五年多的探索,网络电视台与电视台究竟是什么关系,不仅省级网络电视台没有弄明白,中国网络电视台的实践也没有给出答案。促使中国网络电视台停播的另一个原因是,电视台制作力量频频外流、社会电视节目制作力量发展壮大,央视的自有内容资源已经不如当年那般能够成为中国网络电视台与民营视频网站竞争

---

① 李长春. 文化强国之路:下[M]. 北京:人民出版社,2013:707.

② 中共中央文献研究室编. 习近平关于社会主义文化建设论述摘编[M]. 北京:中央文献出版社,2017:185.

③ 李长春. 文化强国之路:上[M]. 北京:人民出版社,182.

④ 见习近平代表十八届中央委员会所做的报告:china. com. cn/cppcc/2017 – 10/18/content_41752399. htm.

的主要优势。

在中央电视台新媒体业务的新版图中,"央视影音"客户端代替了中国网络电视台成为中央电视台政绩、业绩的"新论据"。从内容编排上看,央视影音和原先中国网络电视台的客户端"C－Box"有继承的关系,并新增了一些新型网络视频应用,如网络视频直播。而央视网则回归到新闻门户网站的定位,版式设计上与新华网、人民网、中国网等中央重点新闻网站比较类似,只不过在一些细节上体现了视频的特点。

从 1996 年中央电视台接入国际互联网到 2018 年,央视网在中央电视台内部是怎样的角色,历经了多次探索与多次变化。在一开始,经营网站并非是中央电视台的重要业务,但之后中央电视台节目在网站上受热捧使电视台开始重视电视节目的网络传播。同时,民营视频网站的崛起给电视台描绘了一番互联网时代视听业务的新图景,无论是广播电视行政主管部门还是电视台都愿意一试。他们信心的来源是电视台的内容资源在数量上和质量上都具有相对优势,与电视台争夺网络视听业务的民营视频网站,则面临盗版和盈利模式这两方面的困境。不过,之后国内网络视频市场的发展现实是电视台网站不温不火、民营视频网站不断壮大。后者通过拥抱资本市场的手段解决了版权和盈利两个问题,而前者因为在新媒体领域缺乏有效的改革发展举措以及制播分离导致的人才外流、节目购销市场化的客观结果而逐渐丧失了平台和内容两方面的优势。当政策红利殆尽的时候,就是电视台新媒体业务回到原点的时刻。央视网就是这一过程的典型样本,它带给网络视频产业三方面的启示:

第一,内容曾经是电视台的竞争优势,但不一定将来也是。在 20 世纪 90 年代制播分离改革之前,国内民营资本难以获得制作电视内容(尽管是综艺、科教、电视剧等非新闻节目)的牌照。即使之后市场放开,民营电视节目制作机构处于发展初期,能提供的资源较少,无法吸引优秀的电视节目制作人才。这时电视台对于电视人才来说是一个比较好的工作选择。自中国共产党第十二次全国代表大会以来,文化产业改革,尤其是推进文化产业与资本市场对接获得了政策的支持,民营电视节目制作机构通过上市等手段获得充足的经营资金,因此已经可以提供比电视台更有竞争力的薪酬。同时,随着制播分离改革的深入推进,电视台从节目输出方转变为输入方,客观上扩大了电视节目的销售市场,而且制播分离改革无形中恶化了电视台内部制作力量的生存环境,迫使他们走向市场。如果全国电视节目市场仅电视台一个买家,制播分离对电视台来说尚且"有利可图",可是民营视频网站也进入了该市场并成为新的买主,导致制播分离成为电视台"自毁长城""自断其臂"的行为,客观上使民营视频网站通过市场化手段获得了原本属于电视台的节目制作力量。央视网的观众来信中多次提到网民对中央电视台节目上网的需求,这是电视台拥有内容优势时代的现象。但是之后这一优势逐渐丧失,中央电视台的综艺节目、电视剧节目与民营电视节目制作机构的产品相比市场竞争力有限,新闻节目和科教节目的市场号召力远不如综艺节目,民营视频网站通过与民营电视节目制作公司合作逐渐获得了内容优势。因此,内容优势成为电视台的历史。

第二,**互联网相对于电视具有绝对的媒介优势地位,且电视逐渐成为互联网的一个子集**。央视网的变迁实际上是中央电视台新媒体业务探索的一个缩影。通过分析该案例可以发现,中央电视台对互联网优势的认识经历了一个从尝试到确认、从怀疑到确信的过程,并且电视的功能正逐渐被互联网所学习、所吸收。这不是视频网站一家的功劳,而是包括了 IPTV、视频网站移动客户端在内的多种网络视频形态共同作用的结果。在当下的视听生态中,电视的一切功能,均能够通过互联网来实现——互联网电视机顶盒的使用门槛已经同普通电视持平,但提供了更为丰富的内容资源和更便利的观看方式。电视在短期内存在的价值在于其普及率要远高于互联网,根据《中国广播电视年鉴》和《中国互联网络发展研究报告》的数据,我国电视的普及率接近 100% ,而互联网的普及率刚刚超过了 50% 。

第三,**国内网络视频产业出现了两种资源集聚形态——国营视频网站的特点是政策密集,民营视频网站的特点是资金密集**。除了 1996—2006 年中央电视台网站的发展策略是基于实践的探索以外,近十年来央视网的每一次转型的背后均有政策的影子,可以说政策决定了央视网以怎样的形态经营。在这个过程中,网站的经营效果怎么样、市场反应怎么样都不再重要,重要的是是否能与传媒业的"国家意志"保持一致。而民营视频网站尽管也受政策的影响较大,但相对而言资本仍然具有第一性。2008 年《互联网视听节目服务管理办法》出台后要求从事互联网视听节目服务必须"国有独资或国有资本控股",但由于先前成立的视频网站已经获得了庞大的社会资金注入,国家广播电视行政主管部门也只能对其网开一面,表示该规定不溯及既往。版权曾经是民营视频网站的软肋,也是国营视频网站的竞争优势。但民营视频网站通过合并和上市获得了购买版权的资金,解决了版权内容不足的问题。而另一边国营视频网站的内容优势却在不断丢失。

5.4 中国网络视频产业经营的特征

虽然以上三个案例不等于中国网络视频产业经营的全部,但因为三家企业均具有较长的经营历史且在市场上颇为活跃,故而代表性较强,不妨碍以点带面概括网络视频产业的经营特征。

第一,中国网络视频产业在外部与电视产业形成显著的关联。在优酷网的案例中,早期优酷网曾与省级电视台合作,为后者提供互联网播出频道。在乐视网的案例中,乐视网向产业链上游——内容制作延伸,这原本是电视产业的领域。在央视网的案例中,央视网的节目来源主要就是电视,而且本身是电视的附属品。内容对于网络视频产业的重要性不言而喻,由于电视曾经是视听节目的主要供给方,故而电视是网络视频的理想节目来源。无论是通过制播分离的方式获得节目,还是吸引电视人才加入网络视频行业,网络视频产业实际上与电视产业共享内容。而且,从渠道上看,视频网站和电视台构成了既有竞争又有合作的关系,二者都在尝试通过独播或首播获得优质节目的优先播出权,也在尝试通过合作尽可能榨干节目的广告价值。

第二,中国网络视频产业在内部分化为国营和民营两个阵营。通过以上三个案例分析,不难发现乐视网与优酷网的共性较多,而与央视网的差异较大。其中最根本的差异来自经营策略的决定性因素,优酷网和乐视网经营策略的改变主要受市场因素的影响,而央视网受政策影响较大。这一根本性差异的原因是二者不同的产权属性,优酷网和乐视网是民营视频网站,向董事会负责;央视网是国营视频网站,向母台——中央电视台负责。这种差异的结果是,二者在市场中的活跃度差别较大,民营视频网站明显比国营视频网站在经营上更活跃。这种差异的原因来自二者的成立背景,民营视频网站是市场自由选择的结果,而国营视频网站则是政策支持的产物。民营视频网站在乐视网和优酷网之外,还有哔哩哔哩、爱奇艺、腾讯视频、搜狐视频等;国营视频网站在央视网之外,各省级卫视几乎都有自己的视频网站,部分国家部委也有自己的视频网站,其中比较有代表性是湖南广播电视台的芒果 TV 和浙江广播电视集团的新蓝网。

第三，**中国网络视频产业显现资金密集特征**。产业按照对生产要素的敏感程度，可以分为资金密集、劳动密集、技术密集、资源密集四类，其中资金密集型产业的特点是资本成本与劳动成本相比所占总成本的比重较大。由于网络视频产业前期在带宽上投入较大，中期版权成本后来居上，而相应地人员开支并没有明显的变化，从乐视网和优酷网的财务数据来看，符合资金密集的特征。而从实践来看，视频网站之间的竞争表现为版权竞争、流量竞争，背后起决定性因素的还是资金竞争——足够的资金可以快速积累起版权资源，筑成市场竞争的防火墙。虽然网络视频产业依托于互联网，看似与技术关系密切，然而实际上网络视频产业对新技术的更新并不敏感，尤其与资金相比就更显得"麻木"一些。这也是为什么绝大部分的民营视频网站要么是上市公司，要么是上市公司的子公司或业务版块。同时，这也可以从侧面解释，为什么国营视频网站相较于民营视频网站缺乏市场竞争力。

第四，**中国网络视频企业的主要成本支出在于内容购买**。在早期关于中国网络视频产业的研究中（尤其是关于盈利模式的研究），带宽被认为构成了网络视频的主要成本。但是，从乐视网和优酷网的案例来看，带宽投资呈现明显的"阈值"特征，即带宽达到一定门槛后就能满足绝大多数用户的使用需求，带宽投资可以相应地降低，之后的带宽投入主要是日常维护和更新。版权内容才是网络视频企业的主要成本。首先，网络视频在与电视的竞争中缺少版权内容是明显的劣势，所以视频网站需要不断地增加版权内容以应对电视的竞争乃至形成相对的竞争优势。其次，电视的线性播出特征意味着单位时间内需要购买的版权内容数量上是一定的——一天只有 24 小时的播出时间，还要分黄金时间和非黄金时间，但是对于网络视频来说既没有单位时间总时长的限制，又没有黄金时间与非黄金时间的区别，所以在版权购买的问题上可谓是"无限量"。最后，视频网站为了提高市场竞争力而签署排他性版权交易协议，即互联网"独播"内容，客观上增加了版权购买的支出。

第五，**中国网络视频企业的净利润普遍为负**。这是一个无须论证的结论，优酷网的历年财报和关于乐视网财报的分析就是直接的证据。但在世界范围内这并不是普遍现象，至少 Netflix 在 2012 年的第二季度就实现了盈利。这就是说，净利润为负不是网络视频的"宿命"，经营得当一样可以实现盈利。对于中国网络视频企业而言，虽然净利润为负一样可以实现融资、上市、私有化乃至被收购，但是从产业健康发展的角度来看，这无疑是一处遗憾和担忧。

第六章　中国网络视频产业发展战略分析

"嵌入"这个词表达了这样一种理念,即经济并非像经济理论中说的那样是自足(autonomous)的,而是从属于政治、宗教和社会关系的。

——卡尔·波兰尼《大转型:我们时代的政治与经济起源》

许多行为涉及总体中多种生物体的互动,因而任何生物体的成功取决于它和其他生物体间是如何互动的。所以,生物体的适应力无法在孤立状态下得到测量。

——大卫·伊斯利等《网络、群体与市场》

经过概念辨析、历史回顾和现状分析,本书进入了收尾部分。中国网络视频产业虽然诞生于互联网,但是在发展的过程中不自觉地嵌入电视产业之中,形成了与电视产业的竞合关系——网络视频既是电视的竞争对手,又是电视实现"融合发展"的合作方。同时,网络视频无论是作为一种概念还是一种实践,本身亦具有一定的复杂性——把电视节目搬到互联网上传播是网络视频,视频网站的自制节目也是网络视频,甚至 IPTV 也跟网络视频沾点儿边。这种矛盾性与复杂性也体现在网络视频行业规制上,一方面国家广播电视行政主管部门总体上鼓励电视台借助互联网等新兴渠道传输电视节目,另一方面对于民营视频网站的经营行为限制多多。尽管如此,在中国网络视频市场竞争格局中,长期以来由民营视频网站领衔。直到 2017 年,芒果 TV 才有后起之秀的态势。民营视频网站在市场上表现积极,不过从实际的经营状况来看网络视频依然是高投入的互联网业务,且目前仍没有强有力的盈利支撑。由于视频网站在经营上存在盈利的短板,所以当视频网站谋求进入证券市场时,首选对盈利要求较低的美国市场,或者直接委身于大型互联网上市公司,回避证券市场对于盈利的要求。即使是登陆国内证券市场的视频网站,其盈利数据大部分来自特殊的会计计算方式。而另一边的国营视频网站在经营上远不如民营视频网站,大多数情况是出台一部政策走一步,经营缺乏主动性和战略性。

虽然中国网络视频产业内部面临诸多的复杂性与多样性,但是若要分析这一产业的发展战略,还必须把其内部的复杂性与多样性作为一个整体来分析。毕竟,本书期待的是中国网络视频产业的整体发展,而不单单是规制的发展或者经营的改善,也不仅仅是国营视频网站或民营视频网站中的某一方面。必须要承认中国网络视频产业自身的复杂性与多样性,战略分析才有现实的意义。

教科书中关于战略分析的工具有许多种,如波士顿矩阵、SWOT 分析等。这些分析工具都是针对竞争战略而设计的,处处流露了“比较优势”的意味。许多战略分析的教材和文章中频频提及的迈克尔·波特的一般性战略(generic strategies),也是由三种竞争战略(成本领先战略、差异化战略、专一经营战略)组成的。这种竞争意识在迈克尔·波特的三部战略管理奠基之作的书名中就已显端倪——《竞争战略》(*Competitive Strategy*)、《竞争优势》(*Competitive Advantage*)和《国家竞争优势》(*Competitive Advantage of Nation*)。SWOT 分析也是一样,所谓 S(strengths,优势)、W(weakness,劣势)、O(opportunity,机会)、T(threats,威胁)也是比较的产物。本书在第三章中对中国网络视频产业的发展目标做了论述,中国网络视频产业的发展并非与电视产业进行竞争,而是代替电视产业,甚至可以说是电视产业参与到网络视频产业的发展之中。而且,电视产业和网络视频产业均由国家广播电视行政主管部门负责管理,说二者的关系是竞争,那么对于主管部门来说“手心手背都是肉”,不可能使他们处在完全的市场竞争环境中,二者也不可能开展完全的市场竞争。与其说中国网络视频产业的发展战略依靠的是自身的觉醒,还不如说是依赖行政主管部门的解放思想。从这个角度来看,中国网络视频产业发展战略实质上并不是一种竞争战略,而是自我完善战略。

那么,以 SWOT 为代表的经典分析工具是否还有用呢?笔者认为,虽然 SWOT 的设计初衷是用于竞争战略的分析,而且其四个维度的指标也需要与竞争者充分比较才能展开,但 SWOT 内部的三对矛盾关系值得本书借鉴。第一对矛盾关系是内与外,包括外部环境分析和内部资源分析。其中,“外部环境”在 SWOT 中对应

O（opportunity，机会）、T（threats，威胁），"内部资源"对应 S（strengths，优势）、W（weakness，劣势）。第二对矛盾关系存在于外部环境分析中需要考量的两方面，第三对矛盾关系存在于内部资源分析中需要考量的两方面。在本章的分析中，这三对矛盾依然存在。只不过，对于较少考虑竞争因素的中国网络视频产业来说，机会是一定存在的，对产业经营产生负面影响的因素也一定存在，但不一定够得上"威胁"的程度，最多被称为"风险"。

6.1 中国网络视频产业的发展环境分析

发展环境是指战略制定所需考量的外部条件，一般包括政策、经济、社会（主要是社会文化层面）和技术四方面。本节将从机遇与风险两个方面对中国网络视频产业发展的外部环境进行分析。

6.1.1 中国网络视频产业发展的机遇

1."中高速发展"的宏观经济

任何一类产业的发展都需要宏观环境的支持。尽管十年来中国的国内生产总值的绝对值一直在增长，但年增长率出现逐渐下降的趋势。《人民日报》援引"权威人士"的说法，中国经济在新的动能未发展起来之前将出现 L 型走势。① 与其说令人担心的是 L 型走势的持续时间，不如说是从竖向横的转折点在哪里——很大程度上这个转折点决定了在"底部"的程度以及在"底部"阶段人们的心态。2008—2017 年中国国内生产总值年增长率的变化趋势来看，这个拐点已经出现——中国国内生产总值的年增长率从 10% 左右已经下降到 7% 左右，并且 7% 左右的增幅已经持续了 4 年（2014 年增幅为 7.3%，2015 的增幅为 6.9%，2016年的增幅为 6.7%，2017 年的增幅为 6.9%）。尽管中国的国内生产总值已经降到了 7% 左右，但依然比世界上绝大多数发达国家的经济发展速度快（2016 年美国国内生产总值增长率为 1.6%，日本为 1%）。虽然宏观经济形势的利好传递到具体产业还要经过层层的政策与市场的影响，但中国的"中高速"宏观经济发展速度

---

① 龚雯等. 开局首季问大势. 人民日报，2016 – 05 – 09.

对于网络视频产业来说无疑是一项外部的利好。

2. 消费结构转型刺激文化消费

网络视频产业整体上属于文化产业的范畴,是文化消费的领域。近年来经济领域一大热词——消费升级,对应到产业经济领域就是文化产业的发展机遇,尤其是文化消费在居民家庭消费支出中的比重日渐上升。根据国家统计局的数据,2016 年我国国内生产总值为 74.4 万亿元人民币,同比增长了 6.7%;平均到 13.44 亿中国人头上,人均能达到 5.38 万元人民币,将近 8000 美元。全年全国居民人均可支配收入为 2.38 万元人民币,同比增加 6.4%。其中城镇人均可支配收入为 3.36 万元,同比增长 5.6%。根据世界文化产业发展的一般经验,当一国的人均国内生产总值超过 5000 美元时,该国的消费结构会出现从以物质消费为中心转向以文化消费为中心。而根据中国人民大学发布的《中国文化消费发展指数报告(2016)》显示,我国文化消费综合指数持续增长,文化消费环境、文化消费意愿、文化消费能力指数、文化消费满意度均呈上升趋势,其中文化消费环境指数上升速度最快,年平均增长率为 8.8%。国家统计局的数据与相关科研机构的结论相互印证,支持了我国消费结构中文化消费比重逐渐上升的判断。

除了消费结构升级的大环境,文化消费的主要人群也在中国出现。世界发达国家经济发展的经验是中等收入群体是推动消费结构升级的主力军。瑞士信贷银行发布的《2015 全球财富报告》显示,中国中等收入群体人数达到 1.09 亿人,成为全球中等收入群体人数最多的国家。《大西洋月刊》联合高盛全球投资研究所发布的《中国消费者新消费阶层崛起》(2015 年)指出,中国城市中等收入消费者的人数约为 1.49 亿人,该阶层人均年收入为 1.17 万美元。中等收入群体快速崛起显现在网络视频产业上就是付费用户比例在网络视频总数用户不断增加的同时也持续增长。根据中国网络视听节目服务协会的统计,2017 年中国网络视频付费用户的比例约为 42.9%,这一数字在 2016 年、2015 年和 2014 年分别为 35.5%、17.0% 和 11.7%。据此估算,2018 年初我国网络视频付费用户总数将超过 1.7 亿人。付费用户数量增长既拓展了网络视频发展的市场空间,为高品质网络视频提供了可预期的用户,同时为网络视频盈利模式从以广告为主转向多元盈利模式提供了市场基础。

3. 文化产业政策与媒体融合政策带来双重利好

如果说网络视频缺少政策合法性,这个论断即使算不上错误,也至少是片面的。实际上,现行的网络视频规制在原则上是支持网络视频产业发展的。如《互联网视听节目服务管理规定》(国家广播电影电视总局、信息产业部令 2007 年 56 号)第四条:"互联网视听节目服务单位及其相关网络运营单位,是重要的网络文化建设力量。"第六条:"发展互联网视听节目服务要有益于传播社会主义先进文化,推动社会全面进步和人的全面发展。促进社会和谐。"《国家广播电影电视总局、国家互联网信息办公室关于进一步加强网络剧、微电影等网络视听节目管理的通知》(广发 2012 第 53 号):"国家鼓励广播电台、电视台、网络广播电视台、互联网视听节目服务单位、影视节目制作单位等各类机构,生产制作适合网络传播、体现时代精神、弘扬真善美、人民群众喜闻乐见的网络剧、微电影等网络视听节目。"

这些对网络视频产业予以支持的规制的渊源是国家的文化产业支持政策。本书仅列举近三年来部分支持文化产业发展的政策。2015 年 11 月,中央发布《中共中央关于制定国民经济和社会发展第十三个五年规划的建议》,《建议》提出:实施网络内容建设工程,发展积极向上的网络文化。2017 年 5 月初,中共中央办公厅、国务院办公厅印发了《国家"十三五"时期文化发展改革规划纲要》。《纲要》从理论建设、提高舆论引导水平、文艺创作、媒体建设、公共文化、文化产业、传统文化、文化开放、文化体制改革九个方面确立了"十三五"时期文化发展改革的主要目标。在此之前,尤其是党的十六大至十八大的十年间,文化产业改革发展的利好政策更多、更具体,特别是在支持新媒体建设方面。

除了支持文化产业发展的政策,2014 年中央深改组公布的《关于进一步推动传统媒体与新兴媒体融合发展的指导意见》以及之后一系列鼓励媒体融合的措施,客观上也推动网络视频的繁荣。试看几处表述:"推动媒体融合发展,很重要的就是要充分运用网络技术手段去改造传统媒体……要适应新兴媒体平等交流、互动传播的特点……要适应新兴媒体即时传播、海量传播的特点……要适应新兴媒体充分开放、充分竞争的特点,树立全球视野,强化市场观念,提高市场营销和产品推介能力,做大做强自身品牌(《关于进一步推动传统媒体与新兴媒体融合发展的指导意见》)。""力争两年内,广播电视媒体与新兴媒体融合发展在局部区域取得突破性进展,形成几种基本模式——在'十三五'后期,融合发展取得全局性进展,建成多个形态多样、手段先进、具有竞争力的新型主流媒体,打造出数家拥有较强实力的新兴媒体集团(《关于进一步加快广播电视媒体与新兴媒体融合发展的意见》)。""台网深度融合、一体发展,是广播电视媒体和网络媒体面临的重要而紧迫的课题。目前,中央和省级电视台基本都开办了网络广播电视台。但面对网络环境下传媒领域的深刻变革,融合发展的力度还要再大一些、步子还要再快一些(国家新闻出版广电总局负责人在第四届中国网络视听节目大会上的发言)。""推动媒体深度融合,广播电视是十分重要的领域,要进一步紧迫感使命感,发挥自身优势,把握信息传播移动化、视频化趋势,坚持移动优先战略,聚焦音频视频发力,利用广播电视网、电信网、互联网等信息网络,推动内容、技术、平台、人才、管理等要素共享融通,实现广播电视传播和网络新媒体传播此长彼长(原中宣部部长刘奇葆2017年2月在中央电视台调研时的讲话)。"①

概言之,发展网络视频与促进文化产业繁荣是同向而行的,前者的发展可以在后者的价值中找到合法性;网络视频也是媒体融合的重要方向,受到融合发展相关政策的支持。这是网络视频产业繁荣发展的政策利好。

4. 电视产业的丰富"遗产"

电视产业作为网络视频产业的"近亲",两者竞争之余亦有合作的空间。尤其是融合发展的顶层设计,提出了按照积极推进、科学发展、规范管理、确保导向的要求推动传统媒体和新兴媒体在内容、渠道、平台、经营、管理等方面深度融合。对于作为融合发展产物的网络视频而言,电视产业是一笔值得继承的丰富"遗产"。虽然中国电视产业发展时间不长,但也基本形成了以演员经纪、制作、传播、营销、评估、衍生品开发等环节为主的产业链。中国网络视频产业既可以选择嵌入该产业链,成为其中的一环,也可以以己为中心主导产业链。从配套产业链的成熟程度来看,中国网络视频产业至少不是"白手起家"。

5. 视觉文化主导的时代

无论知识精英们的怀旧心理如何深沉,当今世界主要国家均已步入了视觉文化的时代,中国也不例外。尼尔·波兹曼在《娱乐至死》中为了实现他对电视文化的批判,也描述了电视文化的一些特征。在印刷术时代,"信息的传播还无法超过信息传播者行进的速度。"②但是以电视为代表的电子信息媒介,使信息的传播速

---

①　刘奇葆讲话链接:http://politics.people.com.cn/n1/2017/0220/c1001-29091689.html

②　尼尔·波兹曼.娱乐至死[M].章艳,译.北京:中信出版社,2015:79.

度超过了信息传播者的速度——演员无须走到世界各地，仅通过视觉媒介，就能够把演技呈献给全世界的观众。毫无疑问，网络视频相较于电视使这一速度更快，而且更加便利。"信息的价值不再取决于其在社会和政治对策和行动中所起的作用，而是取决于它是否新奇有趣。"①从"新奇有趣"的程度上来看，网络视频比电视在文化上有过之而无不及。一些电视领域的"老伎俩"，一旦进入网络视频领域就变成了"新花样"，比如直播。"电报可能已经使这个国家成为'一个社区'，但这个社区却是奇怪的，因为这里住着一群除了了解一些最表面的情况外彼此之间几乎一无所知的陌生人。"②这不就是如今社交媒体带来的互联网生活图景吗？"我们第一次得到了不能回答我们任何问题的信息，而且对于这些信息，我们也不必做出任何回答。"③"对于电报来说，智力就是知道很多事情，而不是理解它们。"④同样，视觉媒体本身也表现出了在媒介文化上的融合特征。"……广播，比较倾向于理性的话语，但在新的认识论的冲击之下也转而成为新认识论的俘虏。"⑤曾经的电视改变了广播的话语方式，也改变了报纸的话语方式。如今网络视频正在扮演电视曾经的角色，网络视频节目向电视反向输出只是这个过程的一个开端，不远的将来电视节目制作将受到网络视频节目的影响。凡此种种，波兹曼所描绘的世界无疑是存在的，网络视频不仅是波兹曼笔下世界的产物，也参与了壮大这个世界的过程。

视觉文化在当今的优势地位不仅是在传媒领域，它还延伸到美学中。丹尼尔·贝尔在《资本主义文化矛盾》中提到，视觉观念居于统治地位，它组织了美学、统领了观众。马丁·海德格尔在《世界图像时代》中有一个很著名的论断："世界图像并非意指一幅关于世界的图像，而是指世界被把握为图像了……世界图像并非从一个以前的中世纪的世界图像演变为一个现代的世界图像；毋宁说，根本上世界成为图像，这样一回事情标志着现代之本质。"周宪在《视觉文化的转向》一书中下了一个结论：视觉文化就是图像逐渐成为文化主因（the dominant）的形态。⑥当代文化的各个层面越来越呈现视觉化的趋势，是一个可以轻易感知的事实。而

---

①　尼尔·波兹曼. 娱乐至死[M]. 章艳，译. 北京：中信出版社，2015：81.

②　尼尔·波兹曼. 娱乐至死[M]. 章艳，译. 北京：中信出版社，2015：84.

③　尼尔·波兹曼. 娱乐至死[M]. 章艳，译. 北京：中信出版社，2015：85.

④　尼尔·波兹曼. 娱乐至死[M]. 章艳，译. 北京：中信出版社，2015：87.

⑤　尼尔·波兹曼. 娱乐至死[M]. 章艳，译. 北京：中信出版社，2015：95.

⑥　周宪. 视觉文化的转向[M]. 北京：北京大学出版社，2008：4.

当代的文化生产与传播活动如何被理解、被解释,很大程度上依赖于其可视性与视觉化的程度。

在这样一个视觉不仅统治了媒体,也统治了文化的时代,虽然对于一部分抱着文化精英主义思想的人来说不是什么好事,但对于网络视频这种带着商业基因的文化消费形态可谓是一项外部利好——社会可以轻而易举地理解网络视频的文化并接受它,甚至参与到网络视频的文化再生产之中。为什么用户产生内容会向病毒一样扩散,以至于成为 YouTube 和优酷的重要内容来源?从文化的角度来看,是因为在视觉文化占“主因”的时代,人们开始追求通过视觉来表达自己的思想。人们的追求行为,又被视频网站这一交流平台扩大为一场视觉狂欢(尤其是互联网所营造的“人人均可触及”的平权文化)——每个人都愿意参与,虽然聚光灯能照射到的只有那么几个人。这也就能够解释,为什么用户会对网络视频直播一拥而上,为什么网络小说改编为网络剧、网络电影后会带动周边衍生品的快速涨价等一系列现象。甚至有时候难以判断,究竟是资本推动了视觉文化,还是视觉文化推动了资本向网络视频的涌入。

6. 不断涌现的视听新技术

技术对于新媒体的重要性不言而喻。中央关于加快推进传统媒体与新兴媒体融合发展的指导意见指出:“现代科技的加速发展,推动新闻传播从‘铅与火’‘光与电’走到了‘数与网’。新兴媒体诞生和发展的过程,实际上就是网络技术和信息内容相互结合与发展的过程。技术与内容互为支撑、相互融合,是一体之两翼、驱动之双轮,共同构成媒体的核心竞争力。现在,传统媒体在技术研发应用、升级维护方面还很滞后,在网络技术上的短板制约了自身的发展。融合发展要实现突破,关键是顺应互联网传播移动化、社交化、视频化的趋势,把当今可用的技术都囊括到我们的视野中来,进入我们的项目设计,用最好的技术,达到最好的水准,取得融合发展最佳效果。”与网络视频直接相关的技术有四类:多媒体、流媒体、宽带、移动互联网。其中前三类是基础性技术,移动互联网属于技术升级。多媒体技术是指把图像和声音进行统一编码的技术和标准,文字、声音、图像按照一定的逻辑组合,转变为具有意义的动态图像。流媒体则是一种技术方案,在带宽不变的情况下,通过传输算法把一个大文件拆成若干小文件分别传输,实现较高码率的实时传输。宽带技术可以理解为扩展互联网信息传输信道的技术方案,通过改变传输介质(如从双绞线到光纤)、改进编码方式(从拨号上网到 ADSL)

等,提升单位时间内的信息传输速率。移动互联网则是一系列技术的概称,很难指出究竟什么才是这一技术的准确内涵。但对于网络视频而言,智能终端应用开发技术、场景识别、用户信息管理等是肯定包括在内的。

这四类技术目前都已不是新技术,其中一些已经非常成熟。即使如网络视频直播和虚拟现实,在技术层面来看也不是新近出现的。网络视频虽然是一种新媒体,但它的技术门槛并不高,当前的互联网技术发展速度不会成为网络视频技术发展进步的掣肘因素。在经济结构转型升级的过程中,国家非常重视以互联网为代表的所谓"新经济",对互联网技术的发展也予以相应的政策支持,如"宽带中国"战略等。在移动支付领域,中国的技术储备与市场经验已经居于全球前列,"大数据"也已被置于国家战略的高度。可以说,中国互联网技术这班快车,使网络视频产业在技术层面没有值得担忧的方面。

6.1.2 中国网络视频产业发展的风险

虽然从政治、经济、社会、技术四个方面来看,中国网络视频产业可谓顺风顺水、春风得意,然而正如转机源自危机、危机蕴含转机一样,风险与机遇并存。从以上四个要素来看,视觉文化的时代是长期的社会实践形成的,在西方至少已经有近百年的历史,在中国出现至少也有四十余年,大体上是稳定的,不是一两部政策或者几次改革能够扭转的。互联网技术的发展与普及和中国共产党作为执政党对"科学"与"进步"的追求不谋而合。"并不难理解,为什么科学和民主成了现代中国民族主义的重要组成部分。只要它们能够使中国实现'富国强兵'的目标,人们就会追逐它们。"①郑永年将这种思想称为"技术民族主义"。从信息产业部的成立到建立工业与信息化部的过程,佐证了"中国政府扮演了互联网发展的设计者"这一观点。尽管中国政府意识到了新的互联网技术对国家治理能力提出的挑战,但中国政府同时也意识到互联网对国家与社会双向赋权的过程,进而选择通过推进国家治理能力现代化加强对互联网技术的应用与管理,而不是简单地因为技术带来的治理挑战而否定技术进步。所以,技术对于中国网络视频产业来说是一个发展的常量。变量则来自政策和经济。

---

① 郑永年.技术赋权——中国的互联网、国家与社会[M].邱道隆,译.北京:东方出版社,2013:3.

1. 政策不平衡导致的风险

虽然中央和国家广播电视行政主管部门出台了许多支持文化产业和媒体融合的政策,但这类政策的具有明显的倾向性——向国有企业倾斜。这种倾向在2007年的《互联网视听节目服务管理规定》表现得非常明显:"第八条 申请从事互联网视听节目服务的,应当同时具备以下条件:(一)具备法人资格,为国有独资或国有控股单位,且在申请之日前三年内无违法违规记录……"在《关于促进主流媒体发展网络广播电视台的通知》中,给予了国营视频网站(网络电视台)政策和资金的支持。在以"加强……""进一步完善……""进一步落实……"等为标题的规制所调控的网络视频经营行为,绝大多数源自民营视频网站,或者是民营视频网站主导的,如网络视频直播、海外剧等。而且,这种规制调控又属于事后调控,增加了网络视频市场主体的经营不确定性。换言之,网络视频领域的规制缺少对限制市场经营行为的限制。有研究者通过类型化处理和价值填充的方法分析我国《宪法》关于言论自由的限制,采用比例原则和分量公式的方法分析了国家网信办依据《即时通信工具公众信息服务发展管理暂行规定》关闭"这不是历史"微信公众号的案例,提出了国家网信办关闭"这不是历史"微信公众号的行为不符合分量公式,即关闭"这不是历史"的手段与该手段欲实现的目的(凝聚社会主义国家核心价值观和维护网络传播秩序)不够相称,很难通过均衡性原则的考察。① 采用此研究思路反观网络视频规制,套用分量公式的研究方法,网络视频规制也存在手段与目的不够相称的问题:维护网络视频市场秩序、促进网络视频行业发展、繁荣网络文化,不一定需要仅允许国有企业从事网络视频服务。同样,净化网络环境、继承和发扬中国优秀传统文化,也不一定需要限制未经审查的海外剧在境内传播。但是从中国网络视频产业的发展实际来看,产业规制存在手段超越目的的现象,明显偏向于经营缺少特色、市场份额较小的国营视频网站,对于市场份额较大、占市场主流的民营视频网站区别对待。这种差异化的规制标准和以事后调控为主的规制方式,使国营视频网站和民营视频网站的发展处于不对等的地位,而且对民营视频网站的一些积极发展因素加以限制,不利于网络视频产业的整体发展。民营视频网站无论在海外上市还是在国内上市,招股书中"风险提示"的章节

---

① 胡彦涛. 自媒体时代表达自由法律限制的论证方法[J]. 政治与法律,2016(3).

均将政策变化列为重要风险源①,而且主要的政策风险是"无法得到相关许可证"。

2. 投资受约束导致的风险

虽然宏观经济环境和正向的产业政策给予了中国网络视频产业发展相对积极的外部环境,但微观层面的风险也需要警惕。这里的风险,是中国网络视频产业自身的经营现状与宏观经济环境、中观产业政策三者共同作用的结果,具体表现为在经济结构和消费结构转型升级的阶段,为避免资本"脱实就虚",市场监管部门会限制资本向一些文化产业门类流入。一般而言,缺少经营基本面支撑的行业会被市场监管部门认为有可能引发投资危机。因为经营基本面较差的公司在风险面前缺少足够的抵御能力,一旦金融市场出现波澜容易造成投资者的"踩踏",出现恐慌型撤资,进而引发"系统性风险"——这是2015年以来中央与经济有关的文件反复提及要防控的现象。网络视频产业是"缺少经营基本面支撑"的"重灾区",大多数按照证券市场规则公布财报的网络视频企业净利润常年为负数。即使是在国内证券市场上市的乐视网,其利润数据如本书第五章所述,也是值得商榷的。2016年5月履行国内证券市场监督职能的证监会开始收紧对游戏、影视等行业并购重组的监管标准,遵从"一事一议"原则,对并购或定增收购"只讲故事不盈利"的申请全面禁止。同年7月,深圳证券交易所对创业板影视类上市公司的信息披露做了更加严格更加细致的规定。之后,证监会再出新规,旨在抑制金融市场过度融资、募集资金脱实向虚的现象。经过如此一番政策调控,2015年热闹非凡的传媒股在2016年迅速冷却,从以84%的涨幅排名证券市场行业第二名,到以30.13%的跌幅位居A股子行业倒数第一。唐德影视拟收购无锡爱美神影视文化有限公司(法定代表人为范冰冰),暴风科技拟收购江苏稻草熊影业有限公司(股东为刘诗诗、赵丽颖等),乐视影业资产拟注入上市公司乐视网,万达影院、青岛影投(含传奇影业)拟注入上市公司万达院线,以上项目在政策收紧的背

---

① 海外上市案例见优酷网招股书:In addition, we expect to face risks and uncertainties related to our corporate structure and doing business in China, including: uncertainties associated with our compliance with various PRC laws and regulations, including regulations requiring domestic tele-communications services providers own domain names and trademarks used in the provision of such services and have necessary facilities for the approved business operations.

　国内上市案例见乐视网招股书:在报告期内,本公司的网络视频服务、手机电视服务、个人 TV、企业 TV 等业务符合主管部门对互联网业务、手机电视业务合法经营的相关规定,但仍然存在由于未来政策变化导致本公司无法得到相关许可证的风险。

景下全部终止。项目终止带给乐视网的影响最为明显：由于乐视影业注入乐视网受阻，使提升乐视网股价的预期未能实现，加上证券市场投资热情较低，导致乐视网的股价先后触发了多个质押成本线，成为乐视网资金链断裂的主要原因。

关于上市公司是否一定要盈利，各国证券市场规定不同。亚马逊上市之后长达 20 年不盈利，也不影响美国投资者看好亚马逊的股票，也不影响之后亚马逊扭亏为盈。对于美国证券市场而言，商业模式比盈利数据重要，因为不同的会计方法可以计算出不同的盈利数据，但商业模式的好坏则反映了公司持续经营的能力。中国证券市场关于上市公司盈利情况的较高要求，迫使一些初创公司在海外上市。那些赴海外上市的公司，有的因经营不善退市，有的成长为大型互联网企业，如百度、腾讯和阿里巴巴集团。有研究者反思，百度、腾讯和阿里巴巴集团"墙内开花墙外香"，用国内的市场使外国投资者收益，这是中国证券市场需要反思的地方。然而，中国证券市场尚未放开对盈利数据的要求，"只讲故事不看盈利"的盲目投资潮就悄然兴起，使监管方加大了相关行业的监管力度。从当前的情况来看，网络视频企业若想在国内上市，还必须闯过盈利并且可持续经营这一关。参照美国网络视频企业的经营情况，中国的视频网站需要找到广告以外的盈利支撑，足够稳定、体量也得足够大。如果依然无法达到盈利且可持续经营的目标，那么中国的视频网站还得依赖能够实现盈利的母体才能生存——民营视频网站和国营视频网站①概莫能外。

6.2 中国网络视频产业的资源禀赋分析

禀赋，原指个人的体力、智力等方面的素质。在发展经济学中，禀赋结构是最基本的、可变的决定一个国家发展程度的因素，一个国家的经济发展政策应该以提升要素禀赋结构为目标。而要素禀赋是指一个经济体中资本、劳动和自然资源的总量，要素禀赋结构指的是资本、劳动力和自然资源的相对丰裕程度。本书自

---

① 2017 年，芒果传媒集团子公司快乐购（上市公司）收购与其受同一实际控制人湖南广电集团控制的五家公司的全部或控股股权，具体为快乐阳光 100% 股权、芒果互娱 100% 股权、天娱传媒 100% 股权、芒果影视 100% 股权和芒果娱乐 100% 股权。本次收购的总交易金额为人民币 115.5 亿元，其中快乐阳光作为芒果 TV 的运营主体作家 95.3 亿元，占总交易金额的 82.5%。通过此次交易，芒果 TV 实现了依托快乐购上市。

然不是研究经济体发展政策这样的宏观问题,但并不妨碍借用禀赋的含义来分析中国网络视频产业的资源占有情况。

6.2.1　中国网络视频产业的资源优势

1. 网络视频消费人群规模大

中国互联网管理者建起信息"防火墙"的信心来自庞大国内互联网消费市场对国际互联网企业的吸引力。Facebook 曾多次向中国政府示好,希望能回归中国市场。谷歌在 2009 年退出中国市场之后,时不时能见到回归中国市场的消息。百度、阿里巴巴、腾讯等中国互联网企业的股价在海外证券市场表现良好,也从一个侧面说明国外投资者对中国互联网消费市场的信心。

中国人口基数大,同时互联网普及率仍有较大提升余地,这两项因素使中国互联网消费市场呈现空间大、增长空间大的特点。根据中国互联网信息中心的统计数据,截至 2017 年 6 月,我国互联网用户约为 7.51 亿人,占全国人口总数的 54.3%。这意味着,全国仍有接近一半的人口尚未使用互联网。仅仅 54.3% 的人口就已经撑起了中国互联网商业如今的繁荣局面,如果互联网用户规模进一步扩大(例如,达到美国在 2015 年的水平——84%),那么中国互联网消费市场也将同步扩大。不过,需要注意的是,目前中国网民年增长率仅比人口年增长率高 1 个百分点,但二者总量上存在 45.7% 的差距。加快互联网用户的增长率是提升互联网消费市场的必要举措。从 2013 年开始中国政府实施"宽带中国"战略,通过"提速降费"和增加电信基础设施建设投入等方式提高互联网在中国的普及率。加之移动智能设备制造成本持续降低,未来移动互联网用户将成为推动互联网用户增长的主力。事实上,在最新的《中国互联网络发展状况调查报告》中,移动互联网用户规模已经到了 7.24 亿人,较 2016 年底增加了 2830 万人,而同期互联网用户仅增长了 1992 万人。① 虽然中国的互联网普及率刚刚超过了世界平均水平,但由于中国较大的人口基数,中国的互联网用户总量领先于印度和美国,位居全球第一。

网络视频用户增长情况与互联网用户的情况类似。根据中国网络视听节目服务协会的统计,截至 2017 年 6 月,我国网络视频用户总量约为 5.65 亿,较 2016

---

① 中国互联网络信息中心,《第 40 次中国互联网络发展状况统计报告》,14.

年底增长了 2026 万人,半年增长率为 3.7%,估算年增长率约为 7.4% 左右,超过了同期互联网用户数量的增长率。单从互联网用户内部来看,仍然有大约 2 亿左右的网民还不是网络视频的用户,约为现有网络视频用户的 35.40%。如果将视野扩展到全国总人口,那么网络视频用户数量的增长空间更大。同时也应看到,本书在此反复提及中国网络视频用户数量具有较大的增长空间,实际上得益于中国较大的人口基数。

2. 资本投资网络视频意愿强

中国网络视频市场号召力体现在国内主流视频网站的资本吸引力上。虽然国内的视频网站普遍"不赚钱",但也基本"不差钱"。根据中国网络视听节目服务协会的调查报告,目前在市场上比较活跃的视频网站有以下网站:爱奇艺、腾讯视频、优酷网、芒果 TV、土豆网、乐视网、搜狐视频、哔哩哔哩、暴风影音、酷 6 网、风行网、56 网、天天看看。其中,爱奇艺是美股上市公司百度的子公司,腾讯视频是港股上市公司腾讯控股的业务版块,优酷网和土豆网是美股上市公司阿里巴巴的子公司的业务版块,搜狐视频、56 网是美股上市公司搜狐集团的业务版块,暴风影音和天天看看是 A 股上市公司暴风科技的关联企业,酷 6 网的母公司是美股上市公司美盛集团(Legg Mason)的三大股东之一的盛大集团,风行网的第一大股东是合并入 A 股上市公司东方明珠的百视通,芒果 TV 是 A 股上市公司快乐购的业务版块,哔哩哔哩于 2018 年 3 月 2 日向美国证券交易委员会提交了 IPO 申请书。可以说,国内绝大部分的主流视频网站背后都有一个上市公司,而倚靠上市公司的好处在于获得了一个便利、廉价、高效的融资渠道,同时上市公司借助网络视频可以补齐业务版块拼图,也获得了一个向投资者"讲故事"的好素材。

以乐视网为例,乐视网 2010 年上市时募集了约 47 亿元人民币的资金,之后在 2014 年、2015 年和 2016 年通过增发的方式分别新募集了 3 亿元、9.29 亿元和 48 亿元,加上发行债券融资,乐视网至少在证券市场上获得了百亿计的资金。其他的视频网站并非独立上市的公司,没有单独的财务报表,无法准确计算募集资金的总额,但总体上与乐视网在同一量级。虽然绝大多数的视频网站都难以实现盈利,高昂的内容成本成为沉重的包袱,但这些指标考量的是企业的盈利能力,不能以此否认企业的融资能力。

当然,如前文所述,中国网络视频产业内部分为国营视频网站和民营视频网站两个阵营,而两个阵营的融资能力也有差异。芒果 TV、央视网、新蓝网在国营视频网站阵营中可以位列前三名。但如果全行业大排名,后两者由于市场份额较低,自然就排不上了。但既然是分析中国网络视频产业这个整体,就应以产业的主流现象为主。

3. 民营视频网站机制灵活

不仅是融资能力要从产业的整体来审视,机制也是一样。虽然大多数国营视频网站只是传统媒体的一个业务部门,在机制上自然继承了母体的"基因",但中国网络视频市场的主要份额掌握在民营视频网站手中,它们的机制才能代表中国网络视频产业的主流。由于民营视频网站是独立的市场主体,并非像国营视频网站那样受到母台或者母报的经营干预,所以在经营战略、经营决策上自主性更强,可选择的路径也更多。例如,民营视频网站不需要考虑制播分离可能会导致母台制作能力"空心化"的问题,只需要想方设法购买到具有市场号召力的影视作品或者参与影视作品的投资;民营视频网站也没有事业编制与劳动合同制的人事包袱,薪酬和激励机制可以完全与市场接轨,提供具有竞争力的待遇;民营视频网站上市无须经过国有资本管理方面的审批,速度快,流程简单,产权明晰。可以说,民营视频网站从没有内容、没有人才的初创阶段走到如今在内容、品牌等方面令电视台感到威胁的境地,灵活的经营机制功不可没。准确地说,这不是中国网络视频产业的优势,而是市场化的优势。

4. 视频网站内容来源多样

机制优势客观上带来了内容优势。曾经内容并不是网络视频的长项,相反是网络视频的竞争对手——电视的优势。电视凭借着比网络视频早诞生近25年(以改革开放为起点而不是1958年北京电视台的试播),节目库中自然多积累了一些资源。在网络视频在国内出现的早期,电视台的相对优势在于版权资源多。之后,随着网络传播权的确立和保护力度的增加,视频网站开始注重积累版权资源,电视台的相对优势转变为制作人才的储备量。但是,由于视频网站的社会影响力日渐增长,加之搜索引擎、电子商务等互联网应用的成功案例等背景,社会资金纷纷看好网络视频,加入了投资队伍。一边是视频网站通过资本市场获得了资金,另一边是电视台的制播分离改革深入推进,原先属于电视台的制作力量纷纷进入市场,脱离电视台的直接控制。这一"增"和一"减",客观上使原本属于电视台的制作人才通过市场配置的方式流向网络视频——电视台在"制定功勋人员的利润分红机制、提高资深成员的工作自由程度"①方面受制于"事业身份、企业管理"的双轨制,相对于视频网站(主要是民营视频网站)其难以提供有竞争力的激励。原本是为了激活电视台节目制作生产力的制播分离改革,在实践中反而造成了电视台制作力量"空心化",并助长了竞争对手视频网站在内容方面的优势。

如果把电视剧、电影和电视综艺节目统称为电视内容,把网络剧、网络电影和网络综艺统称为网络内容,那么由于电视内容的制作与播出许可证可以向下兼容网络内容,而网络内容的制作与播出许可证不可以向上兼容电视内容,这种规制的差异使电视内容经过简单程序就能在互联网上播出,而网络内容需要重新申请电视内容制作和播出所需的许可证才能在电视上播出。简而言之,在现行的规制下,电视内容可以算作网络内容,但网络内容不能算作电视内容。相应地,网络视频的资源库要比电视的资源库大。

除了购买版权资源和招募人才开展自制,用户产生内容(UGC)和专业产生内容(PGC)也是视频网站内容的来源。虽然用户产生内容和专业产生内容这两个领域存在明显的"二八法则"——能够被大众所关注的节目是少数,而且根据中国网络视听节目服务协会的调查它们已经不是视频网站吸引用户的主要节目形态,但网络视频庞大的资源库离不开这两个领域内容提供的支撑。

6.2.2　中国网络视频产业的资源劣势

"匮乏"要比SWOT模型中"劣势"的概念外延大,劣势一定是匮乏引起的,但匮乏不总是劣势,有时匮乏也是一种中性特征。如何评价这种中性的特征,就要结合具体的语境加以分析。

1. 缺少严肃题材

早在2014年初,笔者通过考察2013年中国优秀网络视听节目栏目单元的评选过程和结果,发现严肃题材②作品占比较低,而娱乐题材作品的比例占了一半以上。③ 通过连续考察2014年、2015年、2016年和2017年同一评选活动栏目单元的评选过程与结果,笔者所定义的严肃题材作品的数量并没有明显的增加,其中政论类和社会类节目的数量还有所减少。但是,娱乐栏目的数量也在减少。填

---

① 陆地,靳戈.2015,中国电视产业的"四则运算"[J].新闻战线,2016(3).
② 本书所指的严肃题材,包括但不限于时政新闻、新闻评论、文化类节目、纪录片等。
③ 陆地.网络视频自制节目发展的特点与空间[J].新闻与写作,2014(3).

补空白的是传统文化类节目(如《蜡染湘西》)、政治宣传类节目(如《习近平最牵挂的人是谁》)。这类节目虽然"严肃",但不是本书所定义的"严肃题材"。而提供反思和讨论的公共性节目,如2013年入选中国优秀网络视听节目的《一说到底》(人民网)和《南都深呼吸》(南方报业传媒集团),几乎绝迹。

即使笔者扩大"严肃题材"的概念外延,将传统文化类节目和政治宣传类节目也算入"严肃题材",那么从网络视频的总量上看,"严肃题材"的节目所占比例还是很低。这是因为,虽然扩大了"严肃题材"的概念外延,使网络视频栏目几乎被"严肃题材"一统天下,但栏目这一形态并非网络视听节目的主流。根据中国网络视听节目服务协会和中国互联网信息中心联合所做的调查,中国网络视频用户最经常观看的节目形态是剧集、电影和综艺。在这三大节目形态中,无论是笔者所定义的严肃题材还是扩大了概念外延的"严肃题材",都难见踪迹。这背后的原因是,占据国内网络视频市场主流的民营视频网站,缺少制作严肃题材节目的资质和动力,客观上只能制作娱乐节目,而且也更愿意制作娱乐节目——因为娱乐节目的市场效益高于严肃题材节目。笔者认为,必须要注意这一现象的政策背景:在全国600多家具有互联网视听节目服务许可证的网站中,绝大多数都是国营视频网站。① 这些占视频网站大多数的机构,几乎拿不出优质网络剧、网络电影和网络综艺,主要以制作传统文化节目和政治宣传节目为主。

通过以上分析,笔者认为,中国网络视频产业缺乏严肃题材的现象可以概括为两点:第一,从绝对数量上来看,"严肃题材"的内容远少于娱乐题材;第二,从"严肃题材"节目的内容结构来看,主要以传统文化节目和政治宣传节目为主,缺少反思和讨论的公共性节目。这是中国网络视频产业的劣势吗? 不一定。在中国独特的传媒语境下,"莫谈国是"回避公共性话题不失为民营公司追逐利润的一种方式。"企业或许会发现,相较于挑战国家的审查政策,与国家进行合作能够带来更多的利润。"②而且,从经济效益的回报率上看,再结合中国网络视频用户画像,在视觉文化的时代娱乐节目比严肃题材节目能够获得更多的用户,相应地也能获得更多的广告投放和衍生品开发价值。尽管如此,但是如果网络视频在娱乐

---

① 数据来源:互联网视听节目服务持证机构名单(截至2016年5月31日)。

② Shanthi Kalathil and Taylor C. Boas, *Open Networks, Closed Regimes: The Impact of the Internet on Authoritarianal Rule* (Washington, DC.: Carnegie Endowment for the International Peace, 2003), p. 136.

的道路上越走越远,越来越远离严肃的政治生活,这未必是一件好事。这是因为,一方面在当今的国家与社会的权力结构中,远离政治生活很可能就是接近充满感官刺激、欲望和无视游戏规则的庸俗文化,进入一种"娱乐至死"的狂欢,使政治动员逐渐失效。正如赫胥黎在《重访美丽新世界》里提到的,那些随时准备反抗独裁的自由意志论者和唯理论者"完全忽视了人们对于娱乐的无尽欲望"。另一方面,缺少经典化过程和目标的狂欢式娱乐会使网络视频一直沦落于流行文化的层次,难以成为艺术上的经典,始终难登大雅之堂。当然,网络视频也并非只能在政治文化和市场文化之间二选一,回归"自然"也是一种选择。恰如周宪所说:"我们应该从这个悖论中看到人为视象富裕过剩后面所隐含的另一种匮乏和需要……如何在高度都市化、媒介化和消费化的当代视觉文化中,恢复和保留人与自然的本源关系,关注人为视象对主体的'暴力',赋予我们的视觉以自由,这显然是未来我们必须深入思考的一个重要的文化课题。"①只不过,在一些后现代学者眼中,何为"自然",并没有一个确定的答案,因为"所有的知识都是压迫性的权力"②。此为后话,不再做进一步论述。

2. 发行窗口处于劣势

如果说严肃题材的缺失是一种政治上和文化上的匮乏,那么本书下面将讨论一个市场因素带来的匮乏——网络视频在影视作品发行窗口中位置靠后。窗口最早是一个艾滋病诊疗领域的词汇,是指人在感染艾滋病毒后产生艾滋病毒抗体,但这些抗体尚无法测出的阶段。后来这一词汇传播到其他领域,有了衍生的意义。如商业窗口期是指经营的边界风险时限的最大预估值,航天发射的窗口期是指运载火箭在消耗某一定量燃料就能到达预定轨道的一个时间范围。影视作品发行领域也有窗口期,是指影视作品在不同平台的播出顺序。这个顺序的本质是该行业的利益分配格局,一般披着行业习惯的外衣存在。一般而言,电影业有八道发行窗口。这八个窗口包括:影院发行、单片付费、有线付费电视频道、家庭录像、有线电视、无线电视、地方电视台和网络视频平台。影院作为第一道窗口,是整个电影业盈利链条的火车头。如果车头动力足够强大,便可以纵向下游挖掘,横向海外延展——进入影院的电影和不进入影院的电影、影院热映的电影和冷落的电影,在之后几个窗口中的盈利表现自然差别甚大。然而,驱动这个火车

① 周宪. 视觉文化的转向[M]. 北京:北京大学出版社,2008:355.
② 胡泳. 后真相与政治的未来[J]. 新闻与传播研究,2017(4).

头,是需要成本的。无论多么好的影片,仅仅通过影院票房来回收成本是很困难的,真实的利润空间是在下游。好莱坞电影从电视和家庭录像一端所得收益已经远远高于影院票房,甚至成了不少大公司的利润支撑。美国的影院票房仅占其电影总收入的13.5%,而其他七大发行窗口贡献了剩下的绝大部分收入。① 没有八大发行窗口的共同作用,电影业的盈利就会成为问题,难以支撑资金需求庞大的内容生产环节。在这种窗口结构中,影院是电影盈利的"火车头",也可以说是"把门人"。在现实中,凡是在影院上映过的电影,卖给电视台的价格就要比那些无缘于院线的高很多。目前,互联网还无法扮演"把门人"的角色。在2014年,Netflix的全球订户数就超过了5000万,其中美国订户为3600万,占全美视频流媒体市场份额的32.3%,其流媒体业务覆盖全世界41个国家,包括整个北美和除古巴之外的所有南美国家以及欧洲部分地区。但2015年,Netflix想要与院线同步上映自己参与制作的电影《无境之兽》(Beasts of No Nation)时,帝星、AMC、Carmike和Cinemark四大院线联合抵制Netflix的这一行为,减少《无境之兽》的排片。院线的理由是该片片方Netflix未能遵守90天的标准"窗口期",损害了院线的利益。

院线与网络平台关于窗口的矛盾是一种普遍现象,网络平台的崛起一定会与院线争夺在影片发行窗口上的先发优势,而院线自然就会做出反制。美国是这样,中国也是这样。2015年11月,乐视网突然宣布自己参与制作的电影《消失的凶手》将提前于院线上映,乐视会员可以先于院线观看该片。消息甫一传出,新影联、横店、金逸、星美等院系发布紧急通知称,出品方乐视影业未通知院线及影院,而将于26日晚在乐视电视平台提前放映该片全片,故建议所有影院从27日起取消该片的所有排场或"暂缓排映""暂时不排此片"。随后乐视网宣布取消提前上映活动。

视频网站在电影发行窗口中的位置,与互联网的市场影响力是不相匹配的。但一方是后起之秀咄咄逼人的发展态势,另一方是行业长期形成的习惯,其中的利益分配问题较为复杂。但是,视频网站已经在尝试改变。Netflix的首席执行官里德·哈斯廷斯在2016年一次活动上称:"影院正在扼杀电影业。过去50年电影业(在发行窗口问题上)都没有革新。"之后,据美国科技新闻网站Mashable报道,Netflix和美国电影院线"iPic娱乐公司"签署了协议,未来Netflix制作的十部

---

① 靳戈,周铁东. 多尊重规律,少炒作概念——对话新影联影业有限责任公司总经理周铁东[J]. 南方电视学刊,2016(2).

电影,会在 iPic 位于纽约市、洛杉矶市的影院上映,也将是网络和影院同日上映。事实上,从实践来看,院线与网络平台关于窗口的矛盾准确地说应该是大院线与网络平台的矛盾。小院线、独立影院和艺术院线更愿意与网络平台合作。在大院线与 Netflix 关于《无境之兽》的矛盾中,小院线 Alamo Drafthouse 的负责人表示:"我会上映自己想放的片子,才不管片方的发行策略是怎样的。"

不仅电影有发行窗口,电视剧、电视综艺也有发行窗口,只不过由于电影与电视盈利模式的差异,电视节目的发行窗口并没有上升到行业习惯的高度,改变起来相对容易。在 2015 年国内就有网络视频节目反哺电视的现象。2015 年 7 月,搜狐视频网络剧《他来了,请闭眼》反向输出到东方卫视,开启了网络剧反向输出一线卫视的先例。爱奇艺与安徽卫视合作推出《蜀山战纪》,先后在爱奇艺和安徽卫视播出(在卫星频道播出时更名为《剑侠传奇》)。2016 年 7 月,腾讯视频自制网络剧《九州·天空城》在江苏卫视周播剧场开播。同年,爱奇艺自制剧《老九门》在东方卫视播出,该剧在互联网平台获得了百亿级的播放量,同时以 1.138%的平均收视率稳居同时段收视榜榜首。就国内的电视行业而言,"先台后网"还是"先网后台"抑或者"网台同步",并没有固定的行业规则,起更大作用的是行业规制。根据国家新闻出版广电总局的相关规定,制作和发行电视剧、电影、电视综艺节目要相应取得《广播电视节目制作经营许可证》《电视剧制作许可证》《电影公映许可证》,在互联网上传播亦需要以上许可证。但网络视频节目制作与播出(仅限互联网)仅需要备案,而且仅针对重点节目(详见《关于进一步加强网络原创视听节目规划建设和管理的通知》,新广电发〔2016〕198 号),而一般节目只需标明"审核序列号"(自审)即可。所以,对于电视节目来说,台网顺序只需要看节目获得的许可证是什么,如果获得了《广播电视节目制作经营许可证》《电视剧制作许可证》《电影公映许可证》《电视剧发行许可证》那么网台顺序就不受限制,如果未获得以上许可证那么只能在互联网平台播出,申请到许可证之后可以在电视台播出。业内把管理上属于电视剧,但以先网后台形式播出,甚至仅在互联网播出的作品称为"超级网剧"或"超级剧集",如《春风十里不如你》《白夜追凶》《卧底归来》《军师联盟》等。

综合以上关于电影发行窗口期与电视节目发行窗口期的分析,网络视频在电视节目发行窗口期的位置比较灵活,靠前还是靠后完全由制作方掌握,但在电影发行窗口期中处于末端,且受制于院线的行业影响力,未能有所突破。网络视频的市场影响力日渐高涨,如果依然处于电影发行窗口期的末端,既不利于院线提升忧患意识改进经营,也不利于发挥网络视频的传播优势。美国电影市场化程度较高,在院线行业协会的抵制下网络视频挑战行业习惯的难度较大,无形中会拖慢美国网络视频产业的发展速度。这对于中国网络视频产业来说是个相对的竞争机遇。

3. 缺少净利润支持

如果说严肃题材的匮乏和窗口的匮乏尚具有一定的外部性,那么净利润的匮乏就是网络视频产业的内部问题了。以优酷网为例,从 2015 年被阿里巴巴集团收购之前的公开财务报表来看,优酷网一直未能实现盈利。2015 年被阿里巴巴集团收购之后,优酷网的财报被合并入阿里巴巴集团的财报,无法掌握其具体的经营情况。但从阿里巴巴集团公布的财报来看,集团的网络视频业务(主要是优酷网和土豆网)虽然为集团贡献的收入逐渐增加,但该业务造成的亏损也在同步扩大。以阿里巴巴集团公布了 2018 财年第一季度(2017 年 4 月 1 日至 6 月 30 日)的财报为例,阿里巴巴集团当季收入 501.84 亿元(74.03 亿美元),同比增长56%,其中核心电商业务收入为 430.27 亿元(63.47 亿美元),同比增长 58%。该季度净利润为 140.31 亿元,比去年同期增长 96%。但数字媒体和娱乐业务营收为 40.81 亿元(约合 6.02 亿美元),仅同比增长 30%。该季度数字媒体和娱乐业务的营收增长主要是由 UCWeb 提供的移动搜索、新闻推送、应用和游戏发布等移动增值服务带来的。而亏损则是由于优酷土豆内容购买成本的增加所致。财报显示,该部分业务运营亏损为 33.88 亿元,而经调整的税息折旧及摊销前亏损为17.48 亿元(约合 2.58 亿美元),而去年同期的亏损为 9.96 亿元。

国内上市的乐视网在 2016 年第三季度之前均能实现盈利,但之后出现了巨额亏损。2017 年前三季度的报告披露信息显示,1—9 月乐视网归母公司净利润为负 16 亿余元,较上年同期减少约 446%。如此大幅度的利润下降,既有本年度乐视网广告收入、终端收入和会员收入由于关联公司债务、资金流动性和社会声誉等方面的影响而下降的原因,又有在此之前对于无形资产采用直线摊销法而给后期带来的经营压力的因素。这不禁令人对乐视网之前的财务报表所选择的会计计算方式的科学性产生怀疑,进而对乐视网每年的盈利数据的科学性也要打个问号。

不仅是优酷网和乐视网,根据酷 6 网在美股上市期间的财报,该视频网站也未能实现盈利。盈利重要吗？从投资的角度来看,盈利与否不如商业模式好坏重要。美国股市上许多公司在前期长期不盈利,但由于投资者看好其商业模式而坚持投资,这些公司的股票价格表现突出,一些公司最终也实现了盈利。2002年Netflix在上市招股书中写道"从一开始到现在,我们积累了天量的亏损,我们甚至有9000万美元的权益赤字。我们需要极大地提高我们的营业利润率来实现盈利。我们可能永远不能盈利。"Netflix上市之后虽然经历了一段时期的亏损,但从公开资料来看,至少从2012年第二季度开始就已经实现了盈利。不仅是美国投资者看好网络视频,日本软银集团创始人孙正义曾说,如果将来有一家公司能够超过谷歌,那一定诞生在网络视频领域。这句话被国内视频网站风行网写在了"公司介绍"的第一段。

但是,对于中国的网络视频产业来说,盈利困难有特殊的影响。一方面,盈利难意味着网络视频产业需要长期的大额投资,这对于国营视频网站的发展是利空。能够提供这种投资规模的融资方式,只有上市,无论是独立上市还是依附上市。这对于民营视频网站来说不算难事儿,国内上市审批速度慢可以赴境外上市,赴境外上市审批程序多可以被已经上市的互联网公司收购或者购买已经上市的公司实现间接上市或者借壳上市。但是国营视频网站上市可不是一件容易的事儿,且不说国营视频网站内部相对低效的运营机制能否适应上市公司的要求,单是国内证券市场要求连续盈利的上市门槛都不一定能达到。而且,由于国营视频网站的国营身份和网络视频业务也使其不能像新浪网和优酷网一样通过VIE架构在境外上市。虽然湖南广播电视台在第五届中国网络视听大会上宣布芒果TV于2017年实现了盈利,但芒果TV依然没有选择独立上市的模式,而选择依附湖南广播电视台旗下的上市公司快乐购实现间接上市。尽管如此,芒果TV的"经"也不是其他省级电视台能够取得来的,毕竟不是每一家省级电视台的机制都能向湖南广播电视台一样灵活,也不是每家省级电视台旗下都有上市公司。在这种情况下,民营视频网站相对于国营视频网站在融资方面具有绝对的优势,导致产业内部出现两个阵营发展不平衡的现象。

另一方面,盈利难使网络视频生态中"讲故事"的重要性越来越高。所谓"讲故事",是指创业公司拿出一套商业模式说服资本市场投资,然而最终结果是要么经过一轮一轮融资把商业模式变成一家成功的企业,要么创始人高位套现离场。当然,理想的状态肯定是前者,这既是投资人的信心所在,也是创业者的"初心"所向。但是,如果网络视频业务迟迟难以实现盈利,会动摇创业者"为长久计"的心态,很可能在创业伊始就想着如何高位套现离场。在这种情况下,如何说服投资人增加投资比把业务做好更重要——这就是"讲故事"的重要性。从这个角度来分析,2016 年热闹非凡的网络视频直播和 2018 年初方兴未艾的视频直播答题都是一段"故事",而不是一项业务。"故事"当然十分重要,尤其是对于创业公司来说,这是获得前期投资的重要手段。但"故事"不能代替业务,更不能代替业务背后的业绩。"故事"可以讲一时,但企业的持续经营依靠的是能取得业绩的业务。当市场上流传着阿里巴巴是如何说服日本软银投资的故事时,更应该看到阿里巴巴的电子商务业务在当时的创新性与成长性。总之,"故事"不能喧宾夺主讲得太多,否则就容易形成浮躁的产业氛围。

第七章　中国网络视频产业发展战略选择与实施

> 知可以战与不可以战者,胜。
>
> ——孙武《孙子兵法》

> 也许多少年后在某个地方,我将轻声叹息把往事回顾。一片树林里分出两条路,而我选了人迹更少的一条,从此决定了我一生的道路。
>
> ——罗伯特·弗罗斯特《未选择的路》

历经概念、历史、规制、经营等方面的分析,本书在第六章总结了制定中国网络视频产业发展战略的四个出发点:来自政策、产业链、文化、技术的机遇,来自规制、可持续经营能力两方面的风险,市场、投资、经营机制、内容带来的丰富,题材、发行窗口、经营亏损导致的匮乏。换言之,本书前六章已经回答了中国网络视频产业"是什么""要什么""有什么"以及"在哪里""如何到达这里"的问题。第七章是本书的结论部分,将要重点回答中国网络视频产业应选择哪一种类型的发展战略,以及为了实现战略目标应"舍弃什么""追求什么""兼顾什么"的问题,即中国网络视频产业的发展战略。同时,还将分析为了保障战略的顺利实施,需要哪些方面的保障因素,以及如何规避战略实施中可能出现的负面效应。

7.1　中国网络视频产业发展战略选择

"在任何场合,企业的资源都不足以利用它所面对的所有机会或回避它所受到的所有威胁。因此,战略基本上就是一个资源配置的问题。成功的战略必须将主要的资源用于利用最有决定性的机会。"①说话人是美国科恩国际战略咨询集团公司的创始人威廉·科恩,科恩的这段表述显现了战略的一个重要特点:取舍。企业发展涉及多种多样的要素,取与舍各有多种选择。如果把这若干种取舍选择围绕战略目标进行组合,那么根据排列组合的原理会得到数量更多的要素组合。在没有任何前提的情况下,这些要素组合都无法判断对与错,因为每一种组合都有其独特的应用条件。只有提供了一个前提(战略目标),才能判断哪个要素组合最适合实现战略目标。这时,该要素组合的方式就是成功的战略,组合中的要素就是"主要的资源",战略目标就是科恩认为的"最有决定性的机会"。

根据战略管理的基本理论,战略选择是在信息输入阶段和匹配阶段之后的工作。信息输入阶段解决的是竞争态势分析方面的问题,而匹配阶段是"将关键内部及外部因素进行排列而集中进行可行备选战略的制定"②。作为第三阶段的战略选择,则是用第一阶段输入的信息对第二阶段认定的可行备选战略进行评价。以上理论来自企业领域的战略管理,因此字里行间依然可见竞争的意味。如本书第三章所述,本书所指的发展战略是产业的发展战略。产业的发展,不同于"企业发展"所意味的利润提升,而是以产业内部企业关系和产业与产业之间关系两组关系协调发展为核心的一系列指标,包括产业组织、产业结构、产业管理和产业发展(这里的产业发展主要是产业生命周期方面)。故而产业的发展战略不同于企业发展战略以竞争为核心,而是以自我提升为核心的。这里的自我提升,就包括产业参与者(企业)经济效益提升、产业结构优化、产业管理改善、产业整体经济效益提升等。有鉴于此,研究产业的发展战略并不能照搬企业的发展战略,但并不妨碍从成熟的企业发展战略理论中汲取有益的经验。

企业战略管理中的战略选择是根据竞争态势对若干竞争战略进行评价,从中选择"最合适"的一项。那么,应依据哪方面对若干产业的发展战略进行评价呢?笔者认为,如果说同行业中的其他企业是企业战略中的"竞争对手",那么产业的竞争对手来自两方面:产业自身和上下游产业。所谓产业自身是竞争对手,是指

---

① 弗雷德·R·戴维.战略管理:第八版[M].李克宁,译.北京:经济科学出版社,2001 - 10.

② 弗雷德·R·戴维.战略管理:第八版[M].李克宁,译.北京:经济科学出版社,2001 - 10.

产业的发展需要在产业内部激发组织(企业、市场等)活力、优化产业结构、改善产业管理、延长产业生命周期等。这些任务都来自产业内部,产业需要不断地围绕这些任务进行自我调整。至于如何理解上下游产业之间的竞争关系,需要借用一个企业战略管理中的波特五力竞争模型。波特五力竞争模型将某一产业内部企业所面临的竞争的来源概括为五个方面:企业间竞争、潜在替代产品的开发、潜在新竞争者的加入、供应商议价力量、购买者议价力量。其中,后四种力量共同作用于第一种力量。如果把分析的视角从微观的企业上升到中观的产业,那么网络视频产业所面临的竞争环境包括电视产业与网络视频产业的竞争,上游视频内容提供商的议价能力,下游电信运营商的议价能力。这里面未提及"潜在替代产品的开发"和"潜在新竞争者的加入",是因为在整个产业目力所及的距离能替代视听产品的只有虚拟现实产品,然而目前来看虚拟现实仅仅是一阵"风",其商业应用远未成熟,而且实际上从事虚拟现实产品生产与传播的依然是今天的网络视频企业;至于潜在的新竞争者,则暂时没有出现的条件,因为凡是能与电视产业或网络视频产业进行竞争的,一定首先要掌握渠道——就像电视掌握了电视网、网络视频掌握了互联网,目前来看除了电视网与互联网以外,尚未出现其他有竞争力的能够传播视听节目的渠道。回到本段最初提到的问题,对中国网络视频产业若干发展战略的评价与选择,需要以提升产业"内力"(即上文提到的产业内部的若干要素)与构建健康产业关联为重点。根据内因与外因的辩证关系,又应该以能否提升产业"内力"为关键。

7.1.1　战略选择的原则

虽然戴维的《战略管理》是该领域的经典教材,但这本书并没有介绍战略选择的原则(或者说是标准)。倒是另一本名气小一些的教材《公司战略教程》列举了战略选择的三种标准:适用性、可行性、可接受性。[①] 所谓适用性,是指战略对在战略分析中所确定的组织状况的适应程度,以及它如何保持或改进组织的竞争地位,其评价依据是是否能够利用优势和机会、化解劣势和威胁。所谓可行性,主要是回答公司是否有足够的资金支撑战略实施、是否具有配套的技术手段实现战略、是否具有匹配的经营和管理人才执行战略、战略最终是否能实现既定的市场

---

① 格林·约翰逊、凯文·斯科尔斯. 公司战略教程[M]. 金占明,贾秀梅,译. 北京:华夏出版社,1998:157 – 158.

目标等问题。所谓可接受性,是指战略执行的投资收益、风险和利益相关者的反应是否超出了企业的承受范围。就中国网络视频产业发展战略而言,适用性、可行性和可接受性的内涵依然可以吸收,但需要根据实际情况进行扩展和丰富。

1. 立实际

立实际可以与适用性划约等号。对于中国网络视频产业来说,所谓的"实际"包括规制与经营两方面。规制表述了中国网络视频产业的属性与地位,具体如谁可以从事网络视频业务,网络视频业务与电视业务的关系、与电信业务的关系,网络视频经营活动的禁区是什么。经营包括中国网络视频产业的用户规模、市场空间、竞争结构、盈利模式、融资方式等。虽然"实际"多数是发展战略所必须考虑的限制条件,但所谓立实际不是拘泥于实际,而是从规制和经营的具体实践中抽象出规律。这个规律不一定与规制和经营的实际完全吻合,但符合规制与经营的逻辑与方向。如果说中国网络视频产业的规制与经营是一棵树,那么从具体实践中抽象出来的规律就是树的主干,是发展战略必须考虑的因素。发展战略不能与树的主干相悖,树之不存鸟儿将以何焉附。但是树上的枝叶如果存在消极影响可以砍去,如果有需要补充的地方可以嫁接,并不影响树的主干。

笔者认为,中国网络视频产业发展战略所面临的"实际"至少包括以下几个方面:

(1)电视产业既是竞争者又是合作者;

(2)政策支持文化产业的发展,但规制对民营视频网站"区别对待";

(3)民营视频网站在市场份额方面占据绝对主流;

(4)视频网站的盈利模式依然处在探索阶段;

以上四大"实际"意味着中国网络视频产业发展战略不能忽视电视产业,必须在战略目标层面考虑网络视频产业与电视产业的关系,必须在执行层面考虑网络视频产业与电视产业两方面的利益。同时,还应考虑民营视频网站发展的限制性因素,以及这些限制性因素的必要性。从网络视频规制的话语倾向来看,网络视频产业全部国营化是规制的期待,但实际上民营视频网站的经营情况要明显好于国营视频网站——全部国营化的思想该如何回答这一问题? 在视频网站缺少有效盈利模式的情况下,过于激进的产业发展战略是否会压垮网站的现金流,产业发展战略是否要解决缺少有效盈利模式的问题?

2. 可执行

如果难以定义什么叫可执行,那么不妨先定义什么是不可执行。如第三章所说,中国网络视频产业发展战略的实施主体是国家广播电视行政主管部门,实施的客体是民营网络视频服务与国营网络视频服务的关系。其中的执行者,包括行政主管部门和企业两个方面。对于行政主管部门,不可执行至少存在以下几种原因。

第一,不合规,包括不符合法律法规和中央各类文件。例如,如果中国网络视频产业发展战略中包括了扩大资本来源、利用外资实现产业发展,就与当前《外商投资产业指导目录》中将网络视听服务业化为"禁止外商投资"的规定相左。同样,如果在发展战略中取缔民营视频网站,或者像新中国成立初期公私合营一样通过行政命令强制要求国营视频网站与民营视频网站合并,就违背了中央关于文化产业改革发展中关于引入民间资本推进产业发展的精神。

第二,风险大,主要是指社会稳定的风险。例如,如果中国网络视频产业发展战略要求全面禁止用户产生内容(UGC)的模式,就可能引起网民的反对,引起舆论危机,甚至有可能以此为导火索波及其他领域。同样,如果产业发展战略中将政府的角色削弱到"守夜人"的程度,就有可能引起网络视频企业的盲目竞争,一些与法律法规相悖、与社会公序良俗相悖的经营行为得不到纠正和惩戒,引起社会的不满和抗议。

第三,抵制强,主要是指利益相关方的集中反对意见。例如,如果在推行"特殊管理股"的过程中严重低估股票价格,或者强制从大股东手中低价买入股票,一些公司的大股东会集中反对该举措。同样,如果中国网络视频产业发展战略中忽视了位于上游的制片方的利益,对版权保护重视不足,甚至为了促进产业发展不惜伤害上游产业的利益,就有可能导致上游企业在政治、经济等方面的抵制。

第四,配套弱,主要是指缺少战略执行和督查的专门机构与人员。例如,如果中国网络视频产业发展战略给予了广播电视行政主管部门过多的角色和责任,就需要相应地增加行政支出(如资金、编制和人力),否则就可能导致战略无人执行、无人督查。当然,中国网络视频产业发展战略也不能完全把角色和责任推向市场,毕竟完全自由的市场经济是从不存在的。产业发展战略中行政主管部门的角色与责任,还须与现有的行政资源匹配。

对于企业,不可执行的原因至少包括以下两方面。

第一,大股东利益受损,拒绝执行。例如,如果发展战略忽视了企业盈利的本能需要,导致大股东的利益受损,企业就会自觉抵制执行战略。导致大股东利益受损的行为有多种多样,如强制对大股东的控股比例做出要求、强制压低企业股票价格、限制企业合理的经营行为等。当然,不是说大股东利益一点都不能受损,毕竟只要是战略就是一个取舍的过程。一般情况下大股东也知晓股东利益受损与企业长远发展之间孰轻孰重,只不过利益受损也要考虑是否有价值、有必要。

第二,超出企业资源条件,无法执行。例如,如果产业发展战略要求全面铺开虚拟现实服务,而绝大多数视频网站不具备播放虚拟现实节目所需的编码与解码技术,上游内容产业缺乏提供虚拟现实节目的能力,下游的终端生产商也没有足够的条件使虚拟现实设备的制作成本和观看体验有明显的提升,那么该战略对于网络视频企业来说就是无法执行的。

3. 向目标

符合战略目标看似是不言自明的原则,但由于战略目标总体上属于长远利益,虽然不能说长远利益会否认短期利益,但在实践中会经常出现短期利益与战略目标不一致的情况。例如,在中国网络视频产业诞生的初期,主要为视频网站提供流量支持的是未经版权方许可的影视剧节目。这是中国网络视频用户规模的"第一桶金"。盗版毫无疑问不符合战略目标,但它构成了中国部分视频网站的原始积累。虽然 2006 年国内还没有网络视频产业的概念,但从整个互联网内容产业的长远发展出发,国家出台了《信息网络传播权保护条例》,确立作品的信息网络传播权并加以保护。此外,还有一种情况是企业短期经营目标与产业的战略目标不一致。在 2011 年前后,各家视频网站都不吝于拿出 2000 万、3000 万甚至更高的价钱购买电视剧的网络独播权。而这一价格在 2008—2009 年不超过 200万。① 高昂的购剧支出无疑不符合产业发展的目标,但一些视频网站为了挤压竞争者的发展空间不惜开展价格战,以获得更大的市场份额。从网络视频产业的战略目标来看,网络视频的内容形态是多种多样的,这也是网络视频相对于电视的优越性。但在 2016 年网络视频直播的热潮中,一些企业为了给资本市场"讲个好故事",夸大网络视频直播这一内容形态的价值,吸引社会关注和投资,分流了网络视频的社会资源,更助长了网络视频产业"故事比业务重要"的投机氛围。

短期利益有短期利益的理由,长期目标有长期目标的价值。无论是在企业经营还是产业发展的过程中,都会出现各种各样的短期目标。如何评价哪些短期利益是应当追求的,哪些是应该放弃的,就要以是否符合战略目标作为考量的标准。

---

① 陆地,靳戈.中国网络视频史[M].北京:中国广播影视出版社,2017:65.

在中国网络视频产业发展战略的制定过程中,历史与现实的两种维度相互交织,会出现各种各样的短期利益需要加以甄别和选择。不同的选择就会有不同的战略,而恰当的战略应该是以战略目标为导向的。

7.1.2 战略选择

SWOT 模型不仅是一个要素分析工具,同时也是一个战略列举工具。其内部的四个要素两两组合可以得出四种不同的战略,分别是优势－机会战略(发挥企业内部优势而利用企业外部机会)、劣势－机会战略(通过利用外部机会来弥补内部的劣势)、优势－威胁战略(利用企业的优势回避或减少外部威胁的影响)和劣势－风险战略(弱化内部劣势影响的同时回避外部环境风险的防御性方案)。结合第六章对于中国网络视频产业发展的机遇、风险以及产业自身的资源优势、资源劣势的分析,可以得到图 7.1 所示的四种战略。

	资源优势 1. 中国网络视频用户规模大、增长潜力大; 2. 视频网站融资能力较强; 3. 视频网站作为企业,机制较电视台更灵活; 4. 网络视频内容来源广泛多样。	资源劣势 1. 严肃题材内容较少; 2. 视频网站在影视发行窗口靠后; 3. 大部分视频网站净利润为负。
发展机遇 1. 政策支持文化产业和媒体融合; 2. 中国宏观经济环境对文化产业的带动力较强; 3. 中国消费结构转型对文化产业的强大需求; 4. 颇具规模的电视产业链; 5. 网络视频契合了视觉主导的社会文化; 6. 中国政府对发展互联网新技术高度重视。	丰富－机遇战略 1. 融合企业的灵活机制和政策的合法性; 2. 吸收电视产业链的上下游企业; 3. 积极引入新技术。	匮乏－机遇战略 1. 以"政府购买服务"的形式拍摄严肃题材内容; 2. 借力政策把发行窗口提前; 3. 向上或者向下延伸产业链扩大盈利来源。
发展风险 1. 规制随时可能增加民营视频网站的经营限制; 2. 大多是视频网站均未盈利,企业面临的资金压力较大。	丰富－风险战略 1. 培育网民使用习惯,成为互联网基础应用,以市场地位换政治地位; 2. 以更多样的融资手段缓解资金压力;	匮乏－风险战略 多制作传播主旋律题材的网络视听作品;

图 7.1 战略选择矩阵

如果仅从静态层面分析,中国网络视频产业发展战略的选择的确如图7.1所示。但是,如果按照本书第二章的思路和材料,将发展战略的分析从历史延伸到现实,会发现中国网络视频产业的发展机遇、发展风险、资源优势和资源劣势是变化的。这就相当于在原先SWOT的二维坐标系中加入了一个时间轴——Z轴。从历史演变的角度来看,作为资源优势的用户规模和增长潜力是持续增加的,融资能力也是持续增加的,经营机制基本保持不变,但是内容来源有增有减,主要变现为UGC业务式微、新闻节目式微和诸如短视频、网络视频直播等新形态不断涌现。作为资源劣势的发行窗口近年来有所提前,净利润为负的问题一直未得到解决且有逐渐扩大的趋势,严肃题材资源的绝对数量有所增加(原因是国营视频网站数量的增加),但曝光率没有明显的改善(访问量排名靠前的视频网站普遍缺少严肃题材的内容)。宏观经济政策、中观消费结构、媒体融合政策、电视产业链、视觉主导的社会文化和互联网新技术等作为发展机遇更加显著,推动效果会更加明显。而规制趋严和经营亏损作为发展风险也显现出不断显著的特征。从历时性的角度分析,中国网络视频产业的发展优势和劣势总体较为稳定,但机遇与风险则显现出两极分化的态势——机遇因素和风险因素同时越来越显著。

战略选择并不一定是从图7.1所示的四种组合战略中选择一个,而是从四种组合战略中选择有利于实现战略目标的元素。如本书第三章所述,中国网络视频产业发展战略的目标是可持续经营、具备产业链整合能力和保持网络视频的优势。以此为核心,基于立实际、可执行、向目标的原则,结合机遇、风险、优势、劣势四方面的历史性变化,可以从图7.1中做出选择。

可持续经营首先意味着政策的合法性,尤其是在规制逐渐收紧的趋势下。那么还有"培育网民使用习惯,成为互联网基础应用,以市场地位换政治地位""融合企业的灵活的机制和政策的合法性""多制作传播主旋律题材的网络视听作品"可选。其中最为根本的是利用已有的对文化产业的支持政策获得身份合法性,其他两个可以从属于利用文化产业支持政策获得合法性。

可持续经营还意味着持续的资金投入,尤其是在短期未能解决盈利问题的情况下。那么"向上或者向下延伸产业链扩大盈利来源""以更多样的融资手段缓解资金压力"可选。虽然扩大盈利来源解决的是根本问题,但对于当下的网络视频产业来扩大融资来源更为紧要。

具备产业链整合能力意味着"吸收电视产业链的上下游企业""向上或者向下延伸产业链扩大盈利来源"可选。其中扩大盈利来源是吸收上下游企业的题中之义,因此"吸收电视产业链的上下游企业"更为关键。

保持网络视频的优势在于机制和技术两方面。那么,"积极引入新技术"可选"融合企业的灵活的机制和政策的合法性"。其中又以机制的影响最为基础。

通过以上分析,中国网络视频产业发展战略所包括的要素为"融合企业的灵活的机制和政策的合法性""以更多样的融资手段缓解资金压力""吸收电视产业链的上下游企业"。概括来说,就是 20 个字:**身份合法**、**经营持续**、**融旧于新**、**兼顾两方**(国营视频网站和民营视频网站)、**重视投资**。

7.2 中国网络视频产业发展战略实施

无论是在新版教科书还是老版教科书中,战略实施均位于制定战略目标、开展战略分析、进行战略选择之后。有些教科书还将战略实施分为管理问题和营销、财务、会计、研发和计算机信息系统等子问题(还是本书反复提及的那句话:战略管理是基于企业竞争的理论)。从整个战略管理的流程来看,战略实施环节位于末端,且包含了许多细分任务。相对于战略制定,战略实施强调行动,强调直接对具体的因素加以调配和运用。从战略管理的实践来看,战略实施既有规律可循,存在一定可以类推、可以演绎的逻辑,又带有鲜明的企业个性,有的企业执行力强能够推动战略顺利实施,有的企业执行力弱战略实施步履艰难。正如戴维所言:"大企业与小企业、营利组织和非营利组织在战略制定的思想与方法上并不存在太大的差别,然而战略实施在不同类型、不同规模的企业间却有很大的差别。"[①]在微观的产业组织层面战略实施尚且存在诸多差异,那么产业发展作为一个中观议题,自然与企业战略实施有所不同。但这个不同并非逻辑上和思想上的不同,而是具体要素与实际行动的差异。

从逻辑上看,战略实施是历经分析和选择之后确定的战略的具体化,通过具体的行动将战略任务转化为具体的、可操作的行动。这就意味着,战略实施不能

---

① 弗雷德·R·戴维. 战略管理:第八版[M]. 李克宁,译. 北京:经济科学出版社,2001:257 – 258.

超越战略本身,不能与战略相左。同时,还必须将战略任务和目标进行具体化,使之可以付诸实践。本章第一节的结尾列举了中国网络视频产业发展战略的若干要素,战略实施就是要将这些要素进行再次细化,转化为产业发展参与者的行动指南。根据以上要素,中国网络视频产业发展战略实施可以由二十个字的战略选择进一步细化为媒介选择、规制选择和经营选择三个方面:**媒介一元、规制二元、经营多元**。

所谓媒介一元,是指在电视与网站、电视网与互联网之间用后者代替前者,推进电视互联网化。所谓规制二元,是指尊重民营视频网站和国营视频网站在经营目标与经营思路上的差异,正确评价民营视频网站对中国网络视频产业的贡献,提供具有指导性的规制,保护民营视频网站和国营视频网站两方面的发展积极性、促进产业整体发展。所谓经营多元,对于行政主管部门而言是正视视频网站的经营特征,支持网络视频产业的跨业经营和混业经营;对于企业来说,应继续探索多种经营模式,巩固已有的利润来源,不断探索新的盈利模式,尽早实现盈利,获得独立发展的经济基础。

7.2.1　推动电视向网络视频转型

不管听上去多么的惊悚,事实上从长远来看网络视频和电视不可能继续并行存在。结局无论是叫"媒体融合"也好,叫"新兴媒体取代传统媒体"也罢,总之二者只能存其一。最根本的原因是,网络视频与电视实质上提供了同一种服务:视听节目播放服务。只不过,网络视频的传播主体是网站、传播渠道是互联网,电视的传播主体是电视台、传播渠道是电视网。以及,由于主体和渠道的差异,导致的经营思路、交互逻辑、融资方式等方面的不同。试想,如果把电视节目搬到互联网上播出,与网络视频有什么区别? 曾经一些优秀网络视频评优活动区分网络视频与电视节目的方式是所谓的"是否符合互联网的传播特点"[1],这一标准当时看来颇为有效,因为网络视频与电视节目的区别从表象上就能分辨——网络视频的制作水平明显低于电视节目,内容的尺度明显大于电视节目。但是,视频网站融资规模扩大,支付能力也随之提升,逐渐开始购买民营电视节目制作公司(如光线传媒)的产品。民营电视节目制作公司大多脱胎于电视台,同时常年为电视台提供

---

[1]　来自中国网络视听节目服务协会优秀节目评选章程。

节目,节目质量普遍比 UGC 和"散兵游勇"小工作室的作品高。加上不断收紧的网络视频规制,网络视频节目的质量与尺度开始与电视节目趋同,二者的区别迅速缩小。而且,根据 2017 年国家新闻出版广电总局出台的《关于进一步加强网络视听节目创作播出管理的通知》,网络视听节目要坚持与广播电视节目同一标准、同一尺度。当前能够区分电视节目和网络视频的唯一可靠标准是许可证的属性,网络视频的制作与播出采取备案制,而电视节目的制作与播出则需要许可证。不过,2015 年之后一些在互联网平台首播甚至独播的节目在前期就按照电视节目标准申办许可证(被称为"超级网剧")。这一现象意味着未来网络视频节目和电视节目将更加难以区分。从美国网络视频产业的发展经验来看,电视节目与网络视频节目之间几乎已经没有界限。Netflix 的节目也可以和有线电视网(如 HBO)、广播电视网(如 CBS)的节目参选艾美奖的同一单元。

而且,从内容来源上看,网络视频的来源要更广泛。目前,网络视频的内容来源包括:网民上传(即 UGC 和 PGC 业务,网络视频直播也属于此类)、网站自制和向外购买。而且,借助于互联网非线性的传播逻辑,网络视频内容不受节目编排的影响,节目数量几乎可以无限制地扩大。一些电视栏目虽然也为观众拍摄的视频内容提供了播出机会,但是在数量级和影响力上远不能与网络视频的网民上传业务相提并论。而且,电视节目的线性播出属性使得每天电视播出节目的总时长不会超过 24 个小时,一天所播出的节目时间是有限的。有人可能会反问,借助数字电视机顶盒电视不也能实现点播吗?如果可供点播的电视节目足够多,不也可以媲美网络视频?笔者认为,电视与网络视频的区别不是点播,而是观众的选择自主性大与小。如果电视也提供了和网络视频一样的内容选择自主性,那么电视就已经变成了网络视频。这不是文字游戏,而是很值得思考的产业现实:电视与网络视频的区分不在于质量、尺度等技术因素,而在背后的经营机制。谁选择了观众选择自主性大的经营机制(广义的经营机制包括渠道选择),谁就可以称作是网络视频。

从传输渠道来看,电视网与互联网并存也是一种资源浪费,而且从当前的两张网的发展态势来看互联网显著领先于电视网。从电信业 1998 年提出三网融合的概念到 2015 年国务院同意《三网融合推广方案》,长达 17 年的争论中关于三网融合"集约化建设、节约社会资源"的优势已有共识。无论是电视网的同轴电缆还是互联网的双绞线、光纤,本质上都是信息传递的渠道。事实上,在城域网以上

(包括干线网和城域网)的部分,电信和有线电视都是用光纤。两者的区别在于接入网。电信是从双绞线向光纤演进,有线电视是从同轴电缆向光纤演进。不仅是双绞线和光纤能实现 IP 化,同轴电缆也能实现 IP 化。美国 2016 年宽带市场中62.9% 的份额被有线运营商所占领,远高于电信运营商的 37.1%,而有线运营商均采用同轴电缆。① IP 化意味着信号传输采用的是 TCP/IP 协议。在该协议下,一切接入网络的设备都可以实现互联互通。它不仅包括一条可以双向传输的信道,同时还包括路由选择规则。当前的数字电视机顶盒虽然也能实现点播和回看,支持简单的双向传输,但是数字电视机顶盒并非 TCP/IP 协议的产物,它不支持用户与用户之间的数据交换,信息只能由电视台流向用户,或者从用户流向电视台。在这种模式下,电视无法发挥社交的功能——用户不能将所看所想分享给其他用户,也不能与其他用户进行互动。更麻烦的是,由于社交功能的缺失,电视终端所能获取的用户信息非常少,仅能获得观看时长、频道停留时间、观看时间等数据,用户的网络访问行为信息是捕捉不到的。这就限制了电视台所能获得的数据量,使各种"大数据"技术(如社会计算、数据挖掘等)缺少实现的基础,进一步弱化了电视的互动性。

在 20 年前电视技术领域就萌生了电视台 IP 化改造的思路,基于 TCP/IP 协议的电视台内部节目传输架构具有系统结构简单、布线灵活、维护与升级方便等优势,更重要的是可以与外部的互联网协议对接,在传输的互动性和便利性上与网络视频保持同一水平。由于以前互联网设备和基础带宽的限制,电视台节目传输IP 化的条件尚不具备。但随着网络技术突飞猛进的发展,互联网带宽基本上按照每 5 年提升 10 倍的速度增加。2005 年之后,互联网带宽就超过了电视基带的带宽。

美国网络视频产业与电视网既有竞争也有合作。索尼公司的 PlayStation Vue、AT&T 的 Direct TV Now、谷歌的 YouTube TV、Hulu 的 Hulu Live TV、亚马逊的 Amazon Channels 等非电视台和电视网络运营商也开始从事 OTT 互联网电视业务。这些公司通过与电视台合作,将电视台信号使用互联网技术传输到用户家中,用户可以通过专用的设备(如 PlayStation、Xbox 等)观看,也可通过网页和客户端观看。总体来说,虽然通过互联网传输的节目丰裕度上不如付费有线电视,但

---

① 梁晓涛. 电视媒体与有线电视深度融合实现 TMT 产业融合一体化发展[J]. 中国有线电视,2017(9).

这些 OTT 互联网电视服务的价格明显低于传统付费电视频道,且提供点播、回看、存储、预览、互动等服务,这还不包括像索尼和 YouTube 之类的企业所独有的内容。不仅是美国,2015 年秋季,英国广播公司(BBC)取消了以传统广播方式传输 BBC 三台的节目,改为 OTT 在线播出。

而另一方面,美国的网络视频公司也在与电视网谋求合作。2016 年 11 月,美国最大的有线网络运营商康卡斯特(Comcast)面向数百万台自家机顶盒设备 X1 推出 Netflix 应用服务。通过平台集成,康卡斯特的 X1 设备用户能够浏览和访问所有 Netflix 电视节目、点播、个人视频录像。Netflix 的内容完全集成到 X1 设备上,用户可以在这一设备上观看过去和当季的节目,如《纸牌屋》。Netflix 成为康卡斯特 X1 机顶盒中的一个频道,使得用户可以在 Netflix 应用服务与有线电视服务之间无缝切换,无须烦琐的操作即可观看喜爱的网络视频或电视节目。根据公开新闻报道,康卡斯特还计划与其他网络视频服务提供商开展合作。2017 年 2 月,康卡斯特与谷歌达成合作协议,将 YouTube 的内容整合到 X1 平台中。通过"有线电视平台 + OTT",康卡斯特与 Netflix 的关系从竞争对抗走向合作及产品融合。

长远来看,电视网与互联网并行的状态不会持久,因为二者本质上都是信息网,提供了一样的服务。未来究竟是电视网进化成互联网(就像康卡斯特所提供的类网络视频服务一样)还是互联网代替了电视网,由于世界各国电视产业和网络视频产业发展水平不同因而答案各异。但对于中国来说,两种答案均有可能发生——从发展水平来看,互联网显著领先于电视网,且可以提供电视网的所有服务;从政策导向来看,广播电视行政主管部门显然不愿意看到电视网被互联网替代,进而有可能推进电视网的升级改造,名义上还是电视网,从技术上看已经是互联网。但总之,在电视网与互联网的关系上,互联网代表了未来的趋势。

此外,网络视频相较于电视的优势,还在于开放的、交互程度较高的使用界面。当然,这并非核心优势,因为良好的使用界面可以通过机制改良自然而然地实现。试想,如果数字电视机顶盒市场的自由竞争程度较高,哪一家敢把使用界面设计得简陋又难以使用?民营视频网站首页和客户端日益人性化的界面设计,不就是市场充分竞争的结果吗?

当然,把电视一棒子打死既不符合逻辑也不符合事实。这里的逻辑指的是中国传媒行业的管理逻辑。虽然总体来看网络视频在内容和渠道上领先于电视,但是在一些细分的领域(如新闻)电视又具有绝对的优势。这是因为,根据《互联网新闻信息服务管理规定》,"申请互联网新闻信息采编发布服务许可的,应当是新闻单位(含其控股的单位)或新闻宣传部门主管的单位。"这就是说,在视听节目领域,只有广播台、电视台和广播台、电视台所办的网站才能从事新闻信息采编发布服务许可,占据网络视频市场主流地位的民营视频网站被拒之门外。在规制不发生变化的情况下,新闻信息采编发布服务就是电视不容忽视的竞争力。

这里的事实是中国互联网普及率比之电视节目综合人口覆盖率尚有不足。根据《中国广播电视年鉴》近年来的数据,中国电视节目综合人口覆盖率超过98%,接近100%。这要归功于多年坚持推进的"村村通"工程——这也是《中国广播电视年鉴》每年工作要点中"电视事业"部分的主要内容。反观互联网,根据2018年初发布的《中国互联网络发展状况统计报告》,中国互联网覆盖率约为55.8%。从消除信息鸿沟、保障信息接触机会公平的角度来看,电视依然有存在的必要性。

有一种声音认为,电视的优势还在于操作简单。笔者认为这是一种表象,实际情况是网络视频可以把电视交互设计得更简单。之所以一些用户会有"电视操作简单"的印象,一方面是因为他所面对的电视功能太简单,操作自然也简单,另一方面是因为当前网络视频的主要用户集中于15—35岁年龄段,网络视频的交互设计尚未针对其他人群做优化设计。关于第一方面的原因,笔者在此举一个例子。从2014年开始,笔者家中原先的模拟电视都换成了数字电视,遥控器还是那个遥控器,但是开机的步骤变了(增加了一个开机顶盒的环节),而且增加了很多的选择界面,包括回看、点播等。家中的长辈纷纷抱怨不会用电视了,甚至不敢关机顶盒,"一关就不会开了"。这个例子说明,不是电视操作简单,而是模拟电视的功能单一。关于第二方面的原因,笔者也有一个例子。尽管家中长辈抱怨不会用电视了,但他们对于手机和平板电脑上的网络视频客户端印象很好,使用起来很是顺手,基本是安装了应用之后不需要旁人指导就能很快熟悉操作。这个例子说明,不是网络视频的操作复杂,而是部分网络视频应用(这里主要是指智能电视、智能电视机顶盒和视频网站)的交互界面没有做相应的优化。许多OTT设备已经在按照电视的使用习惯设计交互界面,如泰捷视频的电视版客户端允许设置为开机自动切换到关机时的频道。

综上所述,除了新闻资源和人口覆盖率以外,网络视频相对于电视可谓是"人无我有、人有我优"。而新闻资源和人口覆盖率这两项不足,前者可以通过规制的改革来获得,后者可以通过加快互联网基础设施建设与普及在一定时间内得到解决。既然电视的功能可以完全被网络视频所取代,那么为什么不舍电视而发展网络视频呢?国家广播电视行政主管部门一只手里是电视,一只手里是网络视频,二者不仅有合作,最主要的还是竞争关系。寄希望于推动二者同时发展,实际上市场的力量会不自觉地把一部资源向网络视频倾斜,到头来还是电视的发展步伐缓慢,而且还浪费了发展资源。与其留着电视尾大不掉,不如早日"壮士断腕"实现整体转型。早在电视产业化改革初期,行业里许多发展指标一直以美国电视业为标准。如今美国电视业也出现了网络视频化的苗头,只是电视业"家大业大"短期内转型困难,中国电视业何不弯道超车、提前进化,率先发展比电视在技术、经营、内容方面更具有优势的网络视频呢?在融合发展的背景之下,电视的政治功能、文化功能、社会功能完全可以在政策的保障下移植到网络视频领域,还能借助网络视频的优势进一步强化。电视的"形"消失了,但"魂"依然存在。这是中国网络视频产业发展战略所必须经历的思想动员。

在具体的操作中,**首先应推进电视台以自办网站(即原来的网络电视台)为基础向视频网站转型**。在转型初期,电视台的制播体系、管理体系等可以保持不变,无论是独立制片人制、频道制还是节目中心制,都可以移植到视频网站。电视台现有的高清直播设备与视频网站的需求并不矛盾,也可以无缝衔接。转型中难度比较大的工作是重新设计网站的界面。电视台长期在线性播出和频道制的内容编排思路中生存,缺少使用网站这种非线性、超文本的内容编排模式的经验。尤其是如何使网站首页显得全而不乱,此间涉及内容编排的政治影响、市场影响、视觉影响等多种因素,是一项重大课题。媒体的使用界面的实质是感性的用户体验与理性的节目制作与传播流程之间的接触面,良好的界面必须能有效地衔接这两个环节。关于新媒体的界面设计,风格不一,有微软主导的扁平化设计,有谷歌主导的简洁设计,有苹果公司主导的拟物化设计。但无论是哪一种风格都是紧贴用户使用行为,以方便用户辨别、使用为目标。对于由电视转型而来的视频网站而言,设计界面简约、易用尤其重要,须知紧跟用户需求是行政管理的弱项,但是市场化运营却能在此如鱼得水。在具体的操作中,应向社会公司征集新媒体界面设计方案,并以年为单位委托第三方调查机构提出界面优化的意见和建议,提升并保持用户使用体验。

　　其次,应加快电视网的功能与服务向电信网转变。如何处理电视网与电信网的关系是推进三网融合中的一大问题。经过几十年的建设,电视网已经基本可以覆盖全国,各种设备一应俱全。如果因为电视网经营层面的原因而抛弃,全力发展电信网,那无疑是巨大的资源浪费。而且全国和各省的电视网络运营公司如何处置亦是一项难题。而三网融合的概念本身就否定了电视网与电信网并行的方案。那么,可供选择的方案只剩下所谓的"电视网与电信网融合",实际上就是电视网的功能和服务向电信网转变。如前文所言,电视网与电信网在底层技术上殊途同归,不影响上层的应用。如今电视网与电信网的差距,主要是因为电信网自中国加入世界贸易组织之后就逐渐市场化运营。中国联通、中国电信两家主干网络运营商互相竞争,中国移动吸收了原先中国铁通的电信网业务亦虎视眈眈,各地更有各种各样的电信网络分销商,在竞争中各家的服务水平和经营能力逐渐提升,甚至电信网络运营商还想通过 IPTV 分走原先属于电视网的利益。而且,借近20 年来中国互联网产业快速发展的东风,社会对电信网的需求也日益强烈。反观电视网,只有少数几家大城市的有线电视网可以提供互联网接入服务,而且市场竞争水平较低,企业服务水平和经营水平也较低,难以抵御电信网的竞争。如果电视网能够积极转型,像美国的电视网络运营商康卡斯特那样也经营电信网业务,同时提升内部的竞争水平,那么电视网将成为用户除了电信网之外的另一种选择。电视网本身亦通过转型获得了新的发展机遇。

　　最后,借助电视网普及互联网服务,提高互联网服务的覆盖率。"村村通"工程是电视事业属性的显著体现,是缩小地区公共文化服务资源差异的具体举措,客观上也提升了广播电视节目综合人口覆盖率。在现阶段,以网络视频取代电视的主要顾虑是影响了互联网普及率较低地区群众获得公共文化服务的机会,容易扩大区域公共文化服务差距。解决这一问题的根本在于提升互联网服务的覆盖率,就像"村村通"工程之于广播电视节目综合人口覆盖率一样。《中华人民共和国国民经济和社会发展第十三个五年规划纲要》中第六篇《拓展网络经济空间》指出,构建现代化通信骨干网络,提升高速传送、灵活调度和智能适配能力,具体包括推进宽带接入光纤化进程,城镇地区实现光网覆盖,提供 1000 兆比特每秒以上接入服务能力,大中城市家庭用户带宽实现 100 兆比特以上灵活选择;98% 的行政村实现光纤通达,有条件地区提供 100 兆比特每秒以上接入服务能力,半数以上农村家庭用户带宽实现 50 兆比特以上灵活选择。在国家层面已经完成了互联网服务向农村覆盖的顶层设计,但在具体执行层面是由电信网承担还是由电视网对国家来说并无区别,无非是哪一家的服务好、成本低就选择哪一家。但是对于网络视频产业发展战略实施主体国家广播电视行政主管部门来说,让电视网在提高全国互联网普及率中更有作为,无疑对于电视网自身还是网络视频产业来说,都是有利的。而且,得益于广播电视"村村通"工程,目前我国已经建成了覆盖率远高于互联网的电视网,由电视网承担向农村地区提供互联网接入服务的角色,也是便捷之选。其中的成败,就看电视网自身的竞争意识和经营能力了。

7.2.2　综合利用法律与政策两种要素

《电影产业促进法》在千呼万唤中于 2016 年公布、2017 年实施。一部促进法,在电影创作、摄制环节,简化了重要行政审批事项,将许多原先在政策层面、部门层面、地区层面支持电影产业发展的措施上升为法律。例如,在拍摄主体方面,首次明确了法人和其他组织均可以拍摄电影,完全由市场决定,政府不再进行审批和干预;规定国务院将电影产业发展纳入国民经济发展规划;制定电影及相关产业政策,引导形成统一开放、公平竞争的电影市场;鼓励公民、法人和其他组织依法开发电影形象产品等衍生品;支持建立电影评价体系,鼓励开展电影评论;鼓励电影国际合作交流,支持参加境外电影节(展);引导文化产业资金加大对电影产业的投入,在税收、土地方面予以优惠,鼓励金融机构微电影活动提供融资服务等。《电影产业促进法》将一些"不成文"的支持政策立法化,将一些模棱两可的问题确定化,对于产业发展的促进作用不言而喻。该促进法甫一出台,就有声音表示应该加快推进广播电视产业促进法。

何止广播电视产业需要促进法,网络视频产业更需要促进法。将《电影产业促进法》里许多条文中的"电影"置换为"网络视频",将是网络视频产业的重大利好。同样是文化产业的子领域,同样是影视作品,都具有较大的用户规模,电影产业有促进法,网络视频产业也应该有促进法。

当前的网络视频规制中存在一些支持网络视频产业发展的表述(见 6.1.1),但这些支持性的表述不像"支持电影评价体系,鼓励开展电影评论"这样具体,同时又对网络视频产业中的民营企业与国有企业区别对待,而且总体上也没有超越过去的管理规定,其对产业发展的积极作用远比不上一部产业促进法。而且,当前网络视频规制明显呈现限制多于支持的特征。从程序上看,立法要比出台规制复杂得多,考虑自然也周全一些。限制多于支持的规制现状,是否有利于产业发展,还有待考量。从法理上看,这些限制是否能够实现规制所标榜的目的,也有待研究。曾有研究者采用比例原则和分量公式的方法分析了国家网信办依据《即时通信工具公众信息服务发展管理暂行规定》处罚某社交媒体的行为,提出了国家网信办一些处置不符合分量公式,即手段与该手段欲实现的目的不够相称(详见本书6.1.2节)。若套用该研究的逻辑与方法,网络视频规制中的种种限制措施与这些措施要实现的目的也不相称。

是不是等着《网络视频产业促进法》横空出世就能高枕无忧?并不是,且不说一部产业促进法的立法过程是何等漫长,难道《电影产业促进法》中的种种利好是"从天而降"的?实际上,《电影产业促进法》中的规定,都是近年来电影产业政策不断实践不断探索的浓缩,也是电影产业相关人士不断争取的结果。可以说,立法的经验来自政策实施的效果。因此,虽然《网络视频产业促进法》是推动产业健康发展应当追求的目标,但在立法之前也不能忽视政策对产业发展的影响力。

推动网络视频产业发展需要政策与法律两方面的积极因素。具体而言,首先在于确定网络视频产业是社会主义文化的重要组成部分,是丰富人民群众精神生活的重要手段,争取将这一论断写入党的文件。这一工作的抓手是媒体融合。虽然加快推进传统媒体与新兴媒体融合发展已经由中央深改组同意,但媒体融合的文件关于如何实现融合并没有做出具体的要求,留下了可供探索和补充的空间。媒体融合的目标是构建"现代传播体系"①,至于是哪种媒介主导的现代传播体系却不一定。只要是用户规模大、管理科学、技术先进的媒介,都可以纳入甚至主导现代传播体系。网络视频当然也有这种可能。

其次,在加强管理的同时出台相配套的支持性政策。支持发展网络视频产业的政策并非是空白,但要么偏向国营视频网站,要么是力度不足,总之与国内网络视频产业的发展实际不相匹配。笔者认为,应把网络视频与电影、电视一视同仁,给予科学的管理和充分的支持。若以2007年《互联网视听节目服务管理规定》作为网络视频产业规制的重要时间节点,那么十年后中国网络视频市场的格局是几家大型互联网企业"坐分天下",曾经颇有成就的中小视频网站或已名存实亡、或已不声不响,曾经如火如荼的网络电视台如今能与民营视频网站相提并论的只有

① 何宗就主编. 中国电视媒体融合发展报告(2016-2017)[M]. 北京:中国广播影视出版社,2017:1.

芒果 TV。这种结局，不得不令人思考当前网络视频产业规制的思路是否应有所调整。

最后，坚持以立法为目标。正如笔者在前文所言，政策千般好、千般不好，在稳定性与周全方面与法律相比总是差一截。《电影产业促进法》的立法路径、立法思路和立法导向将为《网络视频产业促进法》提供经验，该法最终出台将给予网络视频产业以行动的勇气与坚持的信心。

7.2.3　向特色经营要效益

门户网站不能包打天下，这已经是互联网产业的共识。目前能称得上是门户网站的，只有新浪网、腾讯网、搜狐网以及几家中央重点新闻网站。为什么互联网产业的后来者不愿意建门户网站了？这是因为虽然门户网站看着"体面"，但建设成本较高，且行业竞争者实力雄厚，不适合作为后来者的选择。正如《发现利润区》一书中所言，依靠市场占有率获得利润的时代过去了，必须精确识别用户需求并在该领域深耕细作才能准确定位企业的利润区。

当前国内的网络视频尚处在门户网站的时代，除了芒果 TV，国内主流的网络视频服务商无一不是视频门户网站。这些网站除了受制于规制故而新闻节目较少之外，内容编排上已经与门户网站无异。建立门户网站意味着较大规模的内容支撑，对于一般门户网站来说内容既可以是文字、图片，也可是视频，选择空间较大。但对于视频门户网站来说，视频才是"名副其实"的选择。虽然视频相较于文字和图片，版权成本和存储成本高出一大截，但视频带来的使用体验也是另外两者不可比拟的。中国网络电视台在鼎盛阶段也未曾实现所有页面视频化，一些新闻报道页面依然以图文为主，甚至是电视节目的解说词。但同期的民营视频网站基本实现了页面的视频化。

根据本书第五章的分析，网络视频企业的成本主要有三项：带宽、版权、日常经营。其中日常经营是不可压缩项，除非改进管理水平，正常情况下不会有明显的降低。曾经有许多研究文章指出带宽是网络视频企业的主要成本支出。但通过研究分析乐视网与优酷网连续多年的财务报告，虽然带宽支出一度占据了总支出的绝大比例，但近年来带宽成本逐渐让位于版权成本，后者成为视频网站的主要支出项。这里面既有带宽累计投入后出现的边际成本递减的效应，也有近年来中国电信业提速降费的利好，也有视频网站之间版权内容之争愈演愈烈的影响。

从财报来看,版权支出已经成为网络视频企业经营的主要成本。

版权支出直接与内容的质量与数量相关。减少版权支出,除了囤积未开发版权(即新闻报道里所说的"囤 IP")、参与自制等方式以外,釜底抽薪的办法是减少内容的数量。根据互联网数据存储的幂律分布规律,绝大多数的网站内容只有极少部分人浏览,绝大多数人浏览了网站的极少数内容。因此,加大版权支出会存在明显的边际成本递减效应,降低了投入产出比。虽然一些视频网站尝试广告分成的模式,但这一模式目前只存在于 PGC 领域(包括部分网络电影)。为视频网站贡献大部分流量的综艺节目和影视剧绝大多数都不是广告分成模式。

如何才能减少内容数量,同时又能吸引足够多的用户?笔者认为,视频网站应从门户化转向特色化,不求各类视频面面俱到,但求建立内容选择有特色的视频平台。套用电视领域的话,不建综合频道,多建专业频道。Netflix 公司虽然是美国网络视频行业的代表,也是为数不多实现盈利的网络视频企业,但 Netflix 并不是一家视频门户网站,而主要以影视剧内容为核心竞争力。正如 Netflix 负责人所说:"我们的品牌属性主要是按需点播而不是直播。"①国内网络视频产业的后起之秀芒果 TV 如今已经进入行业第一阵营,但它也不是一家门户网站。相反,那些连年亏损的视频网站,绝大多数都是视频门户网站。

7.2.4 国营与民营并存

虽然网络视频规制频频出现对国营视频网站的支持和对民营视频网站的限制,但不可否认的是国内网络视频市场主要掌握在民营视频网站手中。这种管理思路的渊源来自广播电视播出机构管理规定,根据广播电视播出机构管理办法,必须由县级以上行政单位的广播电视主管部门设立电台和电视台。视频网站与电视台的功能十分类似,于是对网络视频的管理直接照搬了对电视台管理的思路。

但是,从电视产业化改革的思路来看,电视台的事业身份反而是阻碍了电视生产力发展的原因,甚至"事业属性、企业经营"也不行。这不仅对电视台经营实力的提升有限,还容易导致国有资产流失。一段时间,曾有部分电视台推行股份制改造,其中以郑州电视台为代表,但最终并未得到完全实施。许多广播电视研

---

① 何宗就. 中国电视媒体融合发展报告(2016–2017)[M]. 北京:中国广播影视出版社,2017:254.

究者对此颇多遗憾。电视研究者开出的药方是建立产权清晰的市场主体,提升电视市场的竞争水平,进而提高中国电视产业的整体竞争力。

电视产业化改革孜孜追求的目标,从网络视频诞生一开始就实现了。国内最早的视频网站绝大多数都是民营网站,这些民营网站经营意识、竞争意识较强,创办人大多具有互联网和金融行业的工作经历,懂专业、会融资。优酷网的创始人古永锵曾在富国投资和搜狐先后担任高级管理人员;土豆网创始人王微在此之前是贝塔斯曼集团中国区负责人,还曾在美国休斯公司(一家卫星服务公司)工作过;酷6网创始人李善友先后在摩托罗拉、美国铝业集团、博士伦公司和搜狐网任职。如果把民营视频网站比作电视台,那么它在产权制度、人事制度、制播分合、三网融合等方面均达到了产业化改革的期待。而且民营视频网站在投融资领域比电视台走得远得多,不仅实现了优质资产整体上市,而且还开展了对外投资。有了资金支持,民营视频网站通过"买版权""挖人才"等方式快速积累了内容优势,令电视台如今都在叹息制作力量"空心化"的危机。就连电视台也要与民营视频网站合作,向网站提供节目,借助网站的传播优势扩大节目的传播面。如果说网络视频代替电视是大势所趋,民营视频网站就是趋势中的主力。

那么,是不是国营视频网站就一无是处呢?按理说,无论是国营视频网站还是民营视频网站,只要经营得好,都有存在的必要。现实是国营视频网站获得的支持政策不少、背后的"靠山"不小,但经营现状不尽如人意。在网络电视台建设的高峰时期,几乎每一家省级电视台都有自己的视频网站,而其中经营颇有成绩的,只有湖南广播电视台的芒果TV、中央电视台的中国网络电视台和浙江广播电视集团的新蓝网。后两者在近两年颇显颓势,已经难以与民营视频网站相提并论。尽管如此,国营视频网站对于中国网络视频产业仍有特殊的价值——转型期的缓冲地带。

在网络视频出现之前,国有资本牢牢掌握着电视媒体。虽然世界上不少国家也将通讯信道视为公共资源,由国家设立专门机构负责分配,但较少以完全国营的方式经营电台、电视台。中国这一电视管理思想,可以追溯到毛泽东宣传思想中的"党性原则",强调媒体"无条件地接受党的领导"(见第五章)。这一原则长期被执行,形成了实践的"传统"和思维的惯性。在这种条件下,非国营媒体是难以被认可的,尤其对于网络视频这种实质上取代了电视的新型视听媒体。虽然实际上,国家默许了一些民营网站的媒体角色,但是对于网络视频这种新型视听媒体还是坚持党管原则。只不过,由于网络视频发展过于迅猛,"国有资本独资或控股"的规定出台之前视频网站已经遍地开花。出于保护市场积极性和尊重非公有制经济的考虑,政府规制在"国有资本独资或控股"的前提下设置了一个例外,允许在《互联网视听节目服务管理规定》出台之前开办的网站继续申请许可证。这样一来,在网络视频领域,存在两种所有制情况:公有制(含国有资本独资和控股两种情况)和私有制。对于处于互联网与电视融合地带的网络视频,可以容许两种所有制的存在。但如果网络视频取代了电视,那么两种所有制是否还将并存就变成了一个关系媒体属性的"理论问题"。在没有定论之前,否定国营视频网站的价值与作用很可能会被认为"过于激进"而导致改革"流产",重新回到电视时代。

此外,网络视频取代电视并非一蹴而就,而是一个转型的过程,必须有一个与电视台相对应的单位接收原先电视台的资产和人员,并接手电视台的工作任务。如果没有国营视频网站"接盘",电视台的资产和人员只能流入民营视频网站,过程中存在较大的国有资产流失的风险。而且,从电视台直接向民营视频网站转型,也会导致电视台原先承担的宣传工作难以为继,使改革面临更加复杂的局面。

总的来说,尽管规制对民营视频网站限制多、支持少,尽管国营视频网站的市场表现并不好,但是对于中国网络视频产业的整体发展战略而言,短期内不能单纯地否定一方,而必须是二者共存的格局。否定了民营视频网站,改革就失去了必要性;否定了国营视频网站,改革就失去了可行性。

7.2.5　借势推进混合所有制改造

回答了民营与国营的关系,下一步就要回答在国营视频网站内部,是独资还是混合所有制。从行业规制来看,并不反对混合所有制,只是要求"国有资本控股"。在实践中,的确存在混合所有制的国营视频网站,芒果 TV 就是其一。2017年,芒果 TV 的运营主体湖南快乐阳光互动娱乐传媒有限公司以 100% 的股权作价 95.3 亿元被芒果传媒集团子公司快乐购(上市公司)收购,而快乐阳光与快乐购受同一实际控制人湖南广播电视集团控制。通过这次资本运作,芒果 TV 被装入上市公司快乐购,属于混合所有制国营视频网站。

混合所有制最明显的好处是可以充分吸收社会闲散资金,这对于资金需求量较大且未能盈利的网络视频企业来说尤为重要。早在网络视频尚未兴盛的时代,中国电视产业就已经开始混合所有制的探索。1994 年,郑州电视台以开办"郑州电视二台"的名义,开办股份制的"中原电视台"。① 虽然这一探索因"未经有关部门批准"而受到了"严肃处理",但反映了电视台对于股份制的需求。1997年下半年召开的中国共产党第十五次全国代表大会上做出了关于调整和完善所有制结构方面的改革安排。年底召开的新闻广播影视业务改革开放座谈会就组建影视集团和允许电视产业的股份制试点等问题达成共识。但此后建设股份制电视台一直没有获得实质性的推进。不过,一些具有超前意识的电视台采取间接上市的办法向社会募集资金,具体的操作方法是将由电视台控股的企业推向证券市场,将电视台的经营性资产装入控股企业。上海东方明珠、湖南电广传媒、深圳天威视讯等都是当地电视台控股的上市公司。但是这种把采编资产剥离上市的"两分开(经营性资产和采编资产分开)"模式也存在弊端,直接影响是上市公司缺乏上下游产业链的支持,且失去了相对于民营影视公司的核心竞争力——采编资产,不利于提升股价。而且,在这种"两分开"模式会导致上市公司与采编部门存在关联交易,一旦关联交易比例过高就会在股票发行审核委员会被否决。无论是独资还是"两分开"上市,都难以代替混合所有制带来的融资便利。

国营视频网站可以继承电视的遗产,也要摒弃电视的负担。电视混合所有制改革的种种包袱不应带到网络视频时代。2016年,北京电视台和北京市文化投资发展集团有限责任公司合资成立了北京新媒体(集团)有限公司,其中北京电视台以原先北京网络电视台的所有资产作价入股,是新公司的控股股东。北京新媒体(集团)有限公司又与北京奇虎科技有限公司合资成立了北京时间股份有限公司,作为视频门户网站"北京时间"的运营方。北京时间股份有限公司不仅是混合所有制的视频网站,而且由北京奇虎科技有限公司控股,在混合所有制改革上迈出了跨越式的一步。当然,不是每家电视台向视频网站转型都可以如此"跨越",但成立电视台控股的混合所有制公司作为视频网站的运营方是不存在规制阻碍的,而且又有"北京时间"这个连控股权都抛弃的先例。

此外,电视向网络视频转型的同时推进混合所有制改造,也有利于推动内部激励机制改革。管理层持股和员工持股一直是国营传媒企业发展的一个重要难题。笔者在2015年曾提出电视台在激励方面相较于民营视频网站的弱点在于难以为功勋员工提供股权激励。② 实际上早在2005年,国有资产监督管理委员会和

① 陆地. 中国电视产业发展战略研究[M]. 北京:新华出版社,1999:172.
② 陆地,靳戈. 2015,中国电视产业的"四则运算"[J]. 新闻战线,2016(3).

财政部就联合公布了《企业国有产权向管理层转让暂行规定》,规范了企业国有产权向管理层转让的条件、范围和各方责任。该规定指出,国有资产监督管理机构已经建立或政府已经明确国有资产保值增值的行为主体和责任主体的地区,可以探索中小型国有及国有控股企业的国有产权向管理层转让。2006 年,《国有控股上市公司(境内)实施股权激励试行办法》规定,符合条件的国有控股上市公司可以以本公司股票为标的,对公司高级管理人员实施中长期激励。直到 2015 年,上海东方明珠新媒体股份公司成为第一家实施股权激励机制的大型国有文化企业。东方明珠本次激励计划首批授予的激励对象共计 574 人,占东方明珠员工总数的9.3%。激励对象包括公司高级管理人员、公司及子公司核心管理人员、核心业务骨干人员等。该计划公告时,股权激励成本估计约为 2.09 亿元。根据东方明珠公布的股权激励方案当日的股价,其总市值约为 674.5 亿元,用于股权激励的股票价值约为 4.66 亿元。这一案例牵涉激励的股权比例虽然不高,但示范价值非常显著。允许国营传媒企业管理层和员工持股是国有企业改革的大势所趋,国务院办公厅印发的《文化体制改革中经营性文化事业单位转制为企业和进一步支持文化企业发展两个规定的通知》中指出,探索国有文化企业股权激励机制,经批准允许有条件的国有控股上市文化公司按照国家有关规定开展股权激励试点。管理层持股和员工持股的主要障碍就是电视台国有独资的所有制性质,推进混合所有制改革是推动管理层持股和员工持股的重要机遇。

7.2.6 厘清"特殊管理股"的权力边界

这里的"特殊"是指特殊管理股,"市场"是指除了特殊管理股以外股东的诉求。特殊管理股也成为"黄金股制度",是指通过特殊股权结构设计,使创始人股东或其他重要股东在股份制改造和融资过程中防止恶意收购,并始终保有最大决策权和控制权。特殊管理股的主要实现形式是双股制,也称 AB 股制,即上市公司向市场公开发行两类不同股权的股票,其中 A 类股票每股仅有 1 票投票权,而 B类股票有 10 票甚至更多的投票权。如果公司被出售,这两类股票享有同等的派息和出售所得的分配权。B 类股不公开交易,但可以按照 1:1 的比例转换为 A类股。这样一来,即使创始人股东仅持有 1/3 的 B 类股,也能在重要内部人员失去多数股权的情况下继续掌握公司的决策权。例如,京东集团的董事长兼首席执行官刘强东虽然仅持有该公司 21% 的股权,但他因为拥有具有 20 票投票权的特殊管理股控制了公司 83.7% 的投票权——它只看重投资者的钱,并不想赋予投资者经营决策权。

目前,不是所有的证券市场都支持双股制。中国的上海证券交易所、深圳证券交易所和英国的伦敦证券交易所是不认可双股制的。美国纽约证券交易所和纳斯达克市场均对此开了绿灯,加拿大和韩国的证券市场也允许双股制。中国香港证券市场虽然目前不允许双股制,但港交所正在考虑将逐步允许"创新型"公司采取双重股权结构在港交所上市。之所以会有证券市场不认可双股制,是因为双股制将大量的权力集中于少数人手里,不利于公司治理民主化,容易损害中小股东权益。

从世界范围来看,持有特殊管理股主要存在两种情况。第一种情况是个人或企业为了保护公司不被恶意收购而赋予自己特殊管理股,第二种情况是政府机构或政党为了政治利益而在一些企业中拥有特殊管理股。第一种情况好理解,第二种情况的案例是英国在 20 世纪 80 年代推行新自由主义经济政策时将许多国有企业进行私有化改革,其中对于航空、电信、水利、电力等行业实行特殊管理股,保障政府在这些行业公司中的特殊决策权。全球许多政党报纸为了确保政治立场实施了特殊管理股,向社会融资的同时避免完全市场化。英国的《每日邮报》(支持保守党)、《卫报》(支持工党)等都实行特殊管理股。

中国网络视频产业的特殊管理股制度已有苗头。2013 年 11 月,党的十八届三中全会《中共中央关于全面深化改革若干重大问题的决定》提出,要对按规定转制的重要国有传媒企业探索实行特殊管理股制度。2014 年 2 月,中央全面深化改革领导小组第二次会议审议通过的《深化文化体制改革实施方案》把在传媒企业实行特殊管理股制度试点列为 2014 年工作要点。2014 年 4 月 16 日,国务院办公厅发布《关于印发文化体制改革中经营性文化事业单位转制为企业和进一步支持文化企业发展两个规定的通知》其中明确提出对按规定转制的重要国有传媒企业探索实行特殊管理股制度,经批准可开展试点。2015 年 8 月,《中共中央、国务院关于深化国有企业改革的指导意见》提出允许将部分国有资本转化为优先股,在少数特定领域探索建立国家特殊管理股制度。2016 年 4 月 16 日,国务院办公厅在转发中宣部等多部门的《进一步支持文化企业发展的规定》中明确提出:"对按规定转制的重要国有传媒企业探索实行特殊管理股制度,经批准可开展试点。"2016 年 5 月 19 日,国家新闻出版广电总局召开会议,建议国有资本持特殊管理股比例至少为1%,拥有董事席位,对内容有一定审查权。2017年1月,中共中央办公厅、国务院办公厅印发了《关于促进移动互联网健康有序发展的意见》。意见指出,在互联网新闻信息服务、网络出版服务、信息网络传播视听节目服务等领域开展特殊管理股试点。大力推动传统媒体与移动新媒体深度融合发展,加快布局移动互联网阵地建设,建成一批具有强大实力和传播力、公信力、影响力的新型媒体集团。2017年5月2日,国家网信办发布《互联网新闻信息服务管理规定》,提道:"符合条件的互联网新闻信息服务提供者实行特殊管理股制度,具体实施办法由国家互联网信息办公室另行制定。"作为写入中央全会决定的内容,推行特殊管理股可谓箭在弦上。虽然当前我国《公司法》和《证券法》并不认可特殊管理股,但在"党政军民学,东西南北中,党是领导一切"的背景下,《公司法》和《证券法》实施做出修订也是可预期的。

网络视频产业实施特殊管理股制度有以下利好。首先,特殊管理股的存在允许国营视频网站整体上市,包括采编资产,形成完整的产业链结构,降低关联交易比例,更容易取得较好的股价表现。其次,尽管证券市场行情起起伏伏,但借助于特殊管理股对公司决策权的掌控,可以确保国营视频网站抵御股市风浪和收购压力。最后,降低国有资本控制视频网站的成本,增加企业融资空间。现行规定是确保国有资本对企业的控制权必须占51%的股份,这既是国有资本的投资负担,又给社会资金留下的投资空间非常有限(小于等于企业总股份的49%)。特殊管理股可以成为国有资本获得网络视频企业管理权的杠杆支点,以较小的投入最大程度地吸收外来资本和民营资本。

凡事有一利有一弊,特殊管理股也是一样。如前文所述,一些证券市场之所以不认可特殊管理股,是因为特殊管理股不利于保护中小投资者的利益。那么,国有资本获得特殊管理股后如何保护中小投资者的利益,是一个需要研究的问题,也需要立法来确认。另外,特殊管理股的设计初衷是保护创始人股东的权益,如果一个公司存在两个特殊管理股股东(一个是创始人股东,一个是国有资本),那么这两者的权益如何平衡?赋予一方"一票否决"的权力是否可行?这不是一句"个人利益服从国家利益"所能判断的,它涉及写入宪法的对公民合法私有财产的保护,是一个是否违宪的问题。最后,特殊管理股获得的管理权边界在哪里,也需要斟酌考量。如果管理权过大,可以决定企业经营的一切,那么就又回到了电视时代,电视产业未能完成转型升级,网络视频产业的发展能力也可能倒退。如果管理权过小,那么就特殊管理股就失去了存在的意义。

以上三个问题,涉及面广,跨领域多,笔者无力给出一个答案。但是从大的方向上来说,笔者认为确定特殊管理股的权力大小应分国营视频网站和民营视频网站两种情况。对于国营视频网站来说,由于原先就是国有资产,所以特殊管理股的权力可以适当大一些,其他股东可以作为财务投资者加入,适当情况下也可以参与决策经营。对于民营视频网站来说,由于原先属于私有财产,特殊管理股的权力边界就要适当缩小,尊重其他股东关于公司发展的既定战略,除了"权力清单"中的规定以外不干预企业的正常经营,依然赋予其他股东在经营上的决策权。当然,以上关于特殊管理权边界的规定,都必须落实到法律层面,如《公司法》《证券法》甚至是期待中的《网络视频产业促进法》。

7.3　中国网络视频产业发展战略的保障

人既是战略实施中的常量又是变量。称其为常量,是因为在稳定的战略和科学的管理架构面前人的流动不影响战略实施。称其为变量,是因为人既是战略的实施者也是战略的制定者,一些实施中的人为因素可能会反作用于制定环节,影响战略目标的实现。而且,战略制定经过了周密的分析,但依然不能确保最终推演出的战略一定是与战略目标相匹配的。为了确保战略目标能够实现,和及时阻止错误战略的恶果,企业战略管理理论提出了战略评价与保障的概念。战略评价与保障包括三项基本活动:考察企业战略是否与当前的内外部环境相匹配,将预期结果与实际解决进行比较,采取纠正措施以保证行动与计划的一致。①

这是企业战略管理提供的经验。中国网络视频产业发展战略要不要评价与保障?答案是肯定的。作为一门产业,其面临的内外部情况的复杂性与变化速度远甚于企业,利益相关方也更多。今天订立的战略目标与战略方案即使与产业现实完全匹配,那么明天产业的外部环境和内部资源就可能发生变化,那时的战略目标是否还具有科学性?战略方案是否还具有可行性?这当然是个大问题。

不过,对于本书而言,所有的分析与思考只能立足于当下的材料,所制定的

---

① 弗雷德·R·戴维. 战略管理:第八版)[M]. 李克宁,译. 北京:经济科学出版社,2001:324.

"战略目标"受制于当前的材料与思想,笔者无法未卜先知未来将会出现哪些因素会影响"战略目标"和如何影响"战略目标"。故而对于战略评价,除了"因时而动"四个字以外笔者再无他法。对于战略保障,只能视当前的战略目标为常量,分析可能影响实现战略目标的因素与保障思路。

7.3.1 影响战略实施的因素

正如中央文件和绝大多数教科书将政治属性列为媒体的首要性质,政治是影响中国网络视频产业发展战略实施的第一因素。在实践中,政治通过政策来表达,故而网络视频属于"政策敏感型"产业。正如前文所言,在国营与民营、独资与混合、特殊管理股等方面,笔者尚期待政策进一步开放。尽管笔者的分析与判断正是来自当前的政策与过往的经验,但仍不能消除对于政策进一步收紧的担忧。由于中央深改组加快推进传统媒体与新兴媒体融合发展的指导意见对于很多问题并没有给出直接的答案,实践中的方案也是有左有右、有新有旧的。真正的解释者既可以支持笔者的战略,也可以否定笔者的战略。最糟糕的情况是,关于媒体融合政策被解读为"按照电视的要求与经验管理网络视频"。这样一来,无论是国营视频网站还是民营视频网站,十年来的探索基本被否认,视听产业倒退到电视时代。

当然,如果把网络视频产业发展战略的实施过程中所遇到的所有"不幸"都归结于政策,也是不科学的。网络视频产业内部如果形成了产业垄断,无论是垄断集中在国营视频网站手中还是民营视频网站手中,都不利于通过竞争提升产品(节目)质量,而且对于市场后来者是严重不公平的。垄断的出现虽然不会直接影响本书所制定的战略目标,但客观上会增加另一个战略目标——优化行业自身治理,分流了战略资源。而且,本书所提出的产业发展战略是建立在政府与市场对话基础上的,无论是国营视频网站垄断了市场还是民营视频网站垄断了市场,都会打破对话的格局。

最后,竞争格局的变化也会影响战略实施。尽管"长城防火墙"的存在颇受争议,但不能否认的是由于"长城防火墙"的存在,一些国外大型互联网公司的服务被隔绝在国境之外,客观上给国内提供类似服务的互联网公司以发展空间,如百度之于谷歌、微博之于推特、优酷之于 YouTube 等。中国网络视频产业客观上也受惠于"长城防火墙"。Netflix 早在 2002 年就是美股上市公司,YouTube 被谷歌收购后在用户数据和流量方面的实力一骑绝尘,抛开内容审查方面的原因,Netflix和YouTube这样的大型网络视频公司对于创业阶段的中国网络视频企业来说是致命的——前者既能抢走他们的市场,又能够通过收购的方式"收割"公司的经营成果。本书所提出的中国网络视频产业发展战略,是假定了短期内外国大型网络视频企业不会一拥而入的自我发展型战略,而不是与外国网络视频企业争夺市场的竞争战略。如果Netflix、YouTube等企业在短期内集中涌入中国市场,那么中国网络视频产业发展战略可能要做出大幅度的调整。

7.3.2 战略保障的措施

既然中国网络视频产业发展战略的实施主体是国家广播电视行政主管部门,那么政策就是首先应该考虑的保障手段。如7.2.2所述,应尽快将支持网络视频产业发展写入党关于文化产业的发展繁荣的文件,细化中央深改组关于媒体融合的实施意见,将电视转型为网络视频作为广电系统媒体融合的目标。就如同当年推行电视数字化一样,如今推动的电视互联网化。如果能将促进网络视频产业发展予以立法保护,保障力度将更强。

自由有积极与消极的区分,前者是行动的自由,后者是拒绝行动的自由。政策也是一样,积极政策是指支持某种行为,消极政策是指限制某种行为,两种政策的方向可以是一样的。为中国网络视频产业发展战略提供实施保障,除了积极政策支持网络视频产业的发展,还应利用消极政策在一定时期内限制国外网络视频企业在华开展业务,保护处于成长期的国内网络视频企业。"长城防火墙"仅能提供第一道防御,以"存在违法违规内容"为由将国外互联网公司挡在门外。如果其中一些国外互联网公司真的能按照所谓"法律法规"的要求提供"中国特别版"的服务,或者说有国外网络视频企业通过VIE架构控制国内的视频网站,又该如何?而且,有研究称,中国互联网呈现加拉帕戈斯化①的现象,即由于缺少与区域外的

---

① 加拉帕戈斯化:加拉帕戈斯群岛是位于南美洲太平洋沿岸1000公里处的一个火山群岛,由于大洋的阻碍而与其他生态系统隔离,形成了"独特的活的生物进化现象",自成一套体系。当外界生物入侵时,会打乱该岛的生态系统,带来生态危机。"加拉帕戈斯化"最早被用于描述日本的手机市场,早期日本本土手机厂商几乎垄断了国内市场,一些功能设计的本地化程度相当高,日本国以外的用户无法使用,国外手机无法提供,但一旦遭遇苹果、三星等国际大型手机企业的入侵,则日本本土手机市场生态快速溃败,本土手机品牌的市场份额受到重创。

互换性而导致的"最适化"状态,面对外部的泛用性和生存能力较强的物种,会出现被淘汰的危机。

笔者认为,有必要坚持第二道防线:将网络视频列为限制外资投资项目。在特殊管理股的背景下,可以允许外国公司以财务投资者的身份投资国内网络视频企业,但不允许其控股,也不允许外资拥有特殊管理股。当然,一味地保护也并不利于中国网络视频产业的长远发展,在适当的机会可以允许国外网络视频企业以适当的方式进入中国市场(什么是适当的实际和什么是适当的方式,受限于篇幅本书不做讨论),可以一家一家地"放行",不可一拥而入。

从国家治理能力现代化的角度来看,产业政策的制定是政府与市场二者对话的结果。任何一方单独的决策,很可能因为未顾忌对方的利益而引起反对。正如"一部良好的法律本身就需要兼顾相互对立的不同利益,即便要求某一方做出牺牲也必须事先征求其同意,而不能由立法者单方面强加义务,否则必将引起义务承担者的抵制。"①笔者在上文中提到的"三舍得""三兼顾",就是在政府与市场之间的平衡中寻找突破。笔者所提的"三舍得""三兼顾"的依据是当前中国网络视频产业的发展现状,不排除将来产业内部条件和外部环境发生变化,这"舍得"与"兼顾"会不合时宜。但是仍然应以对话的姿态面对新的现实,在"舍得"与"兼顾"中寻找新的平衡。

无论政策如何奏效,说到底还是外因。中国手机市场对外开放程度较高,国产手机品牌不一样逆境求生、反败为胜吗?政策保护得了一时,保护不了一世。而且,政策保护也具有相对性,我国限制别国企业在华经营网络视频业务,我国的网络视频企业在国外的经营也可能面临"以彼之道、还之彼身"的情况。面对竞争,最根本的保护措施还是提升产业自身的经营能力,既包括产业自我管理的能力,也包括企业经营能力。前者如如何平衡市场竞争格局以避免垄断、如何发挥行业协会的作用惩戒轻微不正当竞争行为等,后者如如何准确定位提供特色服务以提升企业竞争力、如何构建产业链以实现规模效益降低成本提升利润等。

---

① 张千帆. 规避新《劳动合同法》的背后[J]. 当代社科视野,2008(10).

7.4 中国网络视频产业发展战略的伦理

战略伦理是近几年战略管理教材中出现的"新词",由早期教材中的"企业社会责任"发展而来。按照波兰尼的说法,"就近百年而言,现代社会由一种双向运动支配着——市场的不断扩张以及它所遭遇的反向运动(即把市场的扩张控制在某种确定方向上)。"①为了降低这种反向运动对企业经营的影响,企业推出了"企业社会责任"的说法,通过诸如养老助残、助学基金、环境保护、扶贫帮困以及提升员工福利待遇等方式给予社会一定的回报,彰显所谓的"社会责任"。有的企业还将"企业社会责任"融入广告策划,作为广告文案或视觉创意的主要诉求。一些跨国企业在本地化战略中特别重视宣传"企业社会责任"对于企业品牌融入当地的作用。

伴随着"企业社会责任"理论与实践的发展,履行"企业社会责任"不再简单停留于具体的活动,而是进一步上升到企业使命、用户定位、产品功能的层面。如阿里巴巴集团董事局主席马云常常提到的"让天下没有难做的生意",可以视作阿里巴巴集团的主要业务——电子商务的"社会责任"(帮助中小企业发展)的广告文案。有媒体称苹果公司在全球最大的代工工厂深圳富士康是压榨劳工的"血汗工厂",苹果公司还得为此出面做说明,背后双方关注的焦点就是"企业社会责任"。

产业是具有同类属性的企业经济活动的集合。产业中的企业有社会责任,产业自然也有社会责任。产业在发展的过程中不能违背的责任以及应该履行的义务,就是产业伦理。产业伦理比《公司法》等文本中对公司经营的要求要多、调节范畴要大。它是道德层面的期待,后者是法律层面的规定。产业伦理不以产业发展战略的不同而有所差异,只因时代的变化而有所调整,故而产业伦理就是产业发展战略伦理的主要渊源。正如企业的社会责任是没有定数的,产业的社会责任也是个宽泛的概念。中国网络视频产业的伦理议题有很多,但我们讨论产业发展战略伦理还得有的放矢,就一些代表性的议题进行讨论。本书所讨论的战略伦

① 卡尔·波兰尼. 大转型:我们时代的政治与经济起源[M]. 冯钢,刘阳,译. 杭州:浙江人民出版社,2007:112.

理,主要包括以下三个方面:网络视频作为一种技术产品,在伦理方面首先要考虑的是是否有可能增加"数字鸿沟";其次,网络视频产业作为文化产业的子领域,必须要考虑的问题还有"文化"的不可替代性与"工业"的可复制性之间的矛盾;最后,网络视频介于大众媒体电视与分众媒体互联网之间,面向大众的内容生产与小众用户的需求之间亦需要平衡与妥协。

7.4.1　互联网覆盖的有限性与视频服务的公益性

正如前文所言,当前中国互联网的覆盖率刚刚过半,网络视频使用率更低一些。这就意味着过半数的国人还不是网络视频用户。而另一边电视节目综合人口覆盖率已经超过了98%。从网络视频产业的发展利益来看,早日取代电视,将早日得到更广的发展空间和更多的发展机遇。但是也必须同步考虑互联网人口覆盖率和网络视频设备(互联网电视、互联网电视机顶盒、智能手机、智能平板设备、计算机等)的普及率,在尚不足以达到电视节目综合人口覆盖率和电视机普及率的情况下,不能在全国范围推广网络视频代替电视,只能在互联网覆盖率和网络视频设备普及率较高地区开展。而且,在代替的过程中,不能因为网络视频的发展而使电视节目质量下降,影响互联网未接入地区电视观众的收看。

此外,提升互联网覆盖率和网络视频设备普及率,不能过多增加用户的经济负担。电信网络运营商和电视网络运营商作为国有企业,需要更加积极主动地履行社会责任,不因地域偏远而提高互联网接入服务的价格,甚至在有条件的情况下给予一定的优惠。网络视频设备生产企业作为网络视频产业发展的间接受益者,应面向互联网覆盖率较低地区生产性价比较高的产品,降低不必要的包装、设计与营销成本,在不增加或者少增加用户经济负担的情况下提高设备普及率。网络视频企业作为网络视频产业发展的直接受益者,应适当加大公益类节目的供给,尤其是农业、农村、老年等题材的节目。

7.4.2　视觉文化时代的利润追求与文化责任

以视觉为导向的当代文化现实中,视觉消费是一个重要的概念。在"以形象为基础的现实"(the image – based world)里,生产与消费不可避免地涉足形象,构建了"以形象为基础的经济"(the image based on economy)。这种经济形态以形象为消费对象,同时形象又刺激消费行为。在消费理论家韦里斯(Susan Willis)看来,这正是发达消费社会中的景象。① 消费社会被认为是现代性的后果之一,是众多文艺理论批判的对象。消费社会的重要特征体现在社会组织越来越围绕着消费活动和行为,消费是一切行动的目的,也是一切行动的意义。视觉消费作为消费社会中的高级阶段,意味着现代性的特征——新奇、轰动、冲击,构成了人们消费的主要内容,也是人们生活的意义。在这种文化氛围中,信息传播的速度和广度大多取决于表达的戏剧性,而与"知识的深刻"无关。

显而易见,网络视频就是这个"以形象为基础的经济"的产物。它既符合视觉消费的结果,又是视觉消费的动因。网络视频提供了视觉消费所需要的奇观,消费者在视觉消费中追求这种奇观。网络视频借助移动互联网和智能终端,创造了一个视频无处不在的空间,每个人都身处其中,通过一个一个的屏幕观看着世界。是什么超越了用户可观、可闻、可触的现实,把他们的精力吸引到小小的屏幕上?这是屏幕中视觉技术营造的奇观。为了满足用户视觉消费的需求,网络视频企业提供了各种新奇、轰动、冲击的视听内容,用户或以付费的形式获得这些视觉奇观,或者拿出自己的注意力交换这种视觉奇观,并任由视频网站拿去交换广告投放。网络视频企业从中依靠形象的交易获得了利益,人们对奇观的需求越多,网络视频企业获得的利益就越大。

视觉消费对于人的精神既是一种满足,也是一种伤害。视觉文化的生产与消费越来越丰富,如今人们面对的视觉形象是古人不可想象也难以获得的。但是这种视觉消费带来的形象"充盈感"击碎了一切基于抽象文字的严肃思考,对于现实生活中而不是视听作品中的刺激"见多不怪"以至于麻木。正如波兹曼对电视的批评,(视觉消费)将一切活动以娱乐化的形式呈现,使宗教、选举、教育变成一种表演,进而改变了人们认识世界的方法。"如果一个民族陷入繁杂琐事,如果文化生活被重新定义为娱乐的周而复始,如果严肃的公众对话变成了幼稚的婴儿言语,如果人民蜕化成被动的受众,而一切公共事务形同杂耍,那么这个民族就会发现自己危在旦夕,文化灭亡的命运就是在劫难逃。"②

本书中的网络视频既然带上了产业的后缀,那一定是与利润追求结合在一起的。然而,利润从来不是经济活动的全部意义,自然也不是网络视频产业的全部

---

① 周宪. 视觉文化的转向[M]. 北京:北京大学出版社,2008:108.
② 尼尔·波兹曼. 娱乐至死[M]. 章艳,译. 北京:中信出版社,2015:186.

意义。关于文化产业中的经济利益与艺术价值的关系,似乎是一个大难题:但凡被规模化生产出的物件大多没有艺术价值,而拥有艺术价值的物件大多不能被规模化生产。关于这个悖论,否定规模生产的有本雅明等法兰克福学派一本一本的皇皇巨著,轻视艺术价值的有文化产业百年来形形色色的经营实践。笔者在此没有更好的解决办法,只是提醒中国网络视频产业发展战略的制定者和执行者,网络视频产业还有艺术追求和文化责任,投身视觉消费是形势所迫,适当"洁身自好"也是理所应当。只不过要警惕的是,不能让视频的狂欢破坏了现实而具体的文化责任,也不能让来自文化的警惕否定了视觉体验对于当代文化生活的世俗价值。

7.4.3 大众传媒与小众需求

报纸、广播、电视都是大众传媒。在对互联网开展研究的初期,有人认为互联网不是大众媒体,而是分众媒体,即每一个用户都可以在互联网上找到自己所需的内容。后来随着人们对互联网认识的深入,发现了互联网内容分布的幂率法则:绝大多数内容只有少部分用户浏览,少部分内容支撑了绝大多数用户的需求。与大众传媒版面或播出时间受限在一定范围不同,互联网在空间上几乎是无限的,这是幂率法则得以实现的基础条件。

并不用担心小众内容(在数量上又属于"大多数")的提供者会因此亏本,根据利基市场的理论只要抓住了一个细分市场就有盈利的可能。凯文·凯利对美国网络音乐市场的观察发现,罗伯特·里奇(Robert Rich)的"铁杆粉丝""打赏"足够这名歌手过得衣食无忧。[①] 这种存在于群体环境下的奇妙现象,是小众需求被满足的经济动力。

网络视频在视频门户网站时代,可以无所顾忌地容纳一切上传的视频内容,实现了幂率法则。但如果在特色视频网站时代,网络视频企业停止了用户上传服务,或者出于运营成本考虑仅保留幂率法则中提到的"少部分内容",那么视频网站就不再是分众媒体而是大众媒体,与报纸、广播、电视无异。虽然存在许多关于互联网开放、平等的期待,虽然有人认为这不过是对互联网的误读,但正如那些指出不应对互联网抱有过高期待的理论所说,技术的运用效果受到

---

① 凯文·凯利. 技术元素[M]. 张行舟,余倩,译. 北京:电子工业出版社,2012:93.

背后政治经济条件的影响,那为什么开放、包容的政治经济条件不能够构建理想的互联网呢?

如果网络视频像电视抛弃观众参与一样抛弃了用户上传,那么网络视频也将被后来者挑战。它可能是短视频,可能是网络视频直播,也可能是一种尚在酝酿中的新内容形态。

第八章　研究展望

那红尘中却有些乐事……况又有"美中不足,好事多磨"八个字紧相
联属。

——曹雪芹《红楼梦》

一切固定的僵化的关系以及与之相适应的素被尊崇的观念和见解都被
消除了,一切新形成的关系等不到固定下来就陈旧了。

——马克思、恩格斯《共产党宣言》

无论推理得多么严密,理论总不是无懈可击,单单一个时代局限性就是理论
摆脱不掉的遗憾。像本书这样从实践经验归纳演绎出的理论研究,不仅有时代局
限性影响视野,还有经验的局限性干扰判断。聊以自慰的是,以上两种局限性正
是学术研究的特点,否则怎么会有理论创新与百家争鸣? 然而,本书一些研究中
和行文中的具体问题没得到更好解决,则是笔者能力不逮之过。这其中既有精
力不够带来的论述瑕疵,也有体力不足导致的资料缺憾,囿于时间与篇幅所限,只
好把遗憾与期待留在本章。

8.1　抽象性、概括性更强的概念

本书所使用的许多概念并没有学术层面的定义,大多来自业界的说法。这些
概念之间存在重复定义、区别度低、边界模糊等问题。例如,网络视频、网络视听

节目服务和视频网站,在业界的研究报告和新闻报道中甚至政府公文中,以上三者常常混用。笔者在引言中做了一定的区分,但在具体的论述过程中也有模棱两可的情况出现。更严重的例子是网络视频、IPTV 和 OTT TV,从实现方式上三者都是通过互联网传输节目,只不过受制于规制传输的内容有所差异。从当前的实践来看,所有在互联网上传输的节目都可以叫网络视频,但 IPTV 所传输的只是电视台的节目,而 OTT TV 不仅有电视节目,还有电影和网络视频。而且,尚未厘清现有词汇准确含义的时候,新词又接踵而至,如"大视频时代"。"大视频"跟 OTT TV 有什么关系、跟网络视频有什么关系、跟电视有什么关系以及什么叫"大视频",弄明白其中一个问题,可能就需要一篇期刊论文的篇幅。更麻烦的是,学术界厘清的概念,业界往往不屑一顾抛到脑后,转身去创造另一个新概念。借用一位思想史学者对西方后现代思潮的评价:概念一直在旅行。

本书在论述的过程中,穿插了历史的经验、现实的情况和未来的思考,概念在这三个时间体系中来回游走,有时内涵和外延就会发生变化。恰如马克思和恩格斯形容资本主义带来的影响那样,"一切新形成的关系等不到固定下来就陈旧了。"例如,20 世纪 90 年代的电视、如今的电视和未来的电视尽管都被称作电视,但实际上前两者的外延不同、后两者的内涵不同。相对于 90 年代的电视概念,如今的电视包括了 IPTV;而相对于未来可能包括大多数视听形态的电视概念,如今的电视就是电视机所呈现的形态。而且,由于本书在论述中需要引用现行政策法规中的表述,其中一些具有时代性的概念在时间交叉论述中也会出现歧义。例如,"信息网络传播视听节目服务许可证"中的信息网络,在其语境下专指互联网而不是电视网,但是实际上电视网如果经过升级改造也将变成信息网络,这里就可能存在概念混淆。"自制"也是一样,最早的自制节目是指视频网站自己组建团队制作的节目,是相对于网民上传和版权购买而言。但是后来视频网站自制节目的形式从自己组建团队演变为出资合作拍摄,而且只有出资合作的视频网站才能优先购买某部电视剧,那么这种模式就难以与版权购买相区分,"自制"的提法也失去了必要性。

还有一些概念感情色彩比较浓,如改革。应该说,自十一届三中全会以来,改革一词在国内具有无可置疑的合法性。改革的概念十分宽泛,并不是一个严谨的学术表达,不过这并不影响其政治效果与宣传效果。按照学术研究的一般要求,改革这样宽泛的概念就得具体化——具体到什么方面的变化。在本书的论述中,很多情况下需要借用"改革"一词所包含的政治意味,又不需要具体到哪个领域,故而一些地方显得并不严谨,如电视改革。

业界可以如"猴子掰玉米"一样"向前看",但学术研究还得总结经验。既然网络视频是研究对象,那就不可能不受业界话语体系的影响。然而业界的概念是如此的混乱,要想达到如哲学、政治学、社会学一样的严谨,实在需要较高的概括与抽象能力。而且厘清这些概念,恐怕不单是理论研究能够完成的,很大程度上还要依靠实践的推动。

8.2 更加多样的方法

如序言所述,本书的一大创新点就是采用会计学的分析方法验证了之前关于网络视频经营领域的感性判断,最典型的当属盈利模式问题。在本书的第五章,笔者在巨潮资讯网(中国证监会指定信息披露网站)和美国证券交易委员会(SEC)网站上收集整理了乐视网和优酷网的上市招股书和年报,梳理了上千个数据,按照会计学的基本方法做了分析,证实或证伪了之前关于网络视频盈利模式的一些判断,并发现了一些新现象。应该说,这一方法在网络视频产业发展战略研究中的应用,是具有一定创新性的。

笔者在查阅文献中发现,通过会计学的方法分析网络视频企业的经营情况,属于金融、会计或财务管理领域硕士研究生学位论文的层次。虽然笔者学习了一些会计学的基础教材,向相关专业的同学、老师和传媒投资从业者请教了不少问题,但分析能力只能处在"依葫芦画瓢"的阶段,依照成熟的分析框架按部就班套用下来,难以有所突破。笔者认为,在两家企业的经营数据中,由于方法的局限一定还有许多富矿没有被发掘,说不定其中就有更有价值的发现。PPlive 创始人姚欣在接受采访时说:一张损益表可以确认收入和固定成本、可变动成本以及毛利率、净利润率,从而发现商业模式中驱动收入增长的核心要素是什么。[①] 而以笔者的能力与所使用的方法尚不足以深度"消化"损益表。

---

① 姚欣. 一个失败者的创业反思. 华尔街见闻,wallstreetcn. com/articles/3237076.

8.3　更加超然的政策分析

本书解决的是"怎么办"的应然问题。为了使战略的可操作性更强,笔者在规制研究的部分做一些妥协,基本是在现有政策之下思考,没有进行超越。笔者之所以这么选择,是因为按照本书的研究思路,网络视频产业发展战略的实施主体既然是国家广播电视行政主管部门,那么就应该考虑到实施主体本身的属性带来的优势与局限。不过,如此选择的代价在于,缺少对政策和规制足够的批判性思考。

以申请信息网络传播视听节目服务许可证的条件"国有独资或国有控股"为例。按照《互联网视听节目服务管理规定》第一条,该规定的目的是"维护国家利益和公共利益,保护公众和互联网视听节目服务单位的合法权益,规范互联网视听节目服务秩序,促进健康有序发展"。但是,"国有独资或国有控股"的要求是否是这一目的的必要条件?从实践层面来看,许多国家均有非政党独有或控股的政党媒体(一般采用特殊管理股的方式),也没有影响这些媒体不可移易的政治立场。即使是一些国家的"市场化媒体",在相应传媒规制的约束下,无论是在和平年代还是战时,大多数时候也能与国家利益和公共利益保持一致,行业规范也能得到较好的执行,产业发展更是蓬勃生机。从理论层面来看,无论是从"比例原则"还是"分量公式","国有独资或国有控股"与保护国家利益与公共利益、公众与从业者合法权益和规范市场秩序并不存在必然关系。

网络视频规制仍然有比较大的研究空间。在已有的研究文献中,不乏以博士论文或者专著的体量研究电视媒体规制,甚至有专门研究某一方利益与电视制度的关系。随着分析的深入和新资料的持续发现,规制研究影响网络视频产业发展战略的程度与方向也可能发生变化。但是本书的第四章仅做了梳理与简单的分析,在深度上有所欠缺,实在是一大遗憾。

参考文献

一、中文著作

[1]包刚升. 政治学通识[M]. 北京:北京大学出版社,2015.

[2]刘星红等. 蔡定剑访谈录[M]. 北京:法律出版社,2011.

[3]陈力丹. 传播学是什么[M]. 北京:北京大学出版社,2007.

[4]丁淦林. 中国新闻事业史新编[M]. 成都:四川人民出版社,2009.

[5]段永朝,姜奇平. 新物种起源[M]. 北京:商务印书馆,2014.

[6]段永朝. 互联网思想十讲[M]. 北京:商务印书馆,2014.

[7]高丽华. 新媒体经营[M]. 北京:机械工业出版社,2009.

[8]郭镇之. 中国电视史[M]. 北京:文化艺术出版社,1997.

[9]何宗就. 中国电视媒体融合发展报告(2015－2016)[M]. 北京:中国广播影视出版社,2016.

[10]何宗就. 中国电视媒体融合发展报告(2016－2017)[M]. 北京:中国广播影视出版社,2017.

[11]胡泳. 网络政治——当代中国社会与传媒的行动选择[M]. 北京:国家行政学院出版社,2013.

[12]胡泳. 众声喧哗——网络时代的个人表达与公共讨论[M]. 桂林:广西师范大学出版社,2015.

[13]胡正荣,李煜. 社会透镜——新中国媒介变迁六十年[M]. 北京:清华大学出版社,2010.

[14]黄旦. 传者图像——新闻专业主义的消解与重构[M]. 上海:复旦大学出版社,2004.

［15］李长春．文化强国之路：上［M］．北京：人民出版社，2013．

［16］李长春．文化强国之路：下［M］．北京：人民出版社，2013．

［17］刘海龙．宣传：观念、话语及其正当化［M］．北京：中国大百科全书出版社，2013．

［18］陆地，靳戈．中国网络视频史［M］．北京：中国广播影视出版社，2017．

［19］陆地．中国电视产业的危机与转机［M］．北京：中国人民大学出版社，2002．

［20］陆地．中国电视产业发展战略研究［M］．北京：新华出版社，1999．

［21］陆地．中国电视产业启示录［M］．上海：上海交通大学出版社，2007．

［22］马立诚．最近四十年中国社会思潮［M］．北京：东方出版社，2016．

［23］南方周末编辑部．后台［M］．广州：南方日报出版社，2010．

［24］宋胜洲，郑春梅，高鹤文．产业经济学［M］．北京：清华大学出版社，2014．

［25］苏东水．产业经济学［M］．北京：高等教育出版社，2010．

［26］苏东水．产业经济学［M］．北京：高等教育出版社，2015．

［27］苏东水．产业经济学［M］．北京：高等教育出版社，2000．

［28］孙旭培．新闻自由在中国［M］．香港：大世界出版公司，2013．

［29］孙玉胜．十年——从改变电视的语态开始［M］．上海：人民文学出版社，2012．

［30］童兵，陈绚．新闻传播学大辞典［M］．北京：中国大百科全书出版社，2014．

［31］王明轩．即将消亡的电视：网络化与互动视频时代的到来［M］．北京：中国传媒大学出版社，2009．

［32］王四新．网络空间的表达自由［M］．北京：社会科学文献出版社，2007．

［33］王文荣．战略学［M］．北京：国防大学出版社，2008．

［34］吴廷俊．中国新闻传播史（1978—2008）［M］．上海：复旦大学出版社，2011．

［35］燕继荣．政治学十五讲［M］．北京：北京大学出版社，2012．

［36］殷乐，张翠翠．2012年中国新媒体发展报告［M］．北京：社会科学文献出版社，2013．

［37］喻国明．媒介革命：互联网逻辑性艾传媒业发展的关键与进路［M］．北

京:人民日报出版社,2015.

[38]张金海.20 世纪广告传播理论研究[M].武汉:武汉大学出版社,2002.

[39]张千帆.宪法学讲义[M].北京:北京大学出版社,2011.

[40]张文显.法理学[M].北京:高等教育出版社,2007.

[41]张咏华.传媒巨轮如何转向[M].广州:南方日报出版社,2014.

[42]中共中央文献研究室.习近平关于社会主义文化建设论述摘编[M].北京:中央文献出版社,2017.

[43]周其仁.改革的逻辑[M].北京:中信出版社,2013.

[44]周宪.视觉文化的转向[M].北京:北京大学出版社,2008.

[45]周雪光.中国国家治理的制度逻辑[M].北京:三联书店,2007.

[46]朱剑飞.中国传媒改革启示录[M].广州:世界图书出版有限公司,2013.

[47]朱剑飞.前沿视听:中国传媒改革的理性探索:上[M].广州:世界图书出版有限公司,2013.

[48]朱剑飞.前沿视听:中国传媒改革的理性探索:下[M].广州:世界图书出版有限公司,2013.

二、中文译著

[1]埃默里父子.美国新闻史[M].展江,译.北京:中国人民大学出版社,2011.

[2]弗雷德·R·戴维.战略管理[M].徐飞,译.北京:中国人民大学出版社,2012.

[3]弗雷德·R·戴维.战略管理:第 8 版[M].李克宁,译.北京:经济科学出版社,2001.

[4]格林·约翰逊,凯文·斯科尔斯.公司战略教程[M].金占明,贾秀梅,译.北京:华夏出版社,1998.

[5]胡伯曼.互联网的定律——透视网络信息生态中的模式与机制[M].李晓明,译.北京:北京大学出版社,2011.

[6]吉娜·基廷.网飞传奇:从电影租赁店到在线视频新巨头的历程揭秘[M].谭永乐,译.北京:中信出版社,2014.

[7]卡尔·波兰尼.大转型:我们时代的政治与经济起源[M].冯钢,刘阳,

译．杭州：浙江人民出版社,2007.

　　[8]凯文·凯利．新经济·新规则[M]．刘仲涛,等译．北京：电子工业出版社,2012.

　　[9]凯文·凯利．技术元素[M]．张行舟,等译．北京：电子工业出版社,2012.

　　[10]凯文·凯利．必然[M]．周锋,译．北京：电子工业出版社,2016.

　　[11]科瓦奇等．信息超载时代如何知道该相信什么[M]．刘海龙,等译．北京：中国人民大学出版社,2014.

　　[12]孔飞力．叫魂：1768年中国妖术大恐慌[M]．陈兼,等译．上海：上海三联书店,1999.

　　[13]罗伯特·L.希利亚德等．美国广播电视史：第5版[M]．秦珊,等译．北京：清华大学出版社,2012.

　　[14]罗杰斯．传播学史——一种传记式的方法[M]．殷晓蓉,译．上海：上海译文出版社,2012.

　　[15]麦克卢汉．理解媒介[M]．何道宽,译．北京：商务印书馆,2010.

　　[16]尼尔·波兹曼．娱乐至死[M]．章艳,译．北京：中信出版社,2015.

　　[17]乔纳森·尼等．被诅咒的巨头[M]．施乐乐,译．北京：中信出版社,2013.

　　[18]舍恩伯格．大数据时代[M]．盛杨雁,等译．杭州：浙江人民出版社,2013.

　　[19]斯丹迪奇．从莎草纸到互联网——社交媒体2000年[M]．林华,译．北京：中信出版社,2015.

　　[20]托马斯·库恩．科学革命的结构[M]．金吾伦,等译．北京：北京大学出版社,2014.

　　[21]韦尔伯·施拉姆．报刊的四种理论[M]．中国人民大学新闻系,译．北京：新华出版社,1980.

　　[22]文森特·莫斯可．传播政治经济学[M]．胡春阳,等译．上海：上海译文出版社,2013.

　　[23]亚德里安·斯莱沃斯基等．发现利润区[M]．吴春雷,译．北京：中信出版社,2014.

　　[24]詹金斯．融合文化：新媒体和旧媒体的冲突地带[M]．杜永明,译．北

京:商务印书馆,2012.

[25]詹姆斯·柯兰等.互联网的误读[M].何道宽,译.北京:中国人民大学出版社,2014.

[26]郑永年.技术赋权——中国的互联网、国家与社会[M].邱道隆,译.北京:东方出版社,2013.

[27]郑永年.中国的行为联邦制[M].邱道隆,译.北京:东方出版社,2014.

三、中文报纸

[1]冯遐.电视不能播什么,网络也不行[N].北京晨报,2016-02-28.

[2]龚雯等.开局首季问大势[N].人民日报,2016-05-09.

[3]广电总局、信息产业部负责人.就《互联网视听节目服务管理规定》答记者问[N].人民日报,2008-02-04.

[4]孙斌,潘国平.揭秘网尚传播反盗版致富骗局[N].大河报,2010-07-22.

[5]习近平在二十国集团工商峰会开幕式上的主旨演讲[N].新华社,2016-09-03.

[6]习近平在省部级主要领导干部学习贯彻党的十八届五中全会精神专题研讨班上的讲话[N].人民日报,2016-05-10.

[7]夏芳.爱奇艺"迎娶"PPS,觊觎网络视频行业头把交椅[N].证券日报,2013-05-08.

[8]杨琳桦.被低估的完美表演:优酷土豆合并案起底[N].21世纪经济报道,2012-03-19.

四、中文期刊

[1]陈敏,张晓纯.告别"黄金时代"——对52位传统媒体人离职告白的内容分析[J].新闻记者,2016(2):16-28.

[2]陈敏利.从中美对比中分析国内视频网站的差异化战略[J].编辑之友,2015(4):17-21.

[3]陈怡.看路透研究院2016数字新闻分报告,如何解读网络视频新闻的现状与未来[J].中国记者,2016(9):118-120.

[4]程美华,史帅.我国视频网站发展态势与前瞻[J].重庆社会科学,2014

(7):95 – 100.

[5]池建宇,陈燕霞,池建新.不对称规制下电视台与视频网站的竞争现状与趋势[J].现代传播(中国传媒大学学报),2015(1):119 – 124.

[6]戴山山.美国视频网站内容生产的经验与启示[J].理论月刊,2016(4):168 – 172.

[7]杜卫.美学,还是社会学——从《美学与艺术社会学》谈起[J].外国文学评论,1995(3):15 – 24.

[8]段永朝.传受合一:媒介融合的思想基石[J].新闻爱好者,2015(7):12 – 19.

[9]方菲.视频网站经营研究——以优酷网为例[J].东南传播,2010(4):66 – 68.

[10]付晓光,李钰.互联网思维与"中国故事"创新——网络视频的语法逻辑考察[J].电视研究,2016(12):13 – 15.

[10]付晓光,李钰.互联网思维与"中国故事"创新——网络视频的语法逻辑考察[J].电视研究,2016(12):13 – 15.

[11]傅琼,黄鹂,张月.2015年世界电视媒体发展十大趋势[J].电视研究,2015(4):98 – 101.

[12]古永锵.未来,网络视频霸主们如何部署?[J].科学之友,2014(2):15 – 24.

[13]郭瑞涛.我国网络视频网站发展的版权问题研究[J].编辑之友,2015(10):90 – 92.

[14]胡彦涛.自媒体时代表达自由法律限制的论证方法[J].政治与法律,2016(3):66 – 78.

[15]胡瑛,程丽蓉.自制元年:视频网站自制节目的再思考[J].编辑之友,2015(4):22 – 25.

[16]胡泳.后真相与政治的未来[J].新闻与传播研究,2017(4):5 – 13+126.

[17]胡悦.中国视频网站现状与瓶颈分析[J].新闻爱好者,2008(9):23.

[18]胡正荣,李继东.我国媒介规制变迁的制度困境及其意识形态根源[J].新闻大学,2005(1):3 – 8.

[19]骞国政,杨锦章.发扬优良传统认真办好党报[J].新闻战线,1991

（11）:18 - 20.

[20]江凌. 网络视听产业的多元主体治理功能及治理结构优化探析——以上海市网络视频产业为例[J]. 江南大学学报(人文社会科学版),2015(4):86 - 95.

[21]靳戈,周铁东. 多尊重规律,少炒作概念——对话新影联影业有限责任公司总经理周铁东[J]. 南方电视学刊,2016(2):7 - 10.

[22]靳戈. 谁主融合:媒体融合的话语博弈[J]. 新闻爱好者,2016(12):28 - 32.

[23]靳戈. 网络视频直播不是电视台的"终结者"[J]. 视听界,2016(6):20 - 24.

[24]靳戈. 中国网络视频规制的起源、特点与趋势[J]. 当代传播,2017(12):64 - 67.

[25]李翔. 视频网站自制节目的内容特色与生存之道[J]. 当代传播,2014(1):82 - 84.

[26]李晓红,朱辉颖. 视频网站盈利模式与运作创新[J]. 重庆社会科学,2012(10):48 - 55.

[27]李晓娟. 视频网站与卫视合作的策略——以歌手是谁为例[J]. 青年记者,2016(3):87 - 88.

[28]李雪,伍晨. 网络视频的社会化分享对国产电影票房影响的实证研究[J]. 技术经济,2016(1):103 - 109.

[29]梁晓涛. 电视媒体与有线电视深度融合实现 TMT 产业融合一体化发展[J]. 中国有线电视,2017(9):1015 - 1019.

[30]林雍,王兴华. 探析网络视频的产业化发展——以爱奇艺为例[J]. 今传媒,2016(5):88 - 89.

[31]刘韧. 网络视频发展的困局与破解[J]. 编辑之友,2013(7):49 - 51.

[32]刘燕南,刘双,张雪静. 中美付费视频网站之比较:用户、内容与模式[J]. 中国地质大学学报(社会科学版),2015(6):128 - 136.

[33]陆地,胡馨木. 中国网络视频行业发展的新视点[J]. 当代传播,2015(2):8 - 10.

[34]陆地,靳戈. 2015,中国电视产业的"四则运算"[J]. 新闻战线,2016(3):20 - 23.

[35]陆地,靳戈. 大数据:电视产业转型升级的支点和交点[J]. 电视研究,2014(4):13 - 15.

[36]陆地,靳戈. 大数据对电视产业意味着什么[J]. 视听界,2013(4):32 - 34.

[37]陆地,靳戈. 中国网络视频发展的四大趋势[J]. 新闻爱好者,2015(3):41 - 44.

[38]陆地. 视听作品评估的新思路[J]. 新闻与写作,2014(7):63 - 66.

[39]陆地. 网络视频与信息"共产主义"[J]. 新闻与写作,2014(1):68 - 70.

[40]陆地. 网络自制视频节目发展的特点和空间[J]. 新闻与写作,2014(3):53 - 55.

[41]孟庆国,陈思丞. 中国政治运行中的批示:定义、性质与制度约束[J]. 政治学研究,2016(5):70 - 82.

[42]秦宗财,刘力. 欧美视频网站运营模式及赢利分析[J]. 深圳大学学报(人文社会科学版),2016(1):48 - 53,80.

[43]饶佳艺,徐大为,乔晗,等. 基于商业模式反馈系统的视频网站商业模式分析——Netflix 与爱奇艺案例研究[J]. 管理评论,2017(2):245 - 254.

[44]唐培林,张晗. 网络视频语境下国产电视剧的困境与突围[J]. 现代传播(中国传媒大学学报),2013(7):115 - 118.

[45]田维钢,顾洁,杨蒙. 中国网络视频行业竞争现状与战略分析[J]. 当代传播,2015(1):77 - 79.

[46]王明轩. 假如腾讯也做电视[J]. 南方电视学刊,2013(1):4 - 8.

[47]王维佳. 传播治理的市场化困境——从媒体融合政策谈起[J]. 新闻记者,2015(1):15 - 20.

[48]王小芳,丁涛. 视频网站行业自制内容差异化发展策略研究[J]. 电视研究,2015(11):57 - 59.

[49]王晓红,谢妍. 中国网络视频产业:历史、现状及挑战[J]. 现代传播(中国传媒大学学报),2016(6):1 - 8.

[50]肖雪菁,谢丹阳. 从优酷·土豆看网络视频产业链的整合策略[J]. 新媒体研究,2016(22):54 - 55.

[51]谢江林. 资源重塑:电视媒体"空心化"的治本之策——基于战略管理视角[J]. 南方电视学刊,2016(6):13 - 16.

[52]杨忠川,李兴国.网际网络时代下的小众媒介发展:虚拟社群的观点[J].新闻与传播评论,2002(1):208-215.

[53]姚星阳.网络视频与传统电视的差异性对比研究——以网络视频自制节目晓说为例[J].新闻界,2014(14):51-53,57.

[54]易旭明.中国传媒产业制度变迁的动因与机制[J].上海大学学报(社会科学版),2014(9):128-140.

[55]尤文奎,胡泳.电视的未来[J].新闻爱好者,2014(7)11-18.

[56]喻国明.互联网是一种高维媒介[J].南方电视学刊,2015(01):15-17.

[57]曾祥敏,张昱.具有代表性的视频网站自制节目发展策略探究——基于节目类型形态、产制模式、盈利模式的分析[J].中国电视,2016(3):72-79.

[58]张博,葛文燕.视频网站内容生产模式比较[J].中国报业,2014(14):63-64.

[59]张洁,凌超.传媒产业新模式:"自媒体"的经济学分析[J].产业经济评论,2015(05):56-65.

[60]张亮宇,朱春阳.当前传媒产业规制体系变革与中国面向的问题反思[J].新闻大学,2010(3):102-121.

[61]张楠.视频网站与传统电视台的竞合走向[J].编辑之友,2016(12):51-54.

[62]张千帆.规避新《劳动合同法》的背后[J].当代社科视野,2008(10):55-56.

[63]张守信.整合与谋变:2012上半年中国网络视频研究[J].南方电视学刊,2012(3):43-49.

[64]张向东.媒体融合与转型背景下的中国传媒投资[J].南方电视学刊,2017(1):12-16.

[65]张逸,贾金玺.中国视频网站十年进化史[J].编辑之友,2015(4):11-16.

[66]朱春阳.传媒产业规制:背景演变、国际经验与中国现实[J].西南民族大学学报(社会科学版),2008(3):169-175.

[67]周飞舟.锦标赛体制[J].社会学研究,2009(3):54-77.

[68]周黎安.行政发包制[J].社会,2014(6):1-38.

[69]朱剑飞,胡玮.唯改革创新者胜——再论媒体融合的发展瓶颈与路径依赖[J].现代传播(中国传媒大学学报),2016(9):1-9.

[70]朱剑飞,胡玮.主流风范:融合发展,浴火重生——加快我国新型媒体集团建设的若干思考[J].现代传播(中国传媒大学学报),2014(11):12-19.

[71]朱剑飞.树立科学改革观,正视广电传媒发展瓶颈[J].现代传播(中国传媒大学学报),2009(05):1-5.

[72]徐隽,孙冰.4.2亿美元投资PPTV聚力,苏宁抢先布局家庭娱乐中心.[J]中国经济周刊,2013(43).

五、中文学位论文

[1]Catherine Perreira.中国在线视频行业的媒介融合推进:对土豆网的案例研究[D].上海:复旦大学,2010.

[2]毕佳佳.媒介融合背景下视频网站的多元化经营模式探析[D].开封:河南大学,2016.

[3]柴婧婷.我国视频网站自制节目的后现代主义特征研究[D].武汉:华中师范大学,2016.

[4]陈彬彬.中国视频网站与电视业的竞合态势和发展研究[D].重庆:西南政法大学,2013.

[5]陈姜.网络视频广告研究[D].北京:对外经济贸易大学,2007.

[6]陈茜.视频网站并购研究[D].长沙:湖南师范大学,2015.

[7]陈思.中国网络视频产业链研究[D].北京:北京大学,2017.

[8]陈永凤.我国网络视频媒体产业的整合战略研究[D].重庆:重庆工商大学,2013.

[9]陈子燕.视频网站的商业模式研究[D].长沙:湖南师范大学,2014.

[10]崔婧文.网络大电影的现状与前景展望[D].北京:北京印刷学院,2017.

[11]单华.中国网络自制剧价值链研究[D].长沙:湖南大学,2015.

[12]丁怡.电视媒体视频网站平台建设研究[D].苏州:苏州大学,2016.

[13]杜春晖.国内视频网站自制剧发展状况及对策研究[D].北京:北京印刷学院,2015.

[14]付安妮.中国视频网站自制内容营销研究[D].长沙:湖南大学,2015.

[15]葛维照．我国民营视频网站内容模式与发展研究[D]．长沙:湖南大学,2011.

[16]顾蓉蓉．基于双边市场理论的网络视频行业的经济学分析[D]．上海:复旦大学,2012.

[17]郭婧．中国视频网站现状探析[D]．上海:上海交通大学,2011.

[18]郭立琦．我国网络视频发展中的问题及其路径研究[D]．成都:四川省社会科学院,2011.

[19]郭元君．中美避风港规则研究[D]．北京:中国政法大学,2011.

[20]韩亚聪．中国网络视频产业市场集中度及优化建议[D]．保定:河北大学,2015.

[21]郝爽．主流视频分享网站的商业化运营研究[D]．保定:河北大学,2016.

[22]和瑜美慧．国内互联网资本整合及其并购研究[D]．北京:对外经济贸易大学,2016.

[23]侯德林．网络视频服务用户行为意愿实证研究[D]．武汉:华中科技大学,2012.

[24]胡琳曼．乐视网全产业链运作模式研究[D]．长沙:湖南师范大学,2015.

[25]胡玮．网络电视台的战略定位与市场化运营研究[D]．广州:华南理工大学,2015.

[26]黄俊凯．网络视频冲击下传统电视媒体的困境与出路[D]．湘潭:湘潭大学,2014.

[27]黄玮．我国视频分享网站发展现状研究[D]．武汉:华中科技大学,2008.

[28]贾金玺．网络视频内容管制研究[D]．北京:中国社会科学院研究生院,2010.

[29]姜丽．网络视频营销的模式、类型和策略研究[D]．武汉:华中科技大学,2013.

[30]姜丽媛．国内视频网站的发展研究[D]．重庆:西南政法大学,2014.

[31]李晴．网络视频内容产业价值网研究[D]．保定:河北大学,2016.

[32]李瑞东．国内视频网站建设模式与发展策略探析[D]．兰州:西北师范

大学,2012.

[33]李瑞雯.视频网站运营模式分析[D].哈尔滨:黑龙江大学,2016.

[34]李雯.传播视域下网络自制剧匆匆那年研究[D].沈阳:辽宁大学,2016.

[35]李翔睿.S省网络广播电视台盈利模式研究[D].济南:山东大学,2016.

[36]李旭轩.网络视频企业并购动机和风险研究[D].成都:西南财经大学,2014.

[37]李雪.中国视频网站盈利模式优化研究[D].长沙:湖南大学,2008.

[38]李勇.新媒体语境下我国电视新闻生产研究[D].武汉:武汉大学,2012.

[39]李雨轩.优酷并购土豆的财务风险案例研究[D].沈阳:辽宁大学,2016.

[40]刘超.我国网络视频产业链研究[D].长沙:中南大学,2013.

[41]刘程程.中国网络电视台(CNTV)经营策略研究[D].武汉:中南民族大学,2012.

[42]刘娟.波特五力模型下中国网络电视台竞争战略研究[D].武汉:华中科技大学,2012.

[43]刘露.媒介融合视域下的我国网络电视台发展研究[D].武汉:华中科技大学,2011.

[44]刘雪莹.我国视频网站产业链构建模式和创新实践[D].武汉:华中科技大学,2015.

[45]刘妍.我国网络自制剧的题材与结构研究[D].重庆:重庆师范大学,2015.

[46]刘扬.视频网站版权侵权问题研究[D].重庆:西南政法大学,2009.

[47]刘真.我国视频网站自制节目研究[D].济南:山东大学,2015.

[48]柳莹.国内视频网站自制剧研究[D].南昌:南昌大学,2016.

[49]柳颖.中国视频分享网站盈利模式分析[D].济南:山东大学,2012.

[50]罗欢贻.媒介融合背景下网络视频的交互性探析[D].广州:暨南大学,2015.

[51]马丹.视频网站电媒体的融合发展研究[D].长沙:湖南师范大学,2015.

［52］马媛南．侣行的创意传播策略研究［D］．杭州：浙江大学，2015．

［53］马悦．优酷网与土豆网的并购绩效研究［D］．上海：上海交通大学，2014．

［54］莫柳红．优酷网与土豆网合并的价值创造分析［D］．南宁：广西大学，2016．

［55］聂鹏蕾．互联网视频企业并购动因及风险分析研究［D］．昆明：云南财经大学，2016．

［56］潘玮琦．基于产业链理论的芒果TV发展策略研究［D］．长沙：湖南师范大学，2016．

［57］乔玉玺．视频网站自制研究［D］．苏州：苏州大学，2015．

［58］任昌辉．试论电视媒体的社交化发展之道［D］．南昌：南昌大学，2015．

［59］慎玥．中国视频网站的发展分析［D］．上海：上海师范大学，2012．

［60］舒苏苏．主流媒体网络视听节目发展的市场分析［D］．武汉：华中师范大学，2012．

［61］舒泳飞．我国视频网站内容自制研究［D］．长沙：湖南大学，2013．

［62］宋莹莹．CNTV内容建设与封装研究［D］．保定：河北大学，2015．

［63］孙聪．双边市场理论视角下的视频网站定价策略研究［D］．上海：复旦大学，2011．

［64］孙亚光．我国网络视频奇观现象研究［D］．沈阳：辽宁大学，2016．

［65］汤恒．优酷土豆视频网站商业模式的优化策略［D］．昆明：云南财经大学，2016．

［66］唐娜．我国广电系视频网站运营模式探析［D］．南宁：广西大学，2016．

［67］唐薇薇．社会化视频媒体的对外传播作用研究［D］．南宁：广西大学，2015．

［68］王方园．我国视频网站自制节目的竞争格局与策略研究［D］．重庆：重庆工商大学，2016．

［69］王光文．论我国视频网站版权侵权案件频发的原因与应对［D］．上海：华东师范大学，2012．

［70］王建磊．公民视频新闻传播及影响研究［D］．上海：上海大学，2011．

［71］王静溪．广电总局规制下的中国网络视频发展分析［D］．天津：天津师范大学，2015．

[72]王丽娜. 网络独播模式演变分析[D]. 哈尔滨:黑龙江大学,2016.

[73]王祥龙. 基于实证比较研究的电视剧网播机制探析[D]. 长春:东北师范大学,2012.

[74]王晓晨. 中美视频网站市场结构比较研究[D]. 武汉:中南民族大学,2015.

[75]王耀. 网络视频产业的竞争战略和盈利模式研究[D]. 昆明:云南财经大学,2015.

[76]王祎祯. 上市公司并购的动因、模式、价值创造[D]. 开封:河南大学,2013.

[77]温琳. 视频网站自制节目研究[D]. 南昌:南昌大学,2013.

[78]吴平. 网络视频的社会化分享[D]. 哈尔滨:黑龙江大学,2014.

[79]吴思. 湖南卫视的媒介融合研究[D]. 开封:河南大学,2014.

[80]熊波. 新媒体时代中国电视产业发展研究[D]. 武汉:武汉大学,2013.

[81]徐久清. 视频网站商业模式的创新研究[D]. 上海:上海师范大学,2016.

[82]闫石. 优酷并购土豆协同效应研究[D]. 北京:北京交通大学,2016.

[83]杨方. 优酷土豆并购的协同效应分析[D]. 大连:东北财经大学,2012.

[84]杨光. 中国社交媒体广告发展研究[D]. 开封:河南大学,2014.

[85]杨志秋. 我国网络电视台内容生产研究[D]. 长沙:湖南大学,2012.

[86]姚慜. 报纸网络视频的发展路径探析[D]. 广州:暨南大学,2015.

[87]原建芳. 付费视频网站的传播困境与思考[D]. 济南:山东师范大学,2013.

[88]张力宁. 视频网站自制剧的发展模式研究[D]. 重庆:重庆大学,2014.

[89]张文良. 国内视频网站自制内容研究[D]. 长沙:湖南大学,2015.

[90]张晓雨. 网络自制剧发展与传播策略研究[D]. 北京:中国青年政治学院,2016.

[91]张颖颖. 我国视频网站自制节目发展研究[D]. 乌鲁木齐:新疆大学,2014.

[92]郑华容. 我国网络视频企业并购动因和并购绩效研究[D]. 昆明:云南大学,2016.

[93]郑宇. 中国视频网站盈利问题研究[D]. 北京:中央民族大学,2012.

［94］周建亮．广东电视融媒体发展研究［D］．武汉：武汉大学，2013．

［95］周婷．台网融合趋势下电视媒体网站的发展之道［D］．合肥：安徽大学，2014．

［96］邹花萍．我国网络电视发展及趋势探析［D］．南昌：南昌大学，2013．

六、中文年鉴

［1］中国广播电视年鉴编辑委员会．中国广播电视年鉴（1997）［Z］．北京：中国广播电视年鉴社，1998．

［2］中国广播电视年鉴编辑委员会．中国广播电视年鉴（1998）［Z］．北京：中国广播电视年鉴社，1999．

［3］中国广播电视年鉴编辑委员会．中国广播电视年鉴（1999）［Z］．北京：中国广播电视年鉴社，2000．

［4］中国广播电视年鉴编辑委员会．中国广播电视年鉴（2000）［Z］．北京：中国广播电视年鉴社，2001．

［5］中国广播电视年鉴编辑委员会．中国广播电视年鉴（2001）［Z］．北京：中国广播电视年鉴社，2002．

［6］中国广播电视年鉴编辑委员会．中国广播电视年鉴（2002）［Z］．北京：中国广播电视年鉴社，2003．

［7］中国广播电视年鉴编辑委员会．中国广播电视年鉴（2003）［Z］．北京：中国广播电视年鉴社，2004．

［8］中国广播电视年鉴编辑委员会．中国广播电视年鉴（2004）［Z］．北京：中国广播电视年鉴社，2005．

［9］中国广播电视年鉴编辑委员会．中国广播电视年鉴（2005）［Z］．北京：中国广播电视年鉴社，2006．

［10］中国广播电视年鉴编辑委员会．中国广播电视年鉴（2006）［Z］．北京：中国广播电视年鉴社，2007

［11］中国广播电视年鉴编辑委员会．中国广播电视年鉴（2007）［Z］．北京：中国广播电视年鉴社，2008．

［12］中国广播电视年鉴编辑委员会．中国广播电视年鉴（2008）［Z］．北京：中国广播电视年鉴社，2009．

［13］中国广播电视年鉴编辑委员会．中国广播电视年鉴（2009）［Z］．北京：

中国广播电视年鉴社,2010.

[14]中国广播电视年鉴编辑委员会.中国广播电视年鉴(2010)[Z].北京:中国广播电视年鉴社,2011.

[15]中国广播电视年鉴编辑委员会.中国广播电视年鉴(2011)[Z].北京:中国广播电视年鉴社,2012.

[16]中国广播电视年鉴编辑委员会.中国广播电视年鉴(2012)[Z].北京:中国广播电视年鉴社,2013.

[17]中国广播电视年鉴编辑委员会.中国广播电视年鉴(2013)[Z].北京:中国广播电视年鉴社,2014.

[18]中国广播电视年鉴编辑委员会.中国广播电视年鉴(2014)[Z].北京:中国广播电视年鉴社,2015.

[19]中国广播电视年鉴编辑委员会.中国广播电视年鉴(2015)[Z].北京:中国广播电视年鉴社,2016.

[20]中国中央电视台年鉴编辑部.中国中央电视台年鉴(1996)[Z].北京:中国广播影视出版社,1997.

[21]中国中央电视台年鉴编辑部.中国中央电视台年鉴(1997)[Z].北京:中国广播影视出版社,1998.

[22]中国中央电视台年鉴编辑部.中国中央电视台年鉴(1998)[Z].北京:中国广播影视出版社,1999.

[23]中国中央电视台年鉴编辑部.中国中央电视台年鉴(1999)[Z].北京:中国广播影视出版社,2000.

[24]中国中央电视台年鉴编辑部.中国中央电视台年鉴(2000)[Z].北京:中国广播影视出版社,2001.

[25]中国中央电视台年鉴编辑部.中国中央电视台年鉴(2001)[Z].北京:中国广播影视出版社,2002.

[26]中国中央电视台年鉴编辑部.中国中央电视台年鉴(2002)[Z].北京:中国广播影视出版社,2003.

[27]中国中央电视台年鉴编辑部.中国中央电视台年鉴(2003)[Z].北京:中国广播影视出版社,2004.

[28]中国中央电视台年鉴编辑部.中国中央电视台年鉴(2004)[Z].北京:中国广播影视出版社,2005.

［29］中国中央电视台年鉴编辑部．中国中央电视台年鉴（2005）［Z］．北京：
中国广播影视出版社,2006.

［30］中国中央电视台年鉴编辑部．中国中央电视台年鉴（2006）［Z］．北京：
中国广播影视出版社,2007.

［31］中国中央电视台年鉴编辑部．中国中央电视台年鉴（2007）［Z］．北京：
中国广播影视出版社,2008.

［32］中国中央电视台年鉴编辑部．中国中央电视台年鉴（2008）［Z］．北京：
中国广播影视出版社,2009.

［33］中国中央电视台年鉴编辑部．中国中央电视台年鉴（2009）［Z］．北京：
中国广播影视出版社,2010.

［34］中国中央电视台年鉴编辑部．中国中央电视台年鉴（2010）［Z］．北京：
中国广播影视出版社,2011.

［35］中国中央电视台年鉴编辑部．中国中央电视台年鉴（2011）［Z］．北京：
中国广播影视出版社,2012.

［36］中国中央电视台年鉴编辑部．中国中央电视台年鉴（2012）［Z］．北京：
中国广播影视出版社,2013.

［37］中国中央电视台年鉴编辑部．中国中央电视台年鉴（2013）［Z］．北京：
中国广播影视出版社,2014.

七、中文研究报告

［1］中国互联网络信息中心．第23至40次中国互联网络发展状况统计报告
［R］.

［2］中国网络视听节目服务协会.2015年中国网络视听发展研究报告［R］.

［3］中国网络视听节目服务协会.2016年中国网络视听发展研究报告［R］.

八、中文网络资料

［1］国家新闻出版广电总局网站:www. sarft. gov. cn.

［2］中国网络视听节目服务协会网站:www. cnsa. cn.

［3］巨潮资讯网:www. cninfo. com. cn.

九、外文著作

[1] Ithiel de Sola Pool. Technologies of Freedom [M]. Harvard University Press, 1983.

[2] Donald Mackenzie, Judy Wajcman. The Social Shaping of Technology [M]. Open University Press, 2003.

十、外文期刊

[1] Russo, Julie Levin. User – Penetrated Content: Fan Video in the Age of Convergence [J]. Cinema Journal, 2009, 48(4): 125 – 130.

[2] Gurumurthy, Anita, et al. Unpacking Digital India: A Feminist Commentary on Policy Agendas in the Digital Moment [J]. Journal of Information Policy, vol. 6, 2016, pp. 371 – 402.

[3] Moore, Candace. Distribution Is Queen: LGBTQ Media on Demand [J]. Cinema Journal, vol. 53, no. 1, 2013, pp. 137 – 144.

[4] Tripp, Stephanie. From TVTV to YouTube: A Genealogy of Participatory Practices in Video [J]. Journal of Film and Video, vol. 64, no. 1 – 2, 2012, pp. 5 – 16.

[5] Lesley Hitchens. Media Regulatory Frameworks in the Age of Broadband: Securing Diversity [J]. Journal of Information Policy, vol. 1, 2011, pp. 217 – 240.

[6] Shanthi Kalathil and Taylor C. Boas, Open Networks, Closed Regimes: The Impact of the Internet on Authoritarianal Rule [J]. Washington, DC. : Carnegie Endowment for the International Peace, 2003: 136.

十一、外文网络资料

[1] The U. S. Securities and Exchange Commission: www. sec. gov.

[2] Seeking Alpha: www. seekingalpha. com.